雅理译丛

编委会

（按汉语拼音排序）

雅理译丛

田
雷　主编

雅理

其理正，其言雅

理正言雅

即将至正之理以至雅之言所表达

是谓，雅理译丛

社会因何要 异见

〔美〕凯斯·R·桑斯坦－著

支振锋－译

中国政法大学出版社

2016·北京

WHY SOCIETIES NEED DISSENT
by Cass R. Sunstein

Copyright © 2003 by Cass R. Sunstein

Published by arrangement with Frances Goldin Literary Agency,
through The Grayhawk Agency.

版权登记号：图字 01-2016-2135　　　号

图书在版编目（ＣＩＰ）数据

社会因何要异见/（美）桑斯坦著；支振锋译. 一北京：中国政法大学出版社，2016.4
ISBN 978-7-5620-6714-6

Ⅰ.①社… Ⅱ.①桑… ②支… Ⅲ.①言论自由－研究－美国 Ⅳ.①D771.21

中国版本图书馆CIP数据核字(2016)第058374号

出 版 者	中国政法大学出版社	
地　　址	北京市海淀区西土城路 25 号	
邮寄地址	北京 100088 信箱 8034 分箱　邮编 100088	
网　　址	http://www.cuplpress.com (网络实名：中国政法大学出版社)	
电　　话	010-58908524(编辑部) 58908334(邮购部)	
承　　印	北京华联印刷有限公司	
开　　本	650mm×960mm　　1/16	
印　　张	17	
字　　数	200 千字	
版　　次	2016 年 4 月第 1 版	
印　　次	2020 年 8 月第 3 次印刷	
定　　价	46.00 元	

声　　明　　1. 版权所有，侵权必究。

　　　　　　2. 如有缺页、倒装问题，由出版社负责退换。

献给理查德·A. 波斯纳

然而，一个没有显要职位，只能见到自己眼睛所见的小孩，走到了马车前。"国王没有穿衣服，"他说。

汉斯·克里斯汀·安徒生，《皇帝的新装》

与其他的暴政一样，人们最初对多数人的暴政感到恐惧——现在通常还是这样，主要由于它是通过公共权威机构的行为来实施的。但是，明辨慎思的人们会认识到，当社会本身就是暴君时——社会集体凌驾于组成它的个别的个体，就意味着暴政的施行并不限于通过官员之手而实行的措施。社会能够而且确实会执行它自己的命令……因此，仅仅防范执法官员的暴政是不够的；也要防范社会不通过官方惩罚，而是将其自身的观念与实践作为行为规则，强加到那些对其持异见者身上的倾向。

约翰·斯图亚特·穆勒，《论自由》

沉默亦是言说与书写的一种方式，它尤其是一种混淆与掩盖了残忍的思维方式。而这种残忍应当成为今天那些正在言说、书写和思考其事务之人的核心要务。

打破这种沉默是每一个阿拉伯人的道义责任，特别是我们中的"知识分子"。没有什么其他事情能够在重要性上与此相提并论。

卡南·马基亚，《残忍和沉默：战争、暴政、起义与阿拉伯世界》

序　言

　　在很大的程度上，人们明显会受他人行为的影响。在对餐馆、对手、医生、商店、领袖、图书、电脑、电影、偶像、政见以及更多方面的选择上，我们常常人云亦云。这种从众并非愚蠢或无意义的。一方面，对于在他人的决定中，会传递出什么才是真正应该做的的信息。如果大多数人都喜欢莎士比亚，赞美亚伯拉罕·林肯，对香烟避之不及，那么对这些方面予以关注就是有意义的。另一方面，我们中大多数想得到他人的好评。那些对主流意见表示拒绝，却表现出奇特倾向的人，很可能会发现自己不那么受欢迎。他们的事业可能会受到威胁；他们本身甚至可能遭到排斥。排斥令人不快。世界上很多地方，对不服从的惩罚就是死亡。

　　由于这些原因，从众常常是理所当然的。问题在于，从众亦能将个体和社会带往不幸甚至是灾难性的方向。最大的危险在于，对他人的人云亦云，会使我们无法发现自己究竟知道或者相信什么。我们的沉默，亦使社会失于获取重要信息。正如我们所能看到的，思维相近的人常常会走不必要的极端。而那些持异见者和拒绝接受他人强加压力的人，常常是以其自身所付出的重大代价，履行了重要的社会功能。对于在公司董事会议室、教堂、运动队、学生组织、教职员工、投资俱乐部中的持异见者如此；对于白宫、国会、最高法院中的持异见者，也同样如此。在战争期间与和平年代同样如此。鉴于此，本书就是专门讨论从众之危害，以及反对之重要性的。

本书源于2003年2月10日至11日在哈佛大学法学院霍姆斯讲座上所发表的演讲。能够发表这些演讲，我要感谢主办方的盛情邀请，以及在讲座期间所提供的友好、慷慨和实质性的帮助。我衷心感谢罗伯特·克拉克院长（Robert Clark）、克里斯蒂娜·乔尔斯（Christine Jolls）、大卫·威尔金斯（David Wilkins）、理查德·泽克豪泽（Richard Zeckhauser），感谢他们的慷慨与帮助。尤其是乔尔斯的盛情款待和实质性帮助，更令我感激不已。对于本书形成各个阶段中不可或缺的探讨和评论，我十分感谢迈克尔·阿伦森（Michael Aronson）、布鲁克·哈林顿（Brooke Harrington）、里德·黑斯蒂（Reid Hastie）、格雷琴·赫尔弗里希（Gretchen Helfrich）、大卫·赫什莱弗（David Hirshleifer）、克里斯蒂娜·乔尔斯（Christine Jolls）、第默尔·库兰（Timur Kuran）、凯瑟琳·麦金农（Catharine MacKinnon）、玛莎·努斯鲍姆（Martha Nussbaum）、苏珊·穆勒·奥金（Susan Moller Okin）、埃里克·波斯纳（Eric Posner）、利奥尔·斯特拉希勒维茨（Lior Strahilevitz）、大卫·斯特劳斯（David Strauss）、埃德娜·乌尔曼-马格利特（Edna Ullmann-Margalit）、阿德里安·沃尔缪勒（Adrian Vermeule）、丽莎·范·阿尔斯泰恩（Lisa Van Alstyne）、理查德·泽克豪泽。当然，还要感谢哈佛大学出版社的三位匿名审稿人。卡伦·坎贝尔（Caryn Campbell）和丽萨米歇尔·埃尔曼（Lisa Michelle Ellman）提供了极棒的研究协助，特别是第8章中司法投票的数据（尤其是，他们清点了成千上万的选票！）。衷心感谢我的经纪人西黛尔·克雷默（Sydelle Kramer），她在许多阶段提供了富有价值的帮助和建议。我还非常感谢苏珊·华莱士·波尔默（Susan Wallace Boehmer)，她远远超出了文字编辑的作用，无论行文风格还是具体内容，她总能在最后一刻做出许多改进。同样，还要特别感谢我的女儿艾伦·鲁迪克·桑斯坦（Ellen Ruddick – Sunstein），她对本书贡献良多，曾与我就从众和异见进行了很多讨论。

谨以本书献给理查德·波斯纳（Richard Posner）———一位常常对习惯性看法持有异见的人，一位对本书给予了无尽帮助的人，一位了不起的同仁！

目　录

引 言
从众与异见

以里根（Ronald Reagan）和撒切尔夫人（Margaret Thatcher）的流行为代表，为什么政治保守主义在 20 世纪 80 年代重获新生？非裔美国人中抽烟者的数量，为什么在 20 世纪 90 年代早期急剧减少？为什么 20 世纪 60 年代，世界各地有那么多学生趋向左翼？什么能够解释在阿拉伯世界中传播的伊斯兰原教旨主义？为什么核能在法国被认为理所当然而在美国却饱受争议？什么能够解释环保主义在美国和欧洲大学校园的兴起？为什么欧洲人对待转基因生物忧虑重重，而美国人则等闲视之？我们如何能够解释扶持性平权行动政策在 20 世纪 70 年代的迅速兴起——以及自 20 世纪 90 年代以来对此政策越来越多的攻击？

在本书中，我认为若没有对人类显而易见的从众性的认识，是不能充分回答这些问题的。人肯定不是绵羊。我们中许多人都展现出很大程度上的独立性。但是，大多数人，包括许多显而易见的叛逆者，都会受到他人观点和行为的强烈影响。如果没有异见的约束，从众就可能产生令人不安的、有害的，以及有时令人愕然的结果。略举几例。

董事会。在 21 世纪头几年，许许多多的美国公司都面临由腐败和混乱并发所产生的严重困难。这其中最著名的例子包括安然的倒闭，但其他一些公司，包括世通（WorldCom）、阿德菲（Adelphi）和泰科（Tyco）在内，也都同样面临类似的重大问题。一位密切观察企业破产的观察者总结道，挽救之道并不在于更严格的监管，而在于针对公司面临的问题，工作团队中要鼓励严肃的讨论和乐于接受针对公司高管的直接质疑。[1]问题在于，当公司领导层被置于一个粗暴对待异见者的团队中时，哪怕是一些明智和强势的人，几乎也总是都会开始变得从众。对股东来讲，这是一个严重的问题，因为证据表明，一个拥有对争论保持高度宽容的董事会的公司会运行得最好；这样的董事会"将发表异见视为义务，并且不会将任何主题看作是不可讨论的"。运作良好的董事会能包容一系列的观点并鼓励尖锐的问题，挑战流俗之见。

投资者。投资俱乐部是一些小群体，由一群将他们的钱汇聚成资金池，然后在股市上共同决定如何投资的人。哪一家投资俱乐部利润回报较高？哪一家利润较低？事实证明，表现最差的是那些充分社交化的俱乐部。[2]他们的成员彼此了解，吃饭都在一起，并通过感情纽带联结在一起。与此相反，表现最好的俱乐部只提供有限的社交联系，而集中精力在增加回报上面。表达异见在表现好的俱乐部中要常见得多。在表现较差的俱乐部中，常常很少经过公开的讨论就做出了全部一致的投票。在绩效表现较差的俱乐部中，投票往往是为了构建社会关系而不是为了确保高额的经济回报。一言以蔽之，从众导致收益水平显著低下。

白宫。在1961年4月17日，美国海军、美国空军、中央情报局援助1500名古巴流亡者，企图在猪湾入侵古巴。这次入侵是一次惨重的失败。[3]2艘美国补给舰被古巴飞机击沉，2艘逃窜，4艘未能及时赶到。由2万名训练有素的士兵组成的古巴军队，消灭了许多入侵者，并俘虏了幸存 1200 人中的大部分。美国以 5300 万美元的对外援助付给古巴作为条件，获释这些囚犯，并受到了国际谴责，同时使古巴和苏联之间的关系得到强化。

失败之后不久，肯尼迪（Kennedy）总统问："我怎会如此愚蠢到让他们去行动？"[4] 问题的答案不在于肯尼迪幕僚的局限性，他们是一支非常有经验和能力超群的团队。然而，尽管这些幕僚非常有经验且能力超群，但这个团队中没有一个成员反对那次入侵或提出替代性方案。尽管有些肯尼迪的幕僚私下也有疑虑，但是据小阿瑟·施莱辛格（Arthur Schlesinger）所讲，他们"从未公开表达出来，部分是由于担心在其他同僚眼中被贴上'软弱'或'胆小'的标签"。[5] 这次失败证明了那些疑虑的重要性。据当时参与相关会议的施莱辛格讲，肯尼迪的"高官……一致同意进发……哪怕如果有一位高级幕僚反对那次冒险，我相信肯尼迪可能就会将行动取消。但是没有一个人反对"。[6] 施莱辛格有自己的疑虑但是并未提出反对："在猪湾事件之后的几个月里，我对于在那些关键决策中保持沉默而深深自责……当时为什么我除提几个怯生生的问题外而未能做得更多，只能解释为，在那种讨论环境下，揭穿这种胡言乱语的冲动都被消解了。"[7]

"讨论环境下"所形成的这种自我沉默，在肯尼迪政府的早期岁月中，并非仅此一次。用约翰逊总统的内部圈子一员的比尔·莫耶斯（Bill Moyers）的话来讲，这种现象无处不在，"肯尼迪和约翰逊政府的一个重要问题在于，那些处理国家安全事务的人走得太近，个人彼此之间太过相互欣赏。在处理国家大事时，他们把自己弄得好像是一个绅士俱乐部，重大决定常常在温情脉脉的情况下做出；这种温情脉脉就好像一个小型理事会中的几位管事者，在决定明年会

3

员的会费该是多少时那样。因此，你常常回避那些最终的艰难决定，这些决定会使得你反对……那些与你关系密切的人，而你们倾向于达成一致意见"。[8]

联邦法院。一位联邦法官，当她置身于一个三人组成的审判庭时，如果同席的是保守派或自由派同事，她会受到什么不同的影响吗？人们很容易倾向于去认为这根本无关紧要。但是这种认识被证明是错误的。如果身旁是两位由共和党总统任命的法官，其中一位共和党任命的法官尤其可能会根据保守的一套进行表决——废止环保性的规章，打击扶持性平权计划或者竞选资助法，驳回妇女和残疾人关于歧视的主张。民主党任命的法官也是同样的套路，如果同席的其他两人也是民主党任命的法官，他们也极为可能会按自由主义的那一套表决。以此方式，群体的影响造就了意识形态的膨胀，如此，一位法官的意识形态倾向，就因为同席的是两位由同一政党的总统所任命的法官而被放大了。

有一点与此相关。无论对于共和党法官还是民主党法官，如果被置于竞争性的观点之中，则会导致其意识形态的弱化。在许多场合，单独一位民主党法官，如果同席的是两位共和党法官，结果常常是，他将会像典型的共和党人一样表决；正如与两位民主党法官同席的共和党法官，结果也表明，他常常会像典型的民主党人一样表决。当伴随着的同席者是民主党法官时，共和党法官常常会比同席伴随着两位共和党法官的民主党法官，更会按照自由主义的那一套表决。这样总结并非完全没有道理：当与共和党任命的法官同席时，民主党法官将会像共和党法官那样投票；而如果与民主党法官同席时，共和党法官也将会与民主党人一样表决。但是这个结论本身是误导性的，因为民主党人和共和党人如何表决，很大程度上取决于他们是否与民主党人或共和党人同席。

陪审团。以个人的身份，当普通公民被问及，一位被告应当为其违法行为受到何种程度的惩罚。[9] 用 0 到 8 来衡量他们的回应，0 表示没有任何惩罚，8 表示"极端严厉"的惩罚。记下他们个人的意见之后，这些人被分到六人陪审团之中，要求要仔细考虑并达成一致的裁决。当大多数陪审员一开始就赞成轻微惩罚时，陪审团的裁决表现出"从轻的转变"，即裁决程度会整体**低于**个体成员彼此开始讨论之前的中等水平。但是当大多数陪审员赞成强有力的惩罚时，小组整体上会产生"从严的转变"，即裁决程度整体高于个体成员开始讨论之前的中等水平。当群体的成员变得愤慨时，相互讨论的结果会使他们更加愤慨。

从众、 异见与信息

对我们每个人而言，从众常常是比较明智的做法；如果我们做了其他人已做的事时，就尽其所能做到最好。我们之所以从众，一个原因就是我们自己常常缺乏更多的信息，而他人的决定中能为我们提供我们能得到的最好的信息。[10] 如果我们不确定做什么，我们可能会采取一种最为渐变的拇指法则：随大流。这个简单的道理帮助我们解释了人们的很多决定，如，关于住在哪儿、吃什么、是否吸烟或者使用非法药物、如何节食、是否起诉或去看一个医生、投谁的票、是否守法、是否移民和移居何处，等等。由于人们关注他们了解的那些人的看法，不同的群体可以戏剧性地、有时可笑地在一些不同的行为与信仰之间趋向一致。"许多德国人相信，吃樱桃之后喝水是致命的，也相信在软饮料中放冰块是不健康的。然而，英国人相当喜欢在吃完樱桃之后来一杯冰水；而美国人则钟爱冷饮。"[11]

问题在于，普遍性的从众，导致使公众丧失了他们所需要的信息。从众者追随他人并自我沉默，而没有说出能使他人受益的个人见解。这是猪湾事件的问题所在，它还造成了投资俱乐部成员的巨大损失。安徒生寓言《皇帝的新装》是一个绝妙的例证，由于每个人都对其他人亦步亦趋，人们就不能透露他们的眼睛究竟察觉到了什么。很快我们就会在科学实验中看到，普通人也会表现得像在安徒生故事中的成年人一样。当不公正、压迫、大规模暴力能够得以持续时，几乎都是由于好人保持了缄默。举个例子，卡南·马基亚（Kanan Makiya），一位伊拉克的持不同政见者，反对20世纪90年代在阿拉伯政府中存在的严重的残忍行为，"如果阿拉伯的知识分子不是沉默而是投身其中，他们本来是可以做出改变的"。[12]

这里有一点颇具讽刺性，我将会自始至终地强调。从众者经常被认为是社会利益的维护者，为了群体而保持沉默。相反，持异见者则常被视为自私的个人主义者，打着自己的小算盘。但是在一个重要的意义上，反对者离真理更近。大多数时候，持异见者使他人受益，而从众者则是自己受益。如果人们威胁要揭露恶行，或者披露的事实与一个正在形成的群体共识相矛盾，他们很容易受到打击。他们可能会丢掉工作、面临排斥，或者至少度过几个月的艰难时光。

有时风险会更高。纳尔逊·曼德拉（Nelson Mandela），一位当代伟大的政治领袖，因为反对实行种族隔离制度的政权，而在监狱中度过了近三十年的时光。或者想想一位不甚知名的埃及记者法拉杰·富达（Farag Fouda）的事迹，他是伊斯兰极端主义的批评者，宗教宽容的捍卫者，也是最早对塔利班和基地组织的危险发出警告的人之一。在公开批评埃及总统侯赛因·穆巴拉克（Hosi Mubarak）限制公民自由之后数周，同样作为一位穆斯林的富达本人，被穆斯林极端主义者枪杀。[13]富达的事业继续激励着其他人的理解甚至行动。但富达最终付出了自己生命的代价。健康的社会应降低甚至消除那种代价。再举另外一个例子，美国法庭已经禁止雇主解雇那些同意协助警方调查公司内部犯罪的雇员。[14]这些决议并不是尝试保护不忠诚的雇员，而是为了帮助许多从公司违法行为被揭露和处罚中受益的人。

6

我并不是在暗示所有异见会无一例外都是有益的。我们当然不提倡为异见而异见的满嘴废话的持异见者。在著名持异见者的光荣榜上，包括伽利略（Galileo）、马丁·路德（Martin Luther）、托马斯·杰斐逊（Thomas Jefferson）、伊丽莎白·凯迪·斯坦顿（Elizabeth Cady Stanton）、甘地（Gandhi）和马丁·路德·金（Martin Luther King）。但是也有一个持异见者的耻辱榜，包括历史中的许多恶魔，如希特勒、美国奴隶制的捍卫者和奥萨玛·本·拉登（Osama Bin Laden）。我们可以把异见界定为对绝大多数人所持有观点的拒绝。如此界定，异见也许就不能被如此赞赏了。有时持异见者会将人们带往错误的方向。当从众者在做着正确的事时，就远远不需要那么多异见了。如果科学家已经就全球变暖得出了正确的结论，那么伪科学家再提出种种荒谬的理论就对我们无益了。但在许多领域，我们并不知道是否已经得出正确的答案，并且团体的影响也可能会减少创造性的不同意见。大学校园中的"政治正确"现象，即压制那些拒绝左翼正统理论的人，就是一个非常重要和被广为传播的例证。[15]但是许许多多组织和机构都有他们自己的正统理论，这些正统理论已经日用而不知、习焉而不察，因为对它们的接受看起来已经如此广泛，以至被想当然地认为是理所当然的了。

7 　在运行良好的社会中，权利和制度被设计用来降低从众所伴随的风险。言论自由是最明显的例子。但是同时也要考虑到实际，考虑到许多组织中，有人被分派了唱黑脸的任务——提出最可能的情形去反对拟议的行动。在美国，总统被要求确保不能出现单一政党控制重要机构的现象，包括联邦贸易委员会、证券交易委员会、核管理委员会、国家劳工关系委员会和联邦通信委员会。这些奠基于多元性基础上的实例，就是要抵消人们从众性的倾向。它们保护披露和异见。它们增强了涌现更多信息的可能性，从而使所有人从中受益。

　　这一点无论在战争还是和平期间都同样适用。一位二战期间的高官，卢瑟·古利克（Luther Gulick），把同盟国胜利和希特勒以及其他轴心国失败的原因归结于民主国家中公民在监督与异见方面的巨大力量，并且因此能改正过去，指引未来。[16]而异见与监督之所以可能，则在于怀疑论者不会被法律处罚，以社会压力等形式进行的非正式处罚也相对较弱。我将指出，对群体的影响及其潜在危害后果的认识，将为人们对一系列显著而广泛的议题带来新的视角，这些议题包括世仇、极端主义、恐怖主义以及战争，美国的宪法机制，公司的失败和成功，言论自由的重要性与本质，结社自由的好处与坏处，对法律的服从与不服从，联邦司法系统多元化的重要性，任何特定时期的公众意见与任何特定时期的宪法含义之间的（令人不快的？）密切关系以及高等教育中的扶持性平权行动例子。

　　在某种意义上讲，我对异见的强调有违当代政治理论的理路。在近几十年甚至更长时期里，政治理论研究的重心一直在于对共识的需要。拿最著名的例子来讲，约翰·罗尔斯（John Rawls）强调在最

8 根本问题上存在分歧的公民中"重叠共识"的重要性。[17]在更为实践

的层次上，许多人哀叹美国文化中的"对抗性法律主义"（adversarial legalism），极力宣扬说美国人更倾向于通过法律对抗而非寻求共识性方案来解决问题。[18]这里丝毫没有和罗尔斯争论或者支持对抗性法律主义的意思。但是对达成协议和共识的强调已经错失许多。我相信，我们对从众与共识的风险给予的关注实在太少太少。

两种影响与三种现象

我始终关注影响个体信念与行为的两大因素。第一种影响涉及他人的言行中所传递的信息。如果很多人趋于相信一些主张是正确的，那么就有理由相信它事实上正确。很大程度上，我们所思考的大部分并非来自第一手知识，而是来自我们从他人行为与思考中所学到的。尽管他们也许只不过是在随大流，但这是事实。当对他人的所作所为中传递的信息有所回应时，我们就有了一种特有的从众。当然，一些人相较于其他人会更有影响。我们尤其可能会遵循那些身居高位、具有权威的人，那些身怀专业技能的人，那些与我们最为相似的人，或者在其他方面值得我们信任的人。

第二种影响是人类普遍存在的得到他人好评的愿望。如果大量人趋向于相信某事，就会有一个不反对他们的刺激，最起码不在公共场合反对他们。想要得到他人好评的愿望产生从众并压制异见，特别是（但也不限于）在那些通过感情纽带联结的群体中。我们可以看到，那些联结将会有损于群体的表现。我们还将可以看到，那些联系紧密的群体，不鼓励争执与不同意见，常常因这种从众而做得不好。问题就在于人们没能展示他们所了解和相信的。

9

人们的很多行为都是这两种从众所带来的影响的产物。想想以下这些例子：

● 如果同一工作群体的成员们已经干过，那么其他雇员提起诉讼的可能性就会大大增加。[19]

● 年轻女孩看到其他有孩子的年轻人，她们自己也很可能更想怀孕。[20]

● 广播公司相互仿效，会在播出节目中产生一种不同的莫名风尚。[22]

● 暴力犯罪的水平在很大程度上会受到社区中其他人外化行为的强烈影响。[23]

● 议员会密切关注其他同僚所发出的暗示，尤其是在他们专业知识领域以外的问题上，经常遵循共识性立场或者那些他们信任的人。[24]

● 人们是否以及如何计划退休生活常常受到工作群体中其他人行为的影响。[25]

● 新英格兰大学生的学术努力很大程度上受到他们同龄人的影响，影响是如此巨大，以至于新生集体宿舍的随机分配有着显著的重要性。[26]

● 在决定是否采用新技术上，包括高产稻米的生产方法，农民常常受到朋辈决定的影响。[27]

● 下级法院相互追随，特别是在高科技领域，因此司法过错就可能会不断持续。[28]

通过强调信息和声誉的影响，我尝试对于三种不同现象提一个统一的解释：**从众**（conformity）、**社会流瀑**（social cascades）、**群体极化**（group polarization）。实际上，我的核心意图之一，就在于说明这三种现象都产生于同样的上述两种影响。从众概念易于理解。社会流瀑随时间的推移而发生。它们往往开始于一个或一些人最初从事某些特定行为——参加一次政治抗议、买一双与众不同的鞋子、皈依新 10 的宗教、投资某一只股票、寻求某种教育。然后，其他的一些人追随他们，认为这些最初的行动者可能是正确的，或者想要得到社会认同。同时还有另一些人，受到数量不断膨胀的前人决定的影响，也跟随他们。广告商梦想着产生流瀑效应，这在餐馆、玩具、书籍、电影和服装等方面都是司空见惯的。但是流瀑也会有利或者有害于政治候选人、职位申请者、药物治疗、大学、盈利机会甚至是观点。有时，医生之间相互的人云亦云会给患者带来极大损害。如果许多州甚至是国家在短时期内制定通过相同的法律，很可能就是产生流瀑了。一旦流瀑情况发生，关键的问题在于追随者未能显示或者依靠他们自己私人拥有的信息。而由于社会没有接收到那种信息，严重的麻烦甚至是灾难就会发生。

当群体成员彼此协商讨论，最终采取了比他们讨论前更加极端的立场时，群体极化就产生了。前文提到的对陪审团的研究就是个简单的例子：审议的结果是原本高度的愤慨只增不减，而原本轻微的愤慨则大为降低。因为愤慨是一种强有力的激发力量，对陪审团的研究有助于我们解释许多种类的极端主义。相互协商的结果是原本愤慨的个人更加愤慨。这些现象在听众热线广播和互联网上、体育迷中、政党甚至国家内部，都会发生。当有相似想法的法官走极端时，同样的现象就产生了。同样，当一个公司或政府中的人结束对一种他们中绝大部分人都被卷入但都不愿意自己承担的风险时，这种现象也就发生了。所有形式的政治正确，都通过群体极化而得到发展。而且，当群体极化发生时，通常都是由于信息的和声誉性的

11   同时流瀑。暴力有时候也是这样发生的。

转变、震动与法律

我们无需因社会影响而悲观或者希冀抛开它们。它们通常带来大量益处，是文明行为的基本来源。很多时候，当人们认真考虑他人的做法时，他们会做得更好。尤其是在缺乏我们自己的信息时，最好的做法就是随大流。社会凝聚力很重要，而不从众或者异见会逐渐削弱凝聚力。但是，社会影响似乎在更多时候会将个体和机构引到错误的方向。异见可以成为重要的矫正器，但在很多群体和机构中却少之又少。[29]

正如我们会看到的，从众者常常是搭便车的人，从他人的作为中受益，但却不给他们带来任何益处。最起码讲，搭便车是诱人的。与此相反，持异见者通常使他人受益，提供能让社会从中大量获益的信息和想法。对社会而言，问题在于那些潜在的持异见者通常少有动机讲出异见，原因很简单，因为他们从提出异见中什么也得不到。如我们所已经看到的，他们可能会受到打击，有时［如法拉杰·福达（Farag Fouda）］甚至被杀害。成功的群体和组织需要想办法去奖励这些人。

细想这样一个事实，当群体卷入仇恨与暴力的旋涡中时，通常不是由于经济损失和最初的怀疑；更经常的是由于我们这里所讨论的信息和名声影响的结果。[30]确实，毫无根据的极端主义通常源自"片面的认识"，绝大多数情况是由于仅仅接触其他极端主义者，而只能得到很少的相关信息。[31]但是太多人都只能有片面的认识，并且相似的过程发生于常见的情形中。许多立法机关、政府机构和法院内部的大规模转变，通过社会影响可以得到最好的解释。有时，一个立法机关突然表现出对一些被忽视的问题的关心——例如：倾倒危险废物、家庭暴力或公司的不当行为。这样的突然关切通常是从众效应的结果，而不是对问题的真正关心。 12

还有更进一步的一点。在事件与环境的正常差异中，由于社会压力，一些相似的群体会被导向极为不同的信仰与行动。当社会随着时间的推移而变得大为不同或者发生大幅度的变化时，原因通常在于一些很小的而且有时难以言表的原因。对于核电，法国公民并不怎么担心，但却是美国人的重要关切，这种差异并不是因为两个国家之间重大的文化差异，仅仅是因为法国总统戴高乐——不像他的美国同行一样，曾经对核能做出了坚定的承诺。当人们自己以某种族群条件来自我认证时，或者将他们自己视为与"他们"相对的"我们"时，通常是由于其他方面已经发生的社会影响。

在不同社会与不同时代之间所存在的许多明显而重大的不同，往往与文化关系不大。正如我们会看到的，事情很容易变得不同；只要有正确的推动，重大的差异也会在非常短的时期内消失。 13

1

随波逐流

人们为什么以及什么时候会随波逐流？回答这个问题首先要区分难题与简单问题。当人们很自信自己正确时，他们更可能拒绝众人的意见。如果你处在一个大家都认为猫会飞或者爱尔兰小精灵应对最近的一次世界灾难负责的群体中，你可能就不会赞成他们。但是，如果一个群体包含了这样一些人，他们对你并没有特别看法的问题却给出了挺有道理的意见，情况就会变得不同。

几组实验证实了这些主张，但它们也呈现出了一些明显的复杂性。最重要的是，它们证实了我自始至终所强调的三点：

• 自信和坚定的人拥有特殊的影响力，他们因此能将其他同质性的群体带入极为不同的方向。

• 人们对他人的**一致**意见几乎没有抵抗能力。一个单独的持异见者或理智的意见可能会产生巨大的影响。[1]

• 如果我们认为，有人来自某种"外来群体"，那么即便在最简单的问题上，他们也不太可能影响我们。[2]同时，如果他们同属于我们所在的群体，无论在简单的还是困难的问题上就更可能会影响我们。

非常清晰的是，这几点与一些重大困惑有关：为什么以及何时人们会遵守法律？为什么以及何时少数人的观点会影响人们？言论自由的作用是什么？我们将会在随后的章节考察这些问题。开始之前，先来回顾一些经典的研究。

困难的问题

在 20 世纪 30 年代，心理学家穆扎费·谢里夫（Muzafer Sherif），进行了一些关于感知能力的实验。[3]受试者被安排在一个很暗的房间，在他们前面的一段距离放置着一丝光源。光源实际上是静止的，但由于感觉上的假象，看起来在来回移动。在每次测验中，谢里夫都让人们估计光源所移动的距离。当逐个进行调查时，受试者彼此不赞同，并且他们的回答从一个实验到另一个也明显不同。这并不奇怪，因为光源根本没有移动，所以关于距离的任何判断都是瞎猜。但是谢里夫发现当受试者被要求按小组行动时，出现了一些引人注目的结果。此时，个体的判断趋于相似，并且团体中确定正确距离的准则很快形成。实际上，不同的实验中群体内部的准则仍旧稳定，因此导致了一种情况，即不同的群体会做出差异巨大的判断同时又极其坚定。这里有一个重要的线索，即为什么类似的群体实际也是国家能在不同的信仰与行动的基础上有所交集，原因就在于它们在出发点上适度的甚至随意的变化。

当谢里夫增加了一个搭档——他的支持者，且不让受试者知道——其他的事情发生了。当这个搭档自信并坚定地发言时，他的判断确实产生了巨大影响。更为特别的是，搭档对距离的估计远高于或低于他人时，则促使群体内部产生相应或高或低的估判。这里的一个启发就是至少在涉及关于真相的难题的情形中，判断"可能会 15

被某个人所强加，尽管这个人并不具备强制力和专业技能而只是在他人不确定时，有保持始终如一和坚定不移的意愿"。[4]

更值得注意的是，群体的判断变得彻底内在化了，以至于人们甚至在一年之后报告自己的判断时，以及加入一个新的群体且该群体成员提出不同判断时，他们依然会坚持原有判断。也可以发现，起初的判断有着跨"代"的影响。当新的受试者被引入而其他人退出，以便所有参与者对情形都初次接触时，原有的群体判断仍趋向发挥作用，即使对它负责的人已离去很久。[5]这里有一个关于**集体保守主义**（*collective conservatism*）的启发，可以理解为群体倾向于遵守已制定的规范，即使群体成员改变。一旦某种惯例已被确立，它就可能成为永久的，即便没人能指出它有任何特别根据。当然，如果有人可以证明这个惯例导致了严重问题，群体也将会有所改变。但是，如果群体成员对问题并无把握，人们就可能继续一直以来所做的。

怎样解释谢里夫的实验结果呢？最明显的答案指向由他人的判断所产生的**信息性影响**（informational influences）。毕竟，看似真实的移动只是一种感知的错觉，而我们的感知系统也不能迅速确定这些移动的距离。人们不知所措。在这种情况下，他们特别容易受到一个自信的和坚定的群体成员的影响。这一研究结果对理解在教室、法庭、政府机构、立法机关中所发生的种种有启发意义。如果信息缺乏的人们尝试做出全球变暖是不是一个严重问题或者是否应担心饮用水中的砷含量的决定时，他们可能会赞同其他那些自信的和坚定的人的意见。[6]如果一个人拥有权威或看起来是内行，他可能会对他人的所思所为产生很大的影响。

事实性问题适用的，同样也适用于道德、政治及法律问题。设想，一群立法者试图决定如何处理纯技术性的问题，比如职业安全与健康管理局是否应该制定新的保护工人免受工作场所致癌物质危害的规则。如果一个被安插在群体中的支持者表现出相当自信，她很可能促使群体向她所偏好的方向发展。即使她不是一个支持者，仅是个对正处理问题充满自信的普通立法者——例如，被认为是科技问题专家的立法者，情况也是一样。审判庭也是如此，如果一个法官充满自信或者看起来像个内行，在技术性问题上，就可以预见谢里夫型的影响（Sherif – type）。基于一些半吊子知识，有些法官就可能会被其同侪看作是某些特定领域的专家，比如反垄断、税收、民权、破产等。由于其声誉，这类法官对其他法官会有着巨大的影响。对法官如此，对许多组织里的专家们也一样。问题在于所谓的专家也可能会有偏见或自己的小算盘，这就会导致错误。

　　要注意这些主张的一个很重要的限制，我也要重申：当实验者使用的搭档是另外一个群体的成员，并且他的身份为受试者所熟知，则从众会大大降低。[7]如果一个群体由巴勒斯坦人组成，那么一个已知是以色列人的搭档就几乎不可能按他所偏好的方向来引导群体。如果一个立法机关绝大多数由民主党人组成，那么其成员就不会受到一位共和党立法者多大的影响；尽管该共和党立法者是众所周知的国际关系法专家，当他主张美国应对潜在对手表现更强硬时，这个立法机关的成员也不会太受其影响。　17

容易的问题

大量迹象表明在困难问题上，人们会受到群体意见的支配。[8]但如果是简单问题呢，或者认识确实给出了可信赖的指引呢？如果人们有充分理由去获悉正确答案呢？所罗门·阿什（Solomon Asch）所进行的重要实验，可以说是"皇帝的新装"的现实版本。

阿什意在探究人们是否会忽视自己感官所感受到的十分明确而不含糊的证据。[9]在这些试验中，受试者被安置在一个7～9人的小组，这些人看起来像是受试者但其实是阿什的搭档。这个可笑的简单任务是从3条"参照的直线"中"匹配"出1条和1张白色大卡片上显示的特定直线长度相同的。其余两条不匹配的直线长度差异相当大，从1.75英尺到0.75英尺不等。

在刚开始的两组实验中，每个人对正确答案都有相同的看法。"这些辨认是简单的，每个人都非常简单地讲出了相同的判断。"[10]但是"这种一致在第三轮中突然被打断"。[11]群体中其他所有人故意共谋，向受试者和任何理智的人做出了一个显然错误的判断，即将卡片上的直线与明显较长或较短的一条匹配。在这种情况下，受试者要做出一个选择：坚持自己的独立判断或者代以接受多数人的一致意见。

接下来发生了什么？很明显，在一系列的测验中，大多数人至少有一次顺从群体的意见。当要求自己决定且不看他人的判断时，不到1%的人犯错。但后来几轮当群体压力赞成错误答案时，36.8%的人犯错。[12]的确，在一系列12个问题中，不少于70%的人附和群体意见，且至少一次忽视自己的感官证据。[13]

阿什只测验了美国人，这存在局限，有个明显的问题，即在美国的人和在其他国家的人会不同吗？美国是一个墨守成规者的国度吗？答案并不是这样的。阿什的研究结果并非美国人所特有。他的研究结果已经跨越文化而被复制。类似的实验迄今已产生了来自17

个国家的总共 133 组结果，这些国家包括法国、德国、日本、科威特、黎巴嫩、挪威以及扎伊尔*。[14]这些研究的整体结果显示出阿什的结论在各地均属实。在 133 组实验中，平均的错误率是 29%，即 29% 的人当时摒弃了他们感官获取的与群体中他人不同的证据。[15]在类似日本这样的具有"从众"文化的国家中犯错的人略多于具有"个人自由主义"文化的国家，如美国。[16]在类似的试验中，挪威人相较于法国人更可能顺从于群体压力。[17]但是各国出现错误的整体模式没有大的差异，会有 20% 到 40% 的受试者顺从于群体意见。

需注意阿什的研究结果包含相互矛盾的两方面。第一，当时有许多人显然是完全独立或基本独立的，至少在面对如何匹配直线长度的简单问题时是这样。大约 25% 的人始终独立判断，约三分之二的人在回答时没有从众。[18]正如阿什指出的，在受到群体影响的程度上"存在极端的个体差异的现象"，即一些人是完全独立的，而其他人则"毫无例外地顺从于多数人"。[19]第二，大多数人，至少一度会倾向于顺从群体意见，甚至在那些他们能够直接清晰而不含糊地发现证据的十分简单的问题上。就我的研究目的而言，第二个研究结果最为紧要。

19

诱因与谬误

为什么人们有时会忽视自身感知到的明证？两个最好的解释是关于信息和同侪压力的。阿什的一些受试者认为同伴们一致的意见必定正确。如果每个人都说一辆车是蓝色的，而你看到是绿色的，

---

* 现为刚果民主共和国——译者注

你可能会断定你看错了。对颜色的判断如此，对于直线长度的判断也是同样。相反，其他人坚信其余的群体成员是错的，但他们就不愿公开指出其他群体成员判断的错误。他们的意见则是同侪压力的产物。

　　这两种解释都是有证据支撑的。在阿什的研究中，有一些从众者曾在私下的看法中表示，自己的看法一定是错了——这一点表明，是信息而非同侪压力在驱使他们。[20]这种信息的重要性在一项研究中得到加强，期间人们匿名记下他们的答案，但给出了几乎和在阿什的条件下一样多的错误答案。[21]一个相似的研究发现当受试者认识到自己的回答对大多数人没有用时，趋同性并不会削弱。[22]但这些是不寻常的结果；实验者通常会明显地发现，在和阿什实验基本相同的条件下，当要求受试者给出一个完全私人的回答时，错误会明显减少。[23]当受试者认识到是从众或是背离很容易被辨识出时，他更加会去选择从众。[24]这些研究结果也表明了同侪压力也一样重要——它引起了经济学家第默尔·库兰（Timur Kuran）所谓的"认知伪装"（knowledge falsification），即公开所言实际上是对其真实了解情况的歪曲。[25]正如我们会看到的，"认知伪装"源于人们往往顺从大众的自然本性，但同时却给大众自身造成严重的问题。如果大众的成员不公开他们所真正了解的，错误甚至是灾难就无可避免。

20　　阿什自己的结论是，他的研究结果表明，在"从众的支配下"，"社会进程遭到了破坏"。[26]他补充道，"我们发现社会中的从众倾向如此之强，以至于理解力相当强的以及善良的年轻人都愿意认为黑白是一个需要关注的问题。"正如我前文所述，阿什实验超越了国度，产生了大体相似的结果，所以前述阿什语句中的"社会"一词完全可以代之以"世界"。

但是在这里我想强调问题的另一方面。许多人不愿意向群体公开他们所掌握的信息，哪怕获悉个体成员的所知所想对群体是有益的。看到这一点，就能够想象一个群体何至于几乎所有成员都坚信事实上错的是对的。（这个话题可能涉及现实，如在临近地区被袭击的实际风险、一个太空飞行计划以灾难告终的可能性、发动战争的最有效途径、社区内性暴力的存在。）再设想一下，群体中仅有一个成员或极少成员了解真相，他们会去纠正占支配性优势的意见吗？如果阿什的研究结果可以普遍化，答案是他们可能不会。他们如果打破缄默，可能是因为他们失去了理性。在占支配性优势的意见非常不同的实际情况下，他们的缄默不语恰恰是最为明智的回应——这个实际情况预示着，他们要么承认自己是错的，要么拿自己的生命去冒险以坚持自己正确。

当然，可以看到一些阿什的受试者似乎是怯懦的。但由于三分之二的人顺从于这样那样的观点，我们不应对他们太过苛责。正如我们所看到的，阿什的研究结果有助于解释为什么会有群体做出不幸的甚至是自我毁灭性的决定。

这些研究结果适用于关于道德、政策和法律的判断吗？人们在关于道德、政治或者法律争论的问题上虽然有把握，但仍顺从意见一致的群体，这好像有点说不通。但是如果阿什是正确的，这种从众就应该是可以预见到的，至少有时候会是这样。事实上，从阿什的基本方法衍生出的其他进一步实验，发现了在许许多多道德和政治判断中存在的巨大从众效应。[27]这些影响已经在涉及公民自由、伦理规范以及犯罪与惩罚的问题上得到了验证。这种迹象揭示了关于争议性问题公开表达意见时，从众所表现出来的强大影响。

想想这样的表述："言论自由是种特权而非权利，当一个社会感觉到被威胁时，暂停言论自由是恰当的。"当逐个问及对这句话的看法时，只有19%的受访群体表示赞同。但当面对都赞同这个看法的其他4个人时，58%的人表示赞同。一个类似的发现中，受试者被问及（在1955年）："你认为以下哪一个是我们国家面临的最重要的问题?"有5个选择：经济衰退、教育设施、颠覆活动、精神健康以及犯罪与腐败。单独被问时，12%的人选择颠覆活动。但是，当暴露在一个假托的一致选择那个选项的群体时，48%的人做出了相同的选择。当单独被询问时，没有一个军官赞同以下言论，"我怀疑自己能否成为一个好的领导者。"但在面对一个显然一致同意那个言论的意见的群体时，37%的军官表示赞同。[28]

在一个测试群体影响的十分有趣的调查中，许多人或多或少接受，并在少数情形下完全接受以下关于美国社会的表述：

> 美国很大程度上由老年人构成，60%－70%的人年龄超过65岁……男人身高远远超过女人，平均高出8－9英寸。社会对饮食格外关注，平均一日六餐，这或许解释了（受试者）为什么赞同"我似乎从来都不饿"这个说法。美国人不会花太多的时间在睡眠上，平均一晚只有4－5个小时，此种模式或许与普通家庭拥有五六个孩子的状况不无关系。然而，由于美国从旧金山至纽约绵延6000英里的领域，也并不存在人口过多问题。尽管经济急速发展……在一定程度上，消极的和烦躁不安的态度仍是社会群体的特征，正如他们所赞同的……这样一个说法，"大多数人如果根本不曾上学，将会更加富裕"，"为他人做事是无益的，因为他们不会感激"，以及"我做不好任何事"。[29]

22

官员的从众：一瞥

由此看来，如果人们联合起来反对，在某些情形中，立法者和法官会像其他所有人一样放弃他们对政策和法律清晰但与众人不相同的判断。当然，在现实中从众效应并不容易检测。但是我已经提到了联邦法院上诉中的这种效应，这个话题在第8章中将会做进一步深入探究。现在，应该注意到，阿什型效应似乎能解释另一个令人愕然的情况，即当和两个民主党法官坐在一起，共和党法官通常倾向于像民主党人一样表决，当和两个共和党法官坐在一起，民主党法官通常倾向于像共和党人一样表决。为什么共和党人在民主党人在场时会表现出自由主义的转变？为什么民主党人在共和党人在场时会表现出保守主义的转变？

部分答案在于当房间里的每个人都相信某事时，就一个单独的持异见者而言很难不赞同，最起码很难公开表示不赞同。很明显，法官面对类似阿什的受试者所面对的压力时也很难抵御。如果在一个审判庭中，其他法官对一项竞选资金法坚决作出不利裁决，那么这项法律可能确实该被废止。不管怎样，在公共场合提出异见需耗费时日，并且不同意见可能使同侪不悦。何况一个勉强的多数已足以掌控法庭；同时，结果不会转变的情形下，孤独的持异见者也许会发现，并不值得因为公开表达异见而招致不利。适用于法官的同样适用于无数情境中的普通人。以种种不同的方式，多数人的公共 23 意见都会产生重大影响。

无怪乎公共舆论的强制性影响会成为约翰·斯图亚特·密尔

(John Stuart Mill) 的一个重要关注点。密尔坚持认为，防范"执法官员的暴政是不够的"，防范"主流意见与情绪的暴政；防范社会不通过官方惩罚，而是将其自身的观念与实践作为行为规则，强加到那些对其持异见者身上的倾向"[30]也同样重要。密尔此处的关注点，在于说明强制性顺从的不利影响不仅体现在被施以暴政的个体身上，也体现于社会自身，即社会没有获悉他人究竟作何感想。

如何提升（或降低）从众

什么因素会提升或降低从众？与谢里夫的研究结果相一致，如果人们拥有重要的社会身份或者对自己的观点极度自信，就不那么可能顺从他人。[31]他们更可能在任务艰巨或感到害怕时顺从。[32]但有三个因素同样影响重大：金钱、规模和群体认同。

金钱的影响。对正确回答给予金钱报酬会通过两种途径影响人们的表现。[33]当人们做对了就能得到钱，而且任务简单的话，从众的概率会明显地**降低**。如果人们意欲从一个正确答案中获益，就不太会随大流。但变为要完成困难任务的实验时，会有显著差异。那种情况下，金钱激励实际上**提升**了从众性。如果人们意欲从一个困难问题的正确答案中获益，他们更可能顺从众人。可能会令人大跌眼镜的是，当金钱激励不存在时，低难度和高难度任务中的从众程度大致相同。但是对金钱报酬的引入显著区分了这些任务的结果，即低难度任务中从众性显著降低，高难度任务中从众性则显著增加。

这些结果都可以有很简单的解释。阿什实验中的一些人很自信地认为自己知道正确答案。他们给出与他人一致的答案，仅仅是因为公开拒绝其他人的一致意见并不值得。但当关系到真金白银时，物质获益的重要性就会超过同侪压力。这里的一个简单启发就是，经济报酬可以削弱社会压力的影响。在重要的考试中，你甭指望好学生会随大流，因为高分会有重大回报。如果你意欲从正确答案中获得重大好处———一份更好的工作、一个更好的前程、一个对你的孩子更好的机会———你就可能会讲出你真正所想的，即便许多人并不赞同。如果你的生活会因此冒很大风险，你将不会随大流。

显然，困难的任务却大不相同。之所以不同，是因为它们给人们带来了是否正确的更大不确定性。在如此情形下，人们更可能重视他人的意见，因为那些意见是他们最可信赖的信息资源。大量证据表明，如果任务困难，人们的从众性（在阿什的试验中）会显著提升。[34]如果你意欲从正确答案中获益而且你并不确定自己的判断，你可能更愿意按照大多数人所做的去说、去做———因为他人的表达和行动是正确答案的最好指引。这里可以考虑一个类似的研究结果：如果实验者的搭档也非常自信，那人们对自己判断的信心也会随之增加。[35]当搭档们表现得富于自信和热情时，受试者也会表现出对自己的判断增强了信心，即便他们仅仅是在随大流。

如此种种仿佛颇为合理。但要考虑一个可能令人苦恼的后果。"多数人的共识""常常能够误导个体陷入不准确的、不合理的或者无根据的判断"。这样一个共识"同样能够引起人们对这些判断的信心增加"。[36]由此可以得出结论，"只要判断是困难的或模棱两可的，并且有影响能力的人是一致的和确信的，对准确性的重要性的增加，将会在增加信心的同时也增加从众性———一个危险的结合。"[37]

接下来，我们转向一个迫切的社会问题：为什么这么多极端主义者会如此自信？现在我们已经有了一些线索。当政党走向极端，当年轻人被灌输激进的观点甚至是恐怖主义时，通常源于他们的领导者的自信。

规模的影响。大群体比小群体更有影响吗？认为更有影响也是合理的。比起 4 个人的意见，你不太可能拒绝 15 个人的意见。假如 20 个人都认为全球变暖不是一个严重问题，比起只有 4 个人坚持那个观点，你更可能会公开反对他们吗？

就具体数量而言，也有一个关于群体规模究竟有无重大影响的问题。阿什发现一致做出错误判断的搭档群体的规模，在达到 3 个人时影响最大。那个临界点之后的人数增加影响很小。[38] 在使用 1 个搭档时，受试者的错误一点也没有增加；2 个搭档时，错误增至 13.6%；3 个搭档时，错误增至 31.8%，此时的错误率与其后群体规模进一步增加时的没有实质上的不同。但是，阿什自己的发现在这个问题上是有点奇怪的。后续的研究发现，搭档群体规模的增加，通常的确会提升从众性。[39] 这些发现与常识是符合的。

然而，更重要的是，实验条件的适度变化就会有很大不同：**只要至少存在一种清醒意见，从众性和失误都会显著减少**。当阿什的一个搭档做出正确的匹配时，错误会减少四分之三，即便绝大多数人倾于相反方向。[40] 这个推论与"皇帝的新装"的故事十分接近。当一个人揭露事实时，全部或大部分人也会讲出他们真正看到的或者表示自己知道的是正确的。至少，在适当的情形下是这样。

言下之意就是，如果群体正处于一个不幸的行动进程中，单独一位持异见者通过激励那些处于犹豫不决中、很可能随大流的成员，也可能扭转局势。在这一点上，阿什的研究结果，强有力地支持了小阿瑟·施莱辛格的意见，即一位单独的持异见者可能阻止猪湾惨败。在军事领域，偶尔会有"自我强化"（incestuous amplification）的讨论，即在战争状态的条件下，想法相似的人相互之间观点的增进与深化，从而造成误判的风险。如果听不到异见，这种风险会明显增加。正如我们会看到的，一个持异见者有时就能帮助联邦法官进入正确的轨道。单独的持异见者的影响在《十二怒汉》（Twelve Angry Men）中得到完美阐释，电影中，一个持异见的陪审员亨利·方达（Henry Fonda）改变了 11 个严重倾向于宣判一个无辜被告有罪的陪审员的意见。我们由此也可以看到电影的写实程度。

现在考虑另外一个情况，也即群体成员之间社会关系与感情的作用。如果牢固的关系使得连一个异议都不大可能出现，群体和机构的效能将会受损。这里可以回想一下对投资俱乐部的研究，可以发现表现糟糕的社团通常建立在情感纽带上并且是社交化的，而表现最好的社团则限制社交联系并致力于赢利。[41]在表现好的俱乐部中，持异见者极其常见。低绩效团体中通常全体一致地表决，几乎没有公开坦率的讨论。最核心的问题在于低绩效俱乐部中的表决者试图构建社交的内聚力而非产出最大利润。基于此，从众会导致明显更糟糕的业绩。

这点也见于公司董事会。高效运行的公司趋于有一个极为鼓励争议的董事会，视异见为职责，并且"不时会有彻底的争论"。[42]对这种董事会来讲，诚如在阿什的实验中，"哪怕是一个单独的持异见者也会有巨大的影响。"例如，想象一下大公司美敦力（Medtronic）拟议中的一个决定，即收购一个药物递送系统的研发公司阿尔扎（Alza）。美敦力的董事会几乎是一致同意的，但是有一个孤独的持异见者提出了相反的意见，极力主张这个领域并非美敦力的专长。这个持异见者最终说服董事会中止了一个现在几乎已被确定证明为无利可图的行动。另一个持异见者得以说服美敦力的董事会保留血管

27

成形术行业——一个回报丰厚的决定。[43]

群体认同的影响——很大。从众性实验中，最重要的研究结果之一是群体成员身份至关重要的作用。如果受试者把自己当作多数人之外的另外一个群体的成员，从众性影响会大大减小。[44]回顾一下之前的例子，如果已知参与测试的搭档是以色列人，一个巴勒斯坦人受试者不太可能顺从他们。如果被告知测试搭档曾是萨达姆·侯赛因（Saddam Hussein）的追随者，可以预见，一个美国人从众的可能性就会降低。与此相似，如果群体由一些受试者喜欢的或欣赏的或他们在其他方面认同的人组成，他们此时非常可能从众。[45]

这一点大致解释了为什么那些对提升或降低某人的影响力感兴趣的人，会重视那个人所在的群体。通常你可能通过表明某人是一个可能提出令人难以接受的意见的"保守主义者"或者"左翼人士"来破坏他的可信度。如果一个众人熟知的保守主义者支持一个扶持性平权计划或者帮助穷人的新计划，则他在保守主义者群体中可能远远比一个众所周知的自由主义者做同样的事更具有说服力，并且一般来讲可能都会如此。如果一个自由民主党人支持一个共和党总统的动议，其他自由主义者可能更愿意去倾听。

大量证据支持这一基本主张。阿什的实验中，当受试者把自己理解为一个已被限定过的包括实验者搭档在内的群体的一部分（比如，像他一样，所有人都是心理学专业的）时，在公开发言中，从众及随之而来的失误都会显著提升。[46]与此相反，当受试者把自己理解为与实验者的搭档不同的另外一个群体的成员（比如，除了他之外都是古代史专业的），在公开发言中，从众及随之而来的失误会显著降低。[47]

需要注意，我们这里所讲的是公开发言而非私下意见。在对直线长度的估量中，人们私下对事实的看法并没有受到实验者搭档的群体成员身份的太大影响。他们后来匿名表达的私人观点大致相同，而不论是否像实验中的其他人一样把自己理解为同一群体的成员。一个有趣的情形是，如果他们公开发表意见或者被跟他们一样进入同一群体的人所围绕，他们就可能从众或错误描述所看到的，甚至严重犯错——这对一个不愿栽大跟头的领导者而言，是一个明明白白的警示。那些和实验者的搭档一样认为自己是同一群体的成员的人，在私下交谈时，却给出了准确得多且更不愿意从众的答案。[48]这点凸显了秘密投票的重要作用。

现实中，人们沉默的原因多种多样。有时候他们不想冒朋友和盟友愤怒或者抨击的风险。有时候他们担心自己的不同意见会削减所在群体的效率和名誉。有时候他们相信从众群体成员是最恰当的。这些看法有助于解释为什么人们在战争或国家安全受到威胁时不太愿意发表不同意见；但是平时也能感到同样的压力。另一方面，沉默常常会导致损害。确保人们自由地表达是可能的吗？最为明显的途径是营造一种欢迎不同意见并且不打击与主流正统观念相违背的那些人的氛围。如果要营造这种氛围，一个组织就应该创设匿名表达异见的渠道。如果人们可以无需公开身份就能讲出心中所想，他们将更可能讲出心中真实所想。一种监督与制衡机制就可以被理解为提升异见可能性，同时降低特殊群体或特殊机构中的成员不愿公开自己所知的可能性的一种途径。当国会议员不赞同总统时并未感到压力，社会就能听到更广范围的意见，而更好的决定可能就由此作出。[49]

29

少数者的影响

迄今为止，我对多数人影响强调得太多了。少数人当然也有重要影响。通常，他们会在时间的长河中作出重大进展，使得相当多的人们接受他们的观点。人们如今再也不相信地心说，但曾几何时几乎每个人对此都深信不疑。一开始对绝大多数人来讲是难以置信的，达尔文关于进化论的主张如今已经获得胜利，至少大体如此。在许多国家，一小群人抱怨性别歧视已发生的显著转变，现在对性别平等的承诺已成为现代宪政体系的决定性特征。直至 20 世纪 70 年代，美国民众中支持男同性恋和女同性恋权利的人少之又少。在令人称奇的短短时间里，他们使数百万的人们相信从根本上讲他们是对的。这样的例子不胜枚举。

少数人何时以及为什么能够说服人们并使之转向他们？对这个引人深思的难题，我们并没有一个完全的解答，但是部分答案还是有的。一个最重要的发现就是少数人即便影响不了人们在公共场合的意见表达，也对人们私下的所思所想有所影响。这一点已经在判定颜色的试验中得到证明。[50]当少数人对颜色做出不同的判断时（比如，将蓝色说成绿色），可以发现，公开场合里比之于多数人，他们的影响**较小**，但在私底下比多数人对人们的思考有**更大**的影响。在政治见解中也有同样的发现。研究表明，不管少数人对同性恋权利是强烈反对还是坚决支持，在公开言论中人们可能转向赞同多数人，但在私下言论中却可能转向赞同少数人。类似的研究结果也在对待外国人和堕胎的态度上被发现。[51]

然而，值得关注的是，当少数人的群体更多由社会之外的人组成时，私下对这个群体中的某一成员的赞同也会随之减少。因此，比起以更为中性的措辞来描述的群体，对一个少数人群体来讲，如果被认定为"同性恋大学生"或"国际女权主义者组织'还我安宁夜'游行"，则他们可能就不太具有说服力了。[52]与此相似，一个已证实外围群体身份的少数人群体，面对面时的影响并没有间接接触时大。对此也不必大惊小怪。如果群体成员令人感到害怕或者厌恶，迂回的接近不失为最好的选择。

据说，多数人导致**从众**而少数人引起**转变**。[53]意思是人们遵从多数人但对他们并不真正信服，却至少有时会被少数人说服并相信他们是对的。我们已经看到，这个主张其实非常浅显。人们赞同多数人时，经常是因为这些人提供的信息；多数人也由此使他人转变。但是少数人也可以令人信服，尤其是当他们成员保持一贯时。[54]如果少数人群的成员摇摆不定或者不能清晰和自信地坚持自己的立场，他们就不大可能影响他人。少数人群体的规模同样有所影响。"一个少数群体仅有一人时，可能会被贬为一个疯子或傻子，但有数个人时，这种回应就很难得到支持。"[55]

电击实验

在谢里夫和阿什实验中，没有某个特定的人拥有特别的专业知识。群体成员中没人展示出特别的估算能力或者极好的辨别力。但是我们中的大多数可能会从自身的经验出发作出预测，即如果受试者有理由相信一个或多个实验者的搭档尤其是可能正确的，他们将会更倾向于从众，并由此失误。普通人对于如何解答一个数学难题，可能会听从数学家的意见。[56]核物理学家对于核子物理问题，几乎不可能顺从于普通人。

实际上，通过实验者向群体宣称其搭档给出的（错误）答案实际上是正确的，一些实验测试了专业知识的相关性。这些宣告在随后具有相同基本特点的问题的回答上，产生了更大的从众性影响。[57]不管怎样，如果人们确信群体中有专业人士，从众将会提升。

正是基于这一特殊现象，我想去审视当代社会科学中一些最为著名同时最令人震惊的实验。[58]这些由心理学家斯坦利·米尔格兰姆（Stanley Milgram）进行的实验，针对的不是对同侪判断的顺从而是对实验者意志的顺从。暂且不论好坏，由于对使用人类受试者的限制，这些实验在今天几乎不可能进行。但它们具有独特的旨趣，因为他们在关于社会影响对道德判断而不仅仅事实判断的作用方面，有重大的启发意义。通过讨论那些实验，我的最终目的在于将其推演至法律和政治领域的一些大的议题，尽管它们本身就非常值32 得探讨。

实验要求人们对坐在邻室的一个人实施电击。受试者被不实地告知，实验目的是测试惩罚对记忆的影响。受试者所不知道的是，被电击的受害者是实验者的一个搭档并且表面上的电击实际上不是真的。发给他们的实际上是一个仿真的而非真的电击器，上面清晰标识了自 15 伏至 450 伏的 30 个电压等级，并分别相应地标着自"轻微电击"至"危险：剧烈电击"的语词描述。实验伊始，受试者被告知了错误答案，要给予渐趋剧烈的电击，直达并超出"危险：剧烈电击"程度，即从 400 伏开始。

在米尔格兰姆起初的实验中，受试者包括 40 个年龄在 20 至 50 岁的男人。他们来自各行各业，包括工程师、高中教师和邮递员。他们的参与可以获得 4.5 美元报酬——并被告知无论实验进展如何，他们都可以得到钱。"记忆测验"要求记词对，即搭档/受害者的每一次错误都要受到一次电击，并且电击依次趋向电击发生器上标识的一个更高强度。为了确保各个方面都看起来可信，实验刚开始的时候，受试者被发给了一个真实的电击器样品，不过电力强度处于最低水平。在实验者回答搭档一个预先安排好的问题时，实验者宣称"尽管电击可能会十分痛苦，但是并不带来相关的永久伤害"。[59] 受试者由此也确信了电击并无危险。

在起初的实验中，被电击者没有做出任何的抗议，直至 300 伏时，被电击者不断用脚踢绑着他的电椅所在房间的墙壁。过了那个节点，被电击者没有再回答进一步的问题，仅在 315 伏的电击后方才听到他在墙上连续重击；从那以后再没听到他发出的声音，即便电击强度到达并超过 400 伏。如果受试者表示出不愿继续的意愿，实验者则会给予他们严格程度渐增的鞭策，从"请您继续"到"你别无选择：只能继续"。[60]但实验者无权对受试者施以处罚。

当受试者被安排在这样一个实验中，你认为他将作何反应？大部分人预测超过 95% 的受试者将拒绝继续至一系列电击的结束。当人们被要求对受试者将有何举动做出预测时，预期的中止节点在 195 伏的"非常强的电击"。[61]但在米尔格兰姆的实验中，**40 个受试者的每一个都超出了 300 伏**。平均的最高电击强度是 405 伏。大多数人——40 人中的 26 人或 65%——进行到了最高的 450 伏，超过"危险：剧烈电击"两个等级。[62]

对原初实验修正后进行的后续实验，产生了更为显著的结果。

在这些实验中，随着电压的增加，被电击者表达了强度不断增加的疼痛与悲惨。[63] 从 75 伏至 105 伏时能够听到小的哼哼声，在 120 伏时受试者向实验者大叫，说电击开始变得疼痛。在 150 伏时，受害者尖叫起来，"实验负责人，我要从这里出去！我不要再参与这个实验！我拒绝继续！"[64] 在 180 伏时，受害者讲到，"我忍不住疼痛了。" 到 270 伏时，他回以一个极其痛苦的尖叫。到 300 伏时，他叫嚷不再回答问题。到 315 伏时，他痛苦地尖叫。等到 330 伏及之后就没有再听到他发出的声音。

在这个版本的实验中，米尔格兰姆的结果并无大的改变：40 个参与者中的 25 个进行到了最高的电击强度，并且平均的最高强度超过了 360 伏。在一个有点可怕的变型实验中，被电击者在实验开始之前表示自己有心脏病，随着电击继续他反复提及心脏状况"很难受"，以此请求中止实验。[65] 但这并没有导致受试者行为的不同。值得注意的是，在这些实验中女人与男人的表现没什么不同；她们的回应表现出相同的基本模式。

米尔格兰姆在解释他的实验结果时提到了对权威的服从，某种程度上使人想起纳粹统治下德国人的行为。实际上，米尔格兰姆进行的实验一定程度上有助于理解大屠杀何以发生。[66] 米尔格兰姆如此总结，普通人愿意服从指令，即便会给无辜的他人造成巨大的痛苦。毋庸置疑，一味地服从是情景的一部分。但是我想着力强调另外一种解释。[67]

被邀请至一个预设的学术环境中，受试者参加一组由看起来经验丰富的科学家组织的实验时，可能会自然而然地服从实验者的指示，认为实验者考虑周到，知道该做什么。如果实验者要求受试者继续下去，大多数受试者会理由充分地相信，对受害者表面上施加的伤害并不严重并且这个实验对社会确有可观的益处。依照这种看法，实验者拥有特别的专业知识。如果这是正确的，米尔格兰姆实验中的参与者就类似于阿什实验中的那些人，即实验者产生了显著扩大的影响。基于此，许多受试者之所以将道德不安搁置一旁，并不是由于盲目的服从而是由于他们做出了判断，认为自己的不安是没有根据的。反过来，那个判断又是基于这样一个确信，即如果实验着实令人难以接受，实验者不可能要求受试者继续下去。

简言之，米尔格兰姆的受试者可能会顺从一个格外清楚明白的信息指示——那种某一领域的真正专家发出的指示。如果是这样的话，米尔格兰姆把他的受试者的行为与希特勒统治下的德国人的行为加以类比就不太恰当。他的受试者并不是在遵从一个邪恶的独裁者，而是服从他们认为在资历和良好信誉方面都可以信赖的某个人。当然，无论理论上抑或实践中，区分遵从一个领导和接受一个专家的意见并不容易。我唯一的主张就是，受试者的服从几乎就是盲目和无根无据的。因为这涉及一种安排，其中受试者有理由认为实 35 验者并非出于施虐意向或者毫无缘由地要求他们施以严重的身体伤害。

随后一个探究服从之根据的研究为这个主张提供了支撑。[68]在那个实验中，很多人观看了米尔格兰姆实验的录像，并被邀请对服从实验者要求的可能性解释进行排序。尊重专业知识是所有选择中排位最高的。当然，这并非决定性的；但米尔格兰姆在基础实验上略加变化所进行的另一个实验，提供了进一步的支撑。[69]在进行了改变的实验中，3 个人中有 1 个人要求实施电击。另外 2 个拒绝实施超过某个确定强度（一个主张 150 伏，另一个 210 伏）的电击，他俩其实是米尔格兰姆的搭档。在如此情形下，受试者中压倒性的多数——92.5%——公然反对实验者。在米尔格兰姆筹划的所有以降低服从水平为目的、对基础实验进行改变所进行的变型实验中，这个实验是最为令人印象深刻的。

同侪的违抗何以如此管用？我认为这个变型实验中的受试者与阿什实验中至少有一个支持性搭档的受试者非常相似。回想一下，甚至是一个这样的搭档，导致阿什的受试者讲出了他们实际上所看到的。同样如此，以良知为根据而行为的搭档，使得米尔格兰姆的受试者也能够自由地听从他们的良知。这里我们可以看到，一两个持异见者愿意听从自己的良知，就可以引导他人也这样做。

米尔格兰姆自己在另一个变型实验中，证实了人类天性中的一些美好的东西。在没有来自实验者的任何意见以及来自外部丝毫影响的情况下，受试者的道德判断非常清楚：**不要实施超过某一很低强度的电击**。[70]事实上，米尔格兰姆的受试者道德判断的清晰程度和阿什的受试者由他们自己估算直线长度时（并且因此，此处没有面对阿什的搭档）的事实判断的清晰与正确度几乎相同。在米尔格兰姆的实验中，影响因素主要来自实验者的坚定立场——电击应当继续并且不会造成永久性伤害。但在受试者的实验者同伴公然反对实验者的实验中，实验者的优势地位实际上被来自那些同伴的拒绝所取消了。在这些情形下，受试者只能依靠自己的道德判断，或者听从由同伴的拒绝所发出的道德信号。

总体上的启示也易于理解。当一种道德状况尚不完全清晰时，大多数人将会受到看起来是专家的人的影响，并且能够权衡相关的风险。但专家可疑的道德判断被提出自身道德判断的有理智的人反驳时，大多数人就不太可能听从专家。他们极有可能随着自身良知的真正发声而有所作为。如此，我们就可以了解有关青少年中的残暴行为、反抗受压迫的群体以及在战场上的一些情况。诚如我们将会看到的，遵从法律也具有类似的特质。

警察与供述

普通公民常常要应对官方人员，这些人恰如米尔格兰姆的实验者。警官是最明显的例子。如果米尔格兰姆是正确的，警察应该拥有很大的能力让人们做他们所希望的，至少当人们身边没有一个支持性的群体时将会如此。大多时候，与警察的合作是有益的和有价值的。但也存在风险。可以细想一下虚假供述的可能性。如果对遵从有理解，那么就会知道，虚假供述的风险着实非同小可。[71]

一个以米尔格兰姆实验为基础的富于启发的实验，证实了这一点。[72]受试者被告诉在计算机上做一些工作；并被告知不能按"Alt"键，因为如果他们一旦这样做，计算机将会出现故障。期间，没有受试者按那个键。但在某一刻，计算机到底还是突然出现了故障，并且受试者被指责按过那个"Alt"键。继而受试者被要求承认错误，惩罚是来自实验的主要实验者的点名批评。差不多70%的受试者供述认错！当面对编造的证据时——一个假的目击者声称看到受试者按下了那个键——超过90%的受试者认错。没有这些所谓的证据时，有35%到65%之间的受试者认错。

当然，在将这个实验类推至现实生活之前，我们应当有所顾虑。在实验之外，供认的结果包括监狱、支持性的亚群体——家庭成员、朋友甚至是律师——通常给予保护以防止错误供述。但是我们有充分的理由相信，当普通人完全无辜时，也可能被引导并同意他们确实从事了不当行为，甚至是严重的不当行为。我估计美国的监狱中存在数百甚至数千这样的人；全世界的监狱中这样的人更多或许不计其数。对社会影响的解读有助于解释个中缘由。

2

守法与违法

　　某些法律鲜有违反。很少有体格健全的人会把车停到预留给残疾人的车位。在美国，人们少有违反禁止公共场合抽烟的法律。而有些法律的违反则颇为常见。可以想一想禁止使用大麻和可卡因以及那些规制私下两性关系的法律。那么，于守法而言，人们何时有法即依？何时需强力执法呢？

　　几年前的一个周六早上，当我把车停在离我办公室很近的一个特别合适的车位时，我收到了某种提示。一个体格健全的陌生人，边生气边疯狂挥手靠近我讲到，我因为"占用一个预留给残疾人的位置"已经"违法"。无需赘言，我倍感窘迫。自那之后，我就不在预留的位置停车而是停在邻近的车位；他的陌生人视角使他指出了这一错误。但是，全国有许多陌生人都会强烈抗议那些占用预留给残疾人位置的司机。当然，大多数人都不会违反这项法律，哪怕是在私下或不易被察觉的场合。但是少数试图非法停车的人，也因为可以预见会遭遇到令人不快的陌生人而被阻止了。他们的守法，在一定程度上就是为了避免那些不速之客。

　　近年来，已经有大量关于**法律的表达功能**的学术讨论——以与通过事实惩罚来调控人们行为相对应的"作出声明"的方式，来讨论法律的角色。[1]对法律表达功能的强调，提出了对一些解释人们为何以及何时守法的有影响成果的质疑。经济学家和经济导向的法学家倾向于强调两个变量：惩罚的严厉程度和惩罚将被实际实施的可能性。依经济学家之见，人是理性动物；他们会斟酌自己的行为"成本"。增加犯罪成本的一种途径是使惩罚更严厉。当惩罚力度加大，守法程度也随之增加。另一种增加犯罪成本的途径是提高侦查和逮捕的可能性；当二者提升时，人们更可能守法。因此，寻求获得服从的政府会加大惩罚力度，或提高违法者将被处罚的可能性，或二者兼具。但对社会学家和心理学家而言，他们强调不同的变量：人们是否相信法律是公正的。[2]依他们之见，人们如果认为法律实体公正，服从就会增强。程序公正亦然。如果程序满足了公正的要求，服从也会相应增强。

这两种解释（正如每一位父母都知道的）中都有极大的真实成分。但都不圆满。在某些情况下，人们受到惩罚严厉性与可能性增强的影响并不会非常大。以色列不对恐怖分子施以死刑的惩罚，部分原因在于死刑不能阻止恐怖主义，甚至有可能增加恐怖主义。如果政府对他们施以高压，殉道者、持不同政见者、帮派成员更可能会违法。而且，通常人们甚至在认为法律并不公正的情况下也会守法。有时候我们遵守显然不公的法律，因为害怕受罚。有时候我们遵守显然不公的法律，因为不想令他人失望或触怒他们。那些传统解释的所忽略的地方，一切都与社会对行为的影响有关。

在本章中，我将利用从众的观念提出三点主张。第一，明确的法律规定具有表达和导致服从的功能，因为这些规定既告诉我们该做什么，也告诉我们别人想让我们做什么。在此类情形下，即使没有强制实施，我们可能也会守法。第二，在违法行为非常容易暴露时，法律表达可能最有效。与暴露可能性有关是因为大多数人不愿招致他人的愤怒。第三，如果违反者是亚群体的一部分，该亚群体会奖励或至少不惩罚不服从行为，此时法律表达可能不太有效。

在最后一类情境中，亚群体中的行为能够削弱法律的影响。由此可知，如果同伴意欲违法，则违法行为将广为蔓延。在人们认为法律禁止他们做自己想做的事时，这种情况尤为可能，无论是因为自私还是因为道义。在美国，许多人无视禁止消费禁用物品的法律，一个原因就是与他们同样无视这些法律的朋辈支持他们的不服从。马丁·路德·金能够鼓舞数十万人起而抗法，这种鼓舞奏效的部分原因就在于人们相互追随。当公民不服从发生并变得广泛蔓延，道义上的愤慨就非常重要。但从众效应同样重要。事实上，道义上的愤慨本身即为社会影响所激发。

因此，我们可以用对这些影响的认识来理解无需依靠强制实施政府即被普遍所服从的情况——同样可以理解强制实施必不可少的情况。这种认识在很多领域都有助益。只举一例，想想违反税法的行为，每年耗费了美国政府数百亿美元。结果就是美国人每人每年平均多付出 1600 美元，才能弥补违法行为造成的亏空。我将就如何改善这种状况提出一些建议——这些建议可以广泛应用于许多社会 41 问题。同时，我也将就其他问题提出建议；当法律变得彻底不能反映社会价值时，当它得不到实施时，以及尽管如此它仍然是一种折磨和羞辱的工具时，这些问题就会出现。

法律作为信号

法律虽然未被充分实施，但却仍被自觉遵守，或近乎如此。[3] 纵然不惧警察所为，人们守法依旧如初。正是此种意义上讲，法律具有表达功能，能够做出表达，并且仅仅根据那些表达就能产生效力。

之所以发生此种效力，原因在于法律提供了两种重要的信号——且都是能够导致从众的信号。第一，如果法律由基本理性的人制定，并且禁止某些行为，公民就有充足的理由相信此种行为是有害的且着实该被禁止。第二，当法律禁止某些行为时，公民就有充足理由相信其他公民同胞也**认为**此种行为当被禁止。无论何种情形，理性的人们都有理由按照法律的要求去做。当然，有些人可能并不接受法律的信号指示。充分掌握信息的人可能会认为法律在要求他们做无意义之事。他们也可能会认为大多数人或者他们最在意的人同样实际上是反对法律的。但如果这些情形是例外而非常规，我们就能更好地理解为什么即使没有人在实施它，法律也可以影响人们的行为。也会明白人们为什么尤其会遵守最低地方层级水平的法律。如果法律出自你的邻居或同乡，你更可能认为法律反映了你所在意的那些人的意见。

在这点上，可以考虑一个关于禁止在公共场所吸烟的地方性禁令的经验主义研究。[4]最简单的启示就是，即便这些禁令几乎不会被实施，他们也仍然会服从。研究发现在加利福尼亚的3个城市——伯克利、里士满和奥克兰——极少有对违反行为提起的控诉。在伯克利，健康部门的官员发现连发一张传票的必要性都没有，更没有什么会起诉的情况。在里士满的餐馆，遵守率情况近乎100%，工作场所也在75%到85%之间浮动。在奥克兰的遵守情况也极好，虽有披露的例外，即"某些亚裔社区的餐馆几乎所有的顾客都是吸烟者"。[5]高遵守率也见于工作场所、中学以及快餐店。其他在包括剑桥、马萨诸塞州以及温尼伯湖、马尼托巴湖等各不相同的地方的研究，也发现人们对公共场所吸烟的禁令几乎完全自觉遵守。

这个迹象表明，法律声明的作用与阿什试验中搭档的一致同意，在作用上有异曲同工之妙。当法律禁止在公共场所吸烟，这个声明所传达的信息就有此作用：综合考虑，在公共场所吸烟是不对的。同样重要的是，这个声明暗示，大多数人相信在公共场所吸烟是不对的。而如果大多数人相信在公共场所吸烟不对，想吸烟者就不太可能去吸，部分原因就在于他们不愿被批评或谴责。

由此可知，法律即便未曾被实施也仍然会发生效力，一个关键原因在于自觉履行的可能性。如果违法行为极易察觉且冒着民愤的风险，服从就必定会发生。"比之于违反禁止酒驾、吸毒及逃税的行为，违反公共场所禁烟规则的行为相对易被察觉……为那些几乎无处不在的为自身利益而行动的群体以及对那些实施禁烟法令非常积极的人，也即那些抵制二手烟的不抽烟的人所察觉。"[6]在某些情况下，法律甚至可能等同于米尔格兰姆的实验者，即便不强加任何制裁，也具有显著的权威。就实验者的权威源自一种对专业知识的感知而言，法律与此非常相似。

我们可以认为，基本的法律是在**常态管理**（norm management）中得以应用的。这些法律试图运用社会规范且无需付出太多成本，正是在此种意义上纳税人群无需服从。在性骚扰和吸烟的情况下，法律似乎确实起到了推波助澜的作用——并使之显著推广。这里关键的一点就在于法律超前但并不太脱离一般大众。如果法律滞后于公众，它将无济于事且不会产生任何效力。但如果法律要求太脱离公众，由于这个原因，也不太可能被过于激进地实施：在公众不支持惩罚时，检察官和陪审员也不太会去惩罚什么人。[7]适度超前而又不至脱离公众当前价值观的法律，才是最有效的。

目前为止，我从可能的违法者的角度，强调了具体情况的重要性。但法律对自觉履行者同样有影响。当不存在法律禁止时，那些反对公共场所吸烟的人很可能怯于投诉，即便他们发现抽烟令人不快或者更糟。而同时这些人可能会被一个支持性规定所激励，因为那表明，他们不仅是对的，而且他们的意见是大家都赞同的。以法律为后盾，他们不太会成为以自身偏好去反对吸烟者的喧嚷的或过分敏感的干涉者。如果法律规定了他们所追求的行为，那些投诉超速、酒驾及公共场所吸烟的人就更可能认为他们的诉求合理合法。

当然，这并非全部情况。在一些人中，仅仅是因为它是法律，法律就具有高度的道德权威。对他们而言，法律的道德权威大大超过了为许多人共有但未被立法通过的意见。如果确实如此，法律的权威将扩展并远远超过阿什试验中一致同意的搭档，可能也远远超过米尔格兰姆的实验者。但我们不能完全赞同法律的道德权威，而看不到它与我强调过的社会影响之间的相互联系。

这一点说明法律的表达功能有赖于它是否传递了公民该做什么或者多数人认为公民该做什么的有用信息。这些先决条件在民主国家更容易被满足，而不太可能在专制国家被满足。因此，民主国家远远比专制国家更有望被服从，而无需强制。在一个民主的体制中，人们明白法律大多时候符合其同胞们的判断。如果体制真正民主，人们会确信法律并非是某一自命领袖者的随意强加。相反，当一个专制政体发布一个法令时，人们可能会认为那仅仅代表了专制者个人的意愿。这个专制者如果并不英明，他的法令就不会包含该做什么的信号。由此可知，一个专制的统治者远远比民主的统治者更需要枪炮、弹药、间谍以及警员。他们的法令也鲜有能自动实施的。恐吓必不可少。并且，如果人们在认识到法律公正时方才服从，专制者就面临另一个麻烦。那些生活在专制之下的人不会相信法律对他们公平相待，因此很可能不服从。

在这些情况下，专制者怎么办？当一个专制者营造出一种氛围，其中的人们非常担心任意但可怕的惩罚，那么服从就更可能发生。如果专制者能够组建一群私人化的执法与告密大军，而且他们也担心因未能上报非法行为而受到惩罚甚至被处死的话，则服从的可能性将大大增加。正是此种意义上，人们可以理解为什么希特勒、萨达姆以及历史中大多数实际上的专制者，将普通公民进行军事化组织以执行法律。因为法律没有能够体现人们真实想法的信号，它只有在人们担心他人会向当局举报其违法行为时，才能被执行。

但我们不必在民主国家和专制国家之间硬是划出一条界线来。即使在民主国家，一些法律似乎也是外在的强加，并不包含多少权威以引导该做什么或者他人怎么想。这一点把我们引向一些大的问题。

为什么， 什么时候

常态管理何时无需强制行动即能奏效？又何时失效？现从一个理性公民决定是否守法这一情形开始。为便于分析，假设一种特定的情形，其中公民没有感到守法的道德义务。法律可能禁止超速、盗窃、公共场所吸烟、人身伤害、谎报应税收入、在私人产业进行政治性示威或使用海洛因。公民可能会考虑：

- 实施的可能性。
- 一旦实施，惩罚的幅度。

●违法的声誉代价，因为如果会被他人厌恶或排斥，人们就不太可能违法。

●违法的声誉收益，因为如果将因此受到赞赏，人们就更可能违法。

●服从的固有收益（拒绝吸烟可能会有健康收益）。

●服从的固有代价（吸烟可能异常愉快，反之非常不快）。

如果政府可以改变这些因素中的任何一个，它也许能获得更多的服从。就当前而言，我的重心在于以上第三点和第四点。因为这些因素关系重大，问题的关键在于自觉履行的性质及程度。回想一下在阿什的实验中，当人们匿名给出答案时以及对正确答案给予金钱激励时，从众率和错误率都显著**降低**。这些发现说明社会环境的适度改变，能够削弱从众的压力。

我已经强调过公共场所吸烟易于被察觉，所以很可能遭到私人执法。[8]与此相反，违反税法和性侵犯更难被发现。因此，这些违法者在违法时，无需太担心被公众批评的风险。不被暴露的可能性，提升了违法行为广泛蔓延的风险。同时，如果存在对不服从的私下支持，法律的表达功能会被削减甚至抵消。如果人们被一个会奖励他们违法行为的"亚文化群"支持，他们将会违反社会规范或法律，而哪怕惩罚是有可能的或者是很可能的。[9]想想帮派成员、大麻吸食者、多配偶者甚至是恐怖分子。在这些情形下，预期的违法者大致处于和米尔格兰姆实验中被同伴所支持的受试者相同的位置。至少在他们基于道义或私利而有充分理由不服从时确实如此。如果人们察觉法律毫无意义，对违法行为的私人支持就会如阿什实验中理性的意见一般潜移默化。

任何多元社会都有许多亚文化群，其中违法者会因被赞赏甚至是声望的全面提升而得到回报。比之于人们预期违法或受罚后仍被一如既往地对待甚至被奖赏，如果人们预期违法或受罚后会被众人排斥，他们就不太可能违法。[10]多元社会同样有亚文化群，其中那些守法者可能被嘲弄、排斥甚至时常遭受暴力。药物使用和宵禁是最明显的例子。同样，帮派暴行有时发生，也不过是由于那是朋辈所期待或鼓励的。那些未得到充分实施的法律在这些社群中实际上毫无意义，因为自觉履行者凤毛麟角并且实际上社会压力强烈反对服从。许多恐怖分子都是从众者。他们违法是因为法律不再有表达的作用，而且这种违法极大地为其身边的朋辈所鼓励。

如此就易于理解为什么对于残疾人场地泊车和公共场所吸烟的法律禁止会有大量服从，而对某些性行为的法律禁止和（在某些社群中）对国内税收法服从远不及前者。同样也易于理解公民不服从现象——源自良知的违法行为。当那些参与公民不服从的人群达到一定的规模，法律就会失去权威，不论其作为该做什么的依据还是作为理性的人们认为该做什么的依据。法律的权威被参与违法的那些人的权威超越了。当人们接受马丁·路德·金公民不服从的号召时，部分原因就在于不服从被社会中其他人所赞扬而非批评。

赢得顺从，实现服从

政府如何应对违法行为不易暴露而又广泛蔓延的困境？政府如何提升对禁止骗税及非法药物使用的法律的服从？更不用提对禁止人身侵害、殴打、强奸及谋杀的法律了。此种情形下，人们忍不住会回应，以更严厉和更频繁的处罚形式强力实施法律是必要和可取的。这个答案并不坏，但有时强制实施不管什么用。在一些富于政治动机的暴力中，强制实施实际招致更多的暴力。如果对他们强力施压，那些否认国家权威的人就更可能会突破法律界限，而不再仅仅因为他们可以成为殉道者。回想一下以色列不对恐怖分子强施死刑，部分原因就在于此；但在不那么招致激愤的领域也会出现类似问题。例如，有些在税收问题上欺骗的人并不会被受罚的风险所阻却，尤其是他们被一个持异见的亚文化社群所支持时。证据表明对骗税者的处罚基本上无济于事，反而可能增加违法行为。[11]

还可以做什么呢？设想一个有希望的可能，以赢得顺从来实现服从。其关键在于，大多数人绝大部分时候确实会守法——即便人们倾于认为违法行为非常广泛时，他们也会这样做。因为我们中的大多数关心他人做什么，当我们得知多数人守法时，我们很可能受到影响。这样一种印象，即大多数人做了法律所要求的，会产生极大的作用。由此，我假定：**许多情形中，仅仅让人们知晓遵纪守法的人比例很高，即会促进守法。**

实验证据为这个假定提供了完美的支撑。[12]问题在于，人们如何才能受到影响去从事这些为社会所鼓励的行为，例如给慈善团体捐款。在第一种情况下，人们被问及，"作为我们每年募捐活动的一部分，我正在为心脏协会募款，您愿意通过一次捐款来施以援手吗？"在第二种情况下，人们被这样问，"作为我们每年募捐活动的一部分，我正在为心脏协会募款。如你所见，其他居民已捐过。（此时，实验者向人们展示了捐款者名单及捐献数额。）您愿意通过一次捐款来施以援手吗？"在第二种情况下，73％的人顺从了这个要求，而第一种情况下仅有47％的人同意。遵从会随着被提到的捐款者的数量和捐款数额的增加而增加。我相信守法与遵从向社会公益捐赠的要求有可比性。如果确实如此，从众效应完全可以被用以增进守法。

事实上，如果纳税人相信其他人已自觉纳税，他们更可能遵守税法——同理，如果他们相信不服从广泛存在，就不太可能这样做。在明尼苏达州，一个真实世界的实验证明了这一点。[13]当人们被告知处罚的风险时，服从的水平并未受到影响。当人们被告知税款被用于重要的用途和服务时，包括教育和警察的保护等，服从水平也未受影响。但当人们被告知超过90%的公民已全额纳税时，服从水平提升了。显然，那些违法者耻于了解到自己的行为比绝大多数同胞的要糟糕。一个相关解释也许指出了这种情况对那些违反法律与道德规则者的制约性影响："每个人都做了。"如果迹象表明没人这样做，人们就不会用此种方式为自己行为辩解，而服从也更可能。

一个相似的例子来自酗酒问题严重的美国大学校园。许多被设计用于减少酗酒问题的措施大都惨遭失败。但要考虑一个明显的事实：酗酒学生通常认为，酗酒者的数量实际上要多得多。他们相信酗酒是普遍存在的——是惯常而非例外。当被告知实际上的酗酒人数时，他们愕然了，因为比他们想象的数量低得多，他们幡然悔悟的可能性要大得多。[14]事实上，这是唯一实际奏效的减少校园酗酒的措施。

这些方面也有助于理解美国历史上最成功的环保计划：1988年法律所规定的有毒物质排放清单（TRI）。TRI的初始目标是要求公司公开他们的有毒物质排放情况，以便于联邦和州政府可以了解实际情况。让几乎所有人始料未及，结果证明，TRI本身就刺激了大幅度的有毒物质减排，致使1988年至1995年间有毒物质排放降低了45%。为什么这个计划会取得如此效果？一个非常显著的原因就是，媒体将最严重的违犯者置于聚光灯之下，结果导致它们做出了改进。[15]例如，纽约最严重的有毒工业气体排放者遭遇了一场大规模的媒体讨伐，致使其大规模减排。数百篇当地和全国性的报道瞄准相关领域的"最大污染者"或者在全州排出了"污染前十名"。结果形成了一份环保黑名单。[16]在有毒物质排放问题上，没有公司想榜上有名。因此，大湖化工（Great Lakes Chemicals）的副总对这个排名回应道："在从名单上消失之前，我们不会满意。"[17]当外在形象被搞成这样，公众压力很可能带来改进。

这些例子给我们带来了无尽的希望。它们表明，对从众的理解，以及对他人行为中所传达的信息的理解，也许能够被用来减少违法或者危险的行为。但这样提示了，持异见者何以导致对主流规范甚至法律的不服从。当人们认为不服从普遍存在，他们就极可能不服从。在法律被认为不公正的极端情形下，一个持异见者能像米尔格兰姆的搭档，引导人们诉诸良知而非服从。

废止原则

有关陈旧的和不合时宜的法律呢？那些完全脱离现有社会价值的法律呢？直到20世纪末，康涅狄格州法律依然禁止婚内使用避孕药。今天，如果公诉人确实将那些违反禁止同性恋法律的人送进监狱，相信绝大多数公众都会被激怒，但仍有许多州的法律禁止同性恋。从定义上说，不合时宜的法律不会再被社会共识所支持，因此，即便那些法律中仍然存在什么信号的话，也会被严重地忽视。这些法律没有透露出大多数人认为该做什么的信息，那些违反这些法律的人也无需担心会招致公众指责。此类违法行为普遍存在。

这些朴素的方面与一个有益的原则相关，这个原则导致了英美法表现出来的连续性。这就是**废止原则**：终止一部当前缺乏支持和应用的陈旧法律；即便这部法律还拥有一些支持或者会被用到，也只是偶尔的和个别的。尽管被许多人视为是对隐私权的明显侵犯，康涅狄格州对婚内避孕药的禁止，实际上就是既不被支持，也不会被用到的规定。那不过是数十年前通过的一部早已不再真实代表康涅狄格州全体选民深思熟虑的判断的法律，即便被实施，也是有选择和有差别的适用。[18]这些法律毫无能够跟上国民共识的希望，从而使得问题被大大恶化。当一部法律如此严重地滞后，那么去问一问政府是否还应继续有权适用它就是有必要的；尤其在任何对这些法律的适用都既是罕见的也是肆意的实际情况下，这个问题就更有意义了。[19]废止的观念表明，在极端的情况下，这些法律早就无法再调整人们的私人行为。

那么法院是否有权去宣布这样的结果呢？答案并不清晰。法官并没有适当的方法去决定法律是否不合时宜。但有时法官的确会认识到法律不再与公众信念相符合，而且这种理解在他们的裁决中会发挥作用。想想最高法院在格列斯伍德诉康涅狄格州案（*Griswold v. Connecticut*）中确定的规则，禁止婚内使用避孕药的法律侵犯了隐私权。[20]格列斯伍德案裁决无疑受到法院这样一种认知的影响：康涅狄格州已婚人士使用避孕药的情况是大量存在的，因此这部法律荒谬地滞后于人们的信仰和行为，多数情况下不过是骚乱与歧视的工具。[52]在1986年有争议的鲍尔斯诉哈德维克（*Bowers v. Hardwick*）裁决中，法院拒绝扩展隐私权以推翻一部禁止同性恋鸡奸的法律。[21]但法院已声明这部法律几乎从来没有作为现实中检控同性恋的依据——警察也不接受用它去羞辱和骚扰国民。

　　当一部法律不再反应公民的价值取向时，如果没有大量的强制实施行动，人们就不太可能遵守。而在一个民主国家，当一部法律与人们的价值观如此格格不入时，它就不大可能被实施，它也就失去了正当性。它也根本没有资格去规制人们的行为。

53

3

群来群往

人类当然不是羊。但他们确实倾向于群来群往。在公众对影视明星、音乐、环境问题、敌对国家、担心的犯罪、意识形态以及公职候选人的关注上，可以发现都体现了"当月口味"。教授们往往被认为不会为一时的风潮所动，但在许多学术领域中，赶时髦是很平常的。现在我将探究社会影响（social influences）如何产生**社会流瀑**（social cascades）——一种大规模的社会运动，其中很多人因"先行者"（early movers）的信念和行动而不再去想些事情或者去做些事情，"先行者"极大地影响了这些追随者。[1]

流瀑既能影响事实判断，也能影响价值判断。它在立法机关、政党、宗教组织和司法系统以及无数的公民群体之中，都会发生作用。并且当人们由情感纽带而被团结在一起时，流瀑发生的可能性将会增加。有时，道德判断是流瀑效应的产物。当一个政府官员或名人突然成为鄙视和嘲讽的靶子时，流瀑几乎总会作用其中。在社会风险问题上，人们对某种特定结果或过程的恐惧并非基于确凿的认知，而仅仅是基于他者明显的恐惧时，流瀑尤为普遍。

司法先例也会导致流瀑，因为之前的裁决会导致后来的法庭做出特定的裁判结果——而且最终大多数或者全部的法庭将相互看齐；但这不是基于独立的判断，而是基于其他人已经做出的已知判决。[2]

司法上意见一致的真正水平应该是达成共识，但如果绝大多数法庭已经受到其先辈的影响，甚至是决定性的影响，那么其表现将是误导性的。法官不是喜欢一哄而上的北美旅鼠，但他们确实会相互影响。（顺便说一句，值得关注的是，旅鼠事实上并不会盲从彼此地集体跳海自杀；这个广泛传播的传说恰好是人类流瀑的一个例证。）

就其自身而言，流瀑既不算好也不算坏。有时，它会在关于风险、道德或法律等问题上，使人们能够做出极好的决定。在南非，种族隔离得以废除的部分原因就是流瀑。美国的民权运动，包括美国独立战争本身，也是如此。而严峻的问题是，基于同样的机制，人们可能也会一起走向错误的或不那么正当的结果上。当然，提这些只是故事的开头，让我们从其作用机制开始。

信息流瀑

在信息流瀑中，人们会于某个时候停止依靠自己的信息或观念，转而依据别人传来的信息来作出决定。这一旦发生，那么其他的少数人或很多人的后续行动将不会给社会再提供新的信息。其结果便是，理论上讲，最初少数人的行为将催生无数追随者的相似行为。

如果人们错误地以为大部分人的所言所行都是以独立的认识为依据的，那么一个特定的问题就产生了。数以百计的法学教授或去指责美国总统的某些法案违反宪法；但可能他们中的大多数都不是这个问题上的专家，多数可能都是在跟从其他少数人。一群诺贝尔奖获得者或去要求政府为或不为一些事情，但可能只有其中的少数人才是这个问题上的专家。如果观察者以为大部分人是在独立行动

的，那流瀑将难以遏止。当然，人们不仅会受别人言行中所传递的
信息影响，而且也会受到对他们的声誉的关注的影响。

一个简单的例子。从一个高度类型化的（stylized）例子开始——
假设医生们正在决定是否要为更年期的妇女开出特定（specified）的
处方。我们设定，如果这个疗方会导致严重的心脏病风险，那就不
能开它；如果不会产生这种风险，那就值得开它。[3]我们再假设，医
生们依据某种临时的顺序来逐一作出决定，并且每个医生都知道他
们自己在顺序中的位置。根据各自的经验，对于该怎么做，每个医
生都有自己的信息。但是每个医生也有充分的理由去关心其他人的
判断。亚当斯第一个作出决定。如果他认为风险低，那他就会开出
这个处方；而如果认为风险高，那他就会拒绝这一疗法。假设亚当
斯开了。现在巴伯知道了亚当斯的判断；很明显，如果她自己也独
立地作出了同样的判断，那她会确定无疑地果断开出这一处方。但
是如果她自己的独立判断是风险很高——如果她对亚当斯的信任程
度同对自己的差不多——那她会不太确定是否要开，或者可能就用
抛硬币来决定。

当轮到第三个医生卡尔顿时，情况就开始变得有意思了。假如
亚当斯和巴伯都开出了这个疗方，但是依卡尔顿自己的信息来看，
风险可能会高，尽管他并不十分确定。在这一情况下，卡尔顿或许
会忽略自己的认知而开出这一处方。在这种情形下，无论是对于亚
当斯还是巴伯，看起来都认为风险比较低；除非卡尔顿认为自己所
掌握的信息比他们更可靠，否则他很可能会跟随他们的决定。若真
是如此，卡尔顿便是进入了流瀑之中。

现在假设卡尔顿的行为是据亚当斯和巴伯的行为而进行的，并
非以他自己的信息为依据，并且后面的医生们知道亚当斯、巴伯和

56

卡尔顿的决定。一个合理的推断是，他们也会如卡尔顿那样做：忽略自己所掌握的信息（我们假设这些信息与之相关但也并不非常确定），而开出这一处方。就算亚当斯的决定是错的，上述情况也确会发生。正如大卫·赫什莱弗（David Hirshleifer）所解释的："由于相反的信息沉隐，则错误的流瀑也会一直持续下去。先位优势，不论是取是舍、或许偶然草率，都能自我巩固。"[4]

如果这是正在发生的情况，那我们面临着一个严峻的社会问题：处在流瀑中的医生们不会把他们自己私人掌握的信息公示给后面的医生以及公众。在上述例子中，医生们的行为不会反映他们关于该处方的健康后果的全面或总体的知识——尽管若亮出为某些医生所掌握着的相关信息，并将其汇聚起来，能得出一个对实情较准确地认识。这一问题的原因在于每位单个的医生都追随了先作出决定的人的引导。后面的医生未能依据和亮出为自己所掌握的信息，而这些信息实际上超出了那些流瀑开启者所集体掌握的信息之范围。医疗界往往会缺失一些为医生和病人都需要的信息。正如所已经关注到的，如果后面的医生不能意识到他们的前辈也仅仅是在因循其前人，那这个问题将会恶化。

所有的这些似乎是抽象的、悲观到荒谬的程度，甚至是凭空想象的。当然，流瀑并不会总是发展起来。当然，流瀑一般也不会永远持续下去。人们往往有或自以为有足够的个人信息来抵制别人积累的智慧。医疗专家有时就是这类人。在发展的过程中，流瀑可能会被矫正性信息所打破。在科学领域，同行之间的评议将会提供有价值的保障。但是就算是在专家以及事实上在医生之间，流瀑也是普遍存在的。"大多数医生并不在研究的前沿领域；他们对同事已经或正在进行的做法不可避免的依赖，而这就造成了大量治疗上的跟风和由治疗引起的疾病。"[5]一篇发表在著名期刊《新英格兰医学杂志》（*New England Journal of Medicine*）上的文章探讨了"流行病"（band-wagon diseases），文章指出医生就像"旅鼠一样，时不时地仅仅由于大家都这么做，而带着沾染来的热情，去宣扬某些疾病或治疗。"[6]

有些医疗实践，比如扁桃体切除术，在没有大量的科学支撑的情况下就已经被采用，而且在实施频率（和其他操作程序）上的极端变化也很好地证明了流瀑正在发挥作用。[7]在这里法律也同样起到了重要作用。对官司的担心促使医生采取防御性治疗。防御性——而且昂贵的！——治疗措施，有时是对病人甚少益处或者是无益的，但却为一种这样的认识所驱动，即为了避免医疗过错官司，防御性治疗是必要的。医生对医学懂很多，但是不怎么了解法律。在为了得到法律保护而必须做什么方面，流瀑般的过程常常传播了错误的信息。而一旦一些医生卷入流瀑中，它将很可能得到进一步传播。这和谢里夫的实验有些联系——这一实验以缺乏权威信息的成员的群体活动为依据，展示了不同的但根深蒂固的规范的形成。有个事实我还没提到，即医生也会关心自己的名声；正如我们终会看到的，声誉因素会导致其卷入他们自己所构成的流瀑，而且无论如何都会加强我正在描述的这种影响。

发生在医生身上的情况，在律师、工程师、立法者、官员、法官、投资人和学者那里也是一样。[8]很容易发现流瀑是如何在公民团体中发展起来的，尤其（但不仅仅）当这些团体是小型的、封闭的和由爱慕与友谊联系起来的时候。考虑一个小例子。艾伯塔坚称全球气候变暖是个严重的问题。巴里不确定，但是艾伯塔的信念影响了他，所以最终他同意了她的观点。与艾伯塔和巴里交谈后，查尔斯也同意了，这就使得丹尼尔不太可能否定这个为正在成形的环保

58

主义者群体所共认的判断。当由观念相近的人构成的小群体最终一致聚焦于某一风险，或畏惧和憎恨另一团体时，流瀑往往就是重要成因。

先例型流瀑（precedential cascades）。再来看一个假设出的与之类似的法律问题：在法律赋予政府更宽泛的权力与恐怖主义作战的情况下，律师和民众在一个关于公民自由的难题上发生了分裂。第一家上诉法院发现这个问题实在很难，但是做出了有利于政府的判决。第二家上诉法院的法官倾向于认为政府是错的——但是上一家上诉法院之前的主张足以将形势扭转向有利于政府的一面。因此，第二家上诉法院跟随着第一家来判决。第三家上诉法院之前确实想反对政府方，但它缺乏信心去否定前两家法院的共识。最终，随着最后很少有人能够感受到其他法院立场一致的分量——而且也不能认识到这分量来自于先前且某种意义上有些奇怪的判断，所有的法院终将会形成一致的立场。由于所有的上诉法院观点一致，联邦最高法院便认为没必要再就此问题作出裁决。

我相信这一系列情况一点也不罕见。尤其是在技术问题上，法院倾向于彼此相互跟随，并且有时候会导致错误。原因并不是法院会因不同意其他法院而感到那么不舒服；而是在于前人很可能是正确的，并且认同这是阻力最小的方式。（回忆下阿什的实验。）当然，先例型流瀑并不总是发生，而且在美国的法律体系中，上诉法院之间的分歧确有发生。[9] 原因之一在于后来的法院常常有足够的自信断定之前的法院是错的。但是有些流瀑不可避免地会发生。更糟糕的是，它们发生后还很难被发现。

我们该做些什么？有一点启示是很明确的：法庭应该警惕过多重视其他两个或更多上诉法院所共认的观点。如果你感到不舒服并想寻求第二种看法，而且你确实想要独立的看法，那么你不该把第一种观点告诉新的医生。所以，同样地，上诉法院应该警惕一种可能性，即之前各法院的一致性认识，并未反映各法院自主的同意。注意这样一个事实，即众所周知，最高法院否决过很多上诉法院的一致观点。那么多的下级法院怎么会错了呢？一种可能性就是他们的所作所为并未真正体现各自的自主行为。先例型流瀑或正应该对那种全体一致的认识负责。

对于法律系统来说，危险在于，使下级法院形成共识的流瀑，证明是自我孤立和自我强化的。除非存在明显的错误，联邦最高法院何需再涉足其中呢？自我孤立和自我强化的流瀑不是只法院才有的困扰。许多群体和组织，不论公共性的还是私人性的，都面临着同样的风险。

合理性和错误。在目前所讨论的信息流瀑中，每一个参与者都是完全理性的；人们也是按照在信息有限的情况下所该做的去做。但是正如我已经说明的，流瀑之中的参与者们或许发现不了：盲从在催生着盲从——在本就是跟随别人观念的大多数前人的决定中，很少携有自己的独立信息。即便有很少一部分人会对问题作出自己的独立判断，但成千上万的人却会卷入信息流瀑之中。观察者或许比他们理应受到的影响更大。他们或许会错误地以为每个人都做出了自己的独立判断。

考虑一个有争议的问题：如果大部分科学家都认为全球变暖是个严峻的问题，那他们可能真都错了吗？答案是他们还真可能错了，尤其当他们不是依据自己私人掌握的信息而是仅仅跟从别人释放出的信号来作出判断时。人们似乎经常把信息流瀑错认为是一系列相异且独立的判断。举个例子，在 2001 年数百位法学教授联署声明，

60

从宪法角度谴责乔治·W·布什总统所作出的关于允许军事法庭审判恐怖分子的决定。联署姓名之多令人印象深刻。但是，如果我们考虑到这么一个事实——大部分署名者缺乏关于这个深奥法律问题最基础的专业知识——那么这联名数量就没那么多了。他们只不过是跟随大部分其他人那些看起来可靠但实际上信息含量不足的判断而已。

　　这个例子表明，信息流瀑造成了一种严峻的出错风险。人们会很容易在一条错误的、有破坏性的或危险的道路上取得交集，就因他们未能公开自己掌握的全部信息，也未能按照全面的信息去行动。[10]这就是人们的恐惧往往没有现实根据的原因之一。我们中的许多人会因废弃的危险垃圾堆放场、航空旅行、转基因食品而感到恐惧；但是所有这些都只构成很小的风险。我们中的绝大多数人很少注意到室内空气污染、暴饮暴食、阳光直晒、运动型多功能车（SUV）以及不合理饮食所伴随的风险；但所有这些所带来的风险都不小。很多美国人警惕农药的使用，但是不关心伴随着有机食物的风险（这些食物有时含一些污染物，诸如虫子、肥料、真菌孢子和毒素）和草药补品的风险（其中的一些有严重的副作用）。在所有的这些例子中，恐惧受到了流瀑的作用，置身其中的我们的每个人都受到了别人的信念和选择的影响。就这些风险而言，流瀑效应会造成很大的误解。

　　实验证据。实验室里也是很容易产生流瀑的。有些实验非常细致且有一定的技术性（因此不感兴趣的读者往往被友好地建议略去或仅仅浏览这些细节），但是有四点很明确的一般性的启示：

　　• 人们会经常忽视自己掌握的信息而听从前人提供的信息。

　　• 人们会留心他们的前人是否有足够的信息；掌握信息较为充

分的人能打破流瀑。

● 或许最令人费解的是，如果对人们的奖励，不是因其正确的个人决定而是据其所在团体多数人的正确决定，那么流瀑就会极大地减弱。

● 如果对人们的奖励，不是看他的决定是否正确，而是看其决定是否与多数人的决定一致，那么流瀑和错误会极大地提高。在现实世界，有时候使我们获得奖励的，并不是因自己做得对，而是因依别人的行为来做事。这种奖励机制很可能会把个人和群体引向坏的方向。

正如我们应当看到的，这些基本的启示对政策和法律具有启发性意义。它们反映出异见的重要性。它们表明，当人们因与他人一致而受到奖励时，错误最容易发生——而当人们因帮助了群体或机构作出正确决策而受到奖励时，错误最不易发生。

在由丽萨·安德森（Lisa Anderson）和查尔斯·霍尔特（Charles Holt）实施的实验中，受试者被要求猜测实验者用的是容器 A（装有 2 个红球和 1 个白球）还是容器 B（装有 2 个白球和 1 个红球）。[11]受试者猜对一个就会获得 2 美元。随机挑出的受试者在每轮能且只能私下从容器中抽出一个球。拿出来后，这名受试者在一张答案便签上记录下这个球的颜色以及自己关于这是哪个容器的判断。该受试者不可将她抽到的球的颜色告诉组里的人，但是要把她关于容器的判定（是容器 A 还是容器 B）告诉每个人。然后把抽出来的球放回原容器，再把这个容器交给下一位受试者，由下一位受试者来私下抽取她的球。同样，这名受试者不能亮出所取出球的颜色，但是她要宣布出她猜的是哪个容器。这个环节持续到所有的受试者都抽取了球并作出了判定。等到所有参加者都抽过了球且记录下他们的结

62

果，实验者宣布实际上用的容器。如果受试者仅基于自己的信息（即以她所抽取的球的颜色为依据）来猜测容器，那她选对的正确率为66.7%。实验的目的就是要看看受试者在面对前人所宣布的与自己相矛盾时，是否会忽视以他们自己所抽出的来作为依据——进而探究这些决定是否会导致流瀑现象以及错误。

结果如何？答案是：流瀑现象经常发生，并且会导致错误。当大量的个人判断被公布出来后，人们有时宣布的结论与他们自己私下抽取的结果并不一致，而是与先前大多数人所宣布的相符合。[12]在所有轮次的测试中，超过77%的都导致了流瀑的产生，15%的声明并未反映"私人的讯息"，即每个受试者自己抽取的结果所传达出的信息。考虑这样一些情形，一个受试者的抽取结果（假设是红色球）与之前受试者的声明（假设是容器B）相矛盾。在这种情形下，尽管第二个人的声明与第一个人声明一致的概率为11%——与大多数相距甚远，但足以导致大量的流瀑。并且当一个受试者的抽取结果与之前的两个或更多人的宣布相矛盾时，下一个人的声明很可能跟从之前的人。值得注意的是，大部分的决定都是理性地以已有信息为依据而作出的——但是错误的流瀑仍旧是发生了。[13]下边的图表展示了一个信息流瀑导致不准确的结果（实际用的容器是B，里边装有2个白球和1个红球）的真实例子，结果很好笑。[14]

受试者	1	2	3	4	5	6
私下抽取结果	a	a	b	b	b	b
判断	A	A	A	A	A	A

当然，在这里值得注意的是全部私人掌握的信息（private informa-tion）——4个白球和2个红球——可证实正确的判断，即支持选择容器B。但是之前两个讯息导致了理性但不正确的判断，使得所有其他人都趋向一致。正如安德森和霍尔特解释的，"起初的错误讯息开启了一连串错误的判断，并且未被后面所收到的更为准确的讯息所打破。"[15]这一实验结果直接反映了现实世界中人们在事实、道德和法律问题上的判断，尤其是孤立的群体中，外来人更难做出矫正。

行为、交谈和结果。刚刚所讨论的实验确实未包括更大范围的讨论场景。人们提供某些信号，但他们并未解释为什么拿出这些信号。这是信息流瀑的常见特征。那些跟从者是在对别人行为作出响应，而不是对其解释和不断的言论作出回应；他们通过**观察**别人来获得。当流瀑发生在股市投资领域时，投资者们会看到之前投资者们的决定，但是看不到如此决定的理由。在那个医学治疗的例子中，医生能看到其他医生做了什么，却不知道他们为什么做这些。乍一看，这一点似乎表明流瀑仅在人们没有交流和交换理由时才会发生。例如，法学教授埃里克·塔利（Eric Talley）曾辩称，法官不太可能受流瀑的影响，部分原因是法官一般只提供书面意见，而这些意见常常是清晰而非含混的。[16]

确实，当人们给出自己的理由时，坏的流瀑不太可能会发生。如果人们解释自己并接受提问，那么，除非他们的解释和回答本身就是正确的，否则就不太可能会被其他人跟从。如果你的朋友不仅说他去过当地一家餐馆，而且他还说，之所以去是因为可以在那里盼到一份很棒的美餐，那么你更有可能也去那家餐厅。在投资决定上，如果一个伙计说他"只是跟随直觉"和"实在喜欢这家公司的名字"，那么你不太可能会跟从他。在司法领域里，后来的法院能够

64　看到并评判之前法院所给出的理据，且因此他们不太可能会随波逐流，除非这些理据是有说服力的——并且有力的理据的确能避免受到坏的流瀑的影响。

　　但是这些观点不该被过度推销。有些司法意见很短且模糊——并不比判决本身多提供多少信息。对于很多自身解释已明摆着的判决，情况也是如此。[在芝加哥，一个当地的电台节目曾做过一个叫作"选它不选它？"（Make It or Break It）的游戏，在这个游戏里，听众被问喜欢还是不喜欢刚播放的那首歌——并解释为何喜欢或不喜欢。对为何喜欢的最常见的解释是什么？"我喜欢它听起来的感觉。"对为何不喜欢的最常见的解释是什么？"我不喜欢这首歌听起来的感觉"。]不管怎么说，交流中的信息并不总是充分的。就算有些人努力去解释他们为什么会选择某个电影、医生或汽车，其他人或许也不会得到更多关于其如何选择的信息，甚至也难以得到先前的选择是否应影响自身选择有关的信息。[17]并且当理由很明显时，也许仅仅由于他们不相信自己有足够的信息去拒绝，而会受坏的流瀑的影响。法院可能会跟从其他法院的判决，仅仅因为其结果和观点都是模棱两可的。甚至是在那些跟从者自己处理的话本不会出错的情形下，错误还是会发生。

　　但是，如果人们不仅可以看到行为而且可以看到行为的结果，那么坏的流瀑可得以避免吗？最理想的情况下，跟从者们了解到了最终的回报；他们看到了一项投资是否得到了很好的收益，知道了一项治疗措施是否有效，知道了一次度假是否令人愉快。乍一看，如果人们知道了选择的后果，那么坏的流瀑的可能性该会极大地降低。在良好的情况下，人们会跟从那些回报好的选择而拒绝跟从那些回报差的选择。而且，一般来说这种方式可以减弱坏的流瀑。但不幸的是，就算在人们可知道结果的情况下，流瀑仍然会发生。[18]对这点的解释有一定技术性，而且很多细节我们在这里不需要关心。[19]唯一要注意的一点是：预知结果的机会并不会完全避免坏的流瀑。

65

流瀑和异见

做些什么可以降低坏的流瀑的风险呢？政治安排会减小还是增加这些风险呢？最重要的是掌握足够信息的人能阻止流瀑；当人们因群体的一个正确决定而受到奖励时，流瀑很少会发生；而当从众会得到奖励时，流瀑和错误都很可能会发生。

潮流引领者和信息丰富的流瀑阻却者。在现实世界中，每个人的影响力是不同的；"潮流引领者"作用尤为重要。一个著名的科学家也许宣称全球气候变暖是个严峻的问题。一个德高望重的政治领袖也许会坚称应该对敌人发动战争。在这种情况下，发言者所传递的信息特别有分量，或许足以开启或终止一次流瀑。

现在回到跟从者上来。在医疗方案的案例中，没有一个医生被认为或相信自己有比之前的人更多的信息。但是在很多情况下，人们知道或认为他们知道大量的信息。如果这些人关心结果的对错，那么很明显他们不会简单地跟从前人的判断。是否跟从别人取决于他们自己的认识是否有超过了他人行为所传递出的信息。原则上讲，信息更充分的人应该能够打破原有的信息流瀑，且可能开启更新更好的流瀑。在司法意见的问题上，以"伟大的异见者"而闻名的大法官奥利弗·温德尔·霍姆斯（Oliver Wendell Holmes）就是这么做的；最终法官们跟从了他伟大的异见，尤其是在言论自由与司法克制的问题上，并且他的观点在他去世后成为了法律。

马克·威灵格（Marc Willinger）和安东尼·扎克默尔（Anthony Ziegelmeyer）曾做过一个非常聪明的研究，这项研究试图检验掌握更充分信息的人们会不会打破流瀑。[20]这项研究同刚谈到的容器实验在本质上是一样的，但不同的是重要参与者（player）在任何两个连续相同的判断（比如两个"容器 A"的决定）出现后，会得到一个特殊选择权：他们可以在决定前分别抽两次而不是一次。其他人会被告知重要参与者两次抽取的情况。最简单的发现是，这种"打破机制"确实会降低流瀑的次数——也因而明显地提高了判断的水平。但是这个机制运作得并不完美。在某些情况下，流瀑仍旧会出现。在某些情况下被允许抽取两次并且看到两种不同颜色的球（比如说，一红一白）的人不理性地断言，流瀑应该被打破了。而非常明显并且有点讨厌的结果是：他们接下来开启了一个有错误的流瀑。思考下边图表中的证据，在这个案例中实际使用的容器是 A（2 个红球和1 个白球）：

受试者	1	2	3	4	5	6
私下抽取结果	a	a	b, a	b	b	b
判断	A	A	A	B	B	B

毫无疑问，现实世界中也有与这个令人讨厌的模式相类似的情形，人们有时过度看重他们自己掌握的信息，哪怕信息是模糊的因而从众是有道理的。但是最主要的是最直接反映出的问题：信息更充分的人更少受到别人所传讯息的影响，而他们自己具有更大的影响。

但是，在那些潮流领袖并不一定有更充分信息，或者在其他人高估了他们的信息量和智慧时，情况会如何呢？我们可以设想一种情况，一些人自称是专家——比如在饮食、药膳、替代性治疗、经济趋势预测或国防问题上，并确实引起了流瀑。这里的风险在于人们会误把那些自封专家的人当作权威。其结果便会致使人们犯错乃至患病和死亡。社会如何保护自己？答案就蕴于公民自由、自由市场和鼓励民众怀疑所谓专家的健康文化之中。在言论自由和市场自由的体制中，揭穿所谓权威的真相才是有可能的。

强权领袖。有些领袖不仅仅信息更充分，也有真正的权威。在某些情况下，他们有权力惩罚异见者。不难发现，如果发起者是手握强权的领袖，那流瀑现象更可能形成起来。皇帝新装的寓言故事远非一个简单的流瀑现象。皇帝毕竟是皇帝，说真话的人会有触怒龙颜的风险。对于公共或私人机构的治理而言，风险在于其领导者将得不到为领导好而所需的信息。独裁者，无论大小，往往都是易于犯错且残暴无情的。原因在于他们了解得太少。如果那些手握强权的人，从总统到警察局长，鼓励观点多元或多接触一些观点，就会做得更好。

多数规则：奖励集体而非个人做出的正确结果。在因群体中多数人的正确答案而奖励个人的制度中，流瀑的发展会受到何种影响？你当然可以设想出一种情形，在其中，你的幸福取决于你所属的群体是否正确，而非你个人的对错。接下来会发生什么？答案很明显，在这种情形中，错误和流瀑现象都会极大地降低。原因就在于：那些因集体正确才获奖励的人更有可能把自己实际知道的信息都告诉大家。

在由安吉拉·洪（Angela Hung）和查尔斯·普洛特（Charles Plott）

实施的一个有趣的改编版容器实验中，群体判断正确一次就奖励受试者 2 美元，集体判断错一次就罚受试者 2 美元，而集体判断根据多数规则来确定。[21]他们不会因个人判断的对错而受到奖罚。实验的结果是，在所有轮次中，只有 39% 回出现了流瀑现象。在 92% 的情况下，受试者公布的情况与其个人的抽取结果相匹配。由于人们都亮出了各自的私人拥有的讯息，多数规则机制极大地提升了作出信息全面的决定——即一个人得到团体中全部成员的私有信息而作出的结论。作为一个例子，请看下表的情形，它记录了多数规则实验中的一段没有流瀑影响的情况（实际使用的容器是 A）：[22]

受试者	1	2	3	4	5	6	7	8	9
私下抽取结果	a	a	a	a	b	a	a	a	b
判断	A	A	A	A	B	A	A	A	B

如何解释多数规则体制下流瀑明显削减的现象呢？答案在于：每个人清楚自己并不会从正确的**个人**判断中得利，而所有的奖励都来自于**群体**的正确判断。其结果便是，准确地说出自己实际知道的才符合个人的利益，因为个人所公布情况的准确性很有可能会提高群体判断的准确度。理解这一点的简单方法是设想一下，一个群体中有很多成员，每个成员公布的情况都是与各自抽取结果相符的。从统计学意义上看，这种情况下的多数人立场极有可能是正确的。（实验中，来自加州理工学院的老练的参与者，都察觉到了这一点）

没必要为了解释多数决规则在促成更好结果上所起到的作用，就认为在群体判断至关重要时，人们就是利他的或较少在乎自己的利益的，这甚至也并不有助于解释这个作用。相反，自利恰可充分地解释人们的这种行为。如果你将因自己的正确判断而获得奖励，且你只关心自己的奖励，那么你应该会只关心自己正确的可能性，而不关心自己传递给其他人的讯息。如果你所传递出的讯息误导了其他人，你也没理由去在乎（除非你是利他主义者）。所传达的讯息就是**信息的外部性**——影响其他人，使其受益或受损，而不会影响自己得失的可能性。[23]对比一下我刚谈到的多数决规则下的情况，也即因群体正确而获利。在多数决规则的情况下，你应该更关心给出一个准确的讯息，原因就在于不精确的讯息将会降低群体正确的可能性。然而在这里，你不必在意你个人判断的准确性，**除非这个判断能够向提供群体提供有益的信号**。因此当人们因群体的良好决定而受到奖励时，流瀑将势必会减弱，而正确的结果将会增加。

还有一点更为常见。流瀑下的参与者们都十分明智，至少在各自手里的私人信息不多时。通过跟从别人，我们可以使自己获益。但是与此同时，我们便不能惠及别人了，因为我们未能公开自己所知道的。事实上，我们甚至会因给他们传递了错误的信号而肯定会有害于其他人。为了让这一点更加具体，让我们回到医疗方案的例子上再看一下。假设一个医生自己私下掌握一些表明特定疗法有风险的信息，但是大部分医生之前已经开出该处方的事实说明这个疗方是正确的。按绝大多数医生的做法来做，而且发现高估了自己所掌握的信息，我们的这位医生看起来做得很明智，至少在她掌握的信息有局限和不完美的情况下会是如此。因此，那些缺乏足够信息却将其展示出来并据以行动的人是不理智的，就算展示出信息或据以抉择确实会惠及别人。但是，**群体需要这些信息**。这与阿什的从众实验有明显的相似之处，在阿什的实验中，很多人并不说出各自实际看到的，因此使得群体无法获得由此才能得到的信息。

赞扬异见。残暴的专制国家会惩罚甚至有时候会杀害这类异见人士。在自由社会，包括现在的美国，异见者偶尔会被描绘为不忠

70 诚、不爱国，甚至是社会的敌人。自由的国家允许人们说出自己想说的，但是社会压力要求从众，而且有些时候这种压力是非常强烈的。异见者会发现自己不受欢迎甚至被解雇。这对异见者当然不利。但是真正的受害者是那些因此得不到自己所需的信息和观点的人。无论是战争时期还是和平年代，都是如此。想一想法院中坏的流瀑的危害。我们现在找到了个很好的理由来感谢司法中的异见，哪怕仅仅是由于它们而增加了使多数意见得到严格审查甚或是最终被否定的可能性。在美国联邦最高法院，异见经常会成为法律——至少超过130次。当然，也确会有一些相关裁决，即便在没有异见的情况下也会被推翻。但是这些异见会给后代传递一个信号，以及一大批让后人可以探索出新路的理由。

这些主张为我们如何组建我们的机构提供了启示：**一个为个人向群体提供信息创造激励的体制会带来更好的结果。**如何提供这些激励？一个可能的方式是，向人们承诺他不会因提出异见而受到伤害或惩罚，以此来打消人们在提供信息时的抑制因素。企业可以告诉员工，单位欢迎揭露单位内部弊端的吹哨人，并且不会惩罚任何披露本单位之前错误做法的信息的人，也不会惩罚提出更好方案建议的人。政府官员可以明确告诉工作人员自己欢迎反对意见，并且奖励那些提出新颖主意的人，就算其观点令人不快。一个机构应该确保让几个不同的团队来处理同一个问题，以增加获得非此则缺失的信息的可能性。

在任何情况下，遵守多数决原则的体制——其中每个人明白自己安康幸福提升与否是取决于群体的决定的——都具有很大的优势。

考虑这样一个决定——是否要发动战争，或是否要签署一个减排温
室气体但也会代价高昂的协议。如果人们清楚自己的幸福安康取决
于群体的决定是否正确，那么他们就更可能说出自己所知道的；而
这总是好的。运行良好的组织，无论公私，很可能会因这一认识而
获益。我们甚至可以提出一个关于公民责任本质的认识：万一出现
疑惑的情况，公民应该显示他所知道的，而不是人云亦云。这种行
为可能会激怒一些人。从那些想自己把事情做对的个别人的立场上
看，这也许并不是最好的。但是从想收集所有相关信息的群体或国
家的角度看，这是件好事。

我一直着重讨论的情形是，群体成员知道很多信息，而任务是
如何确保他们把自己知道的告诉大家。但是设想一种情况——团体
需要其成员去搜寻更多的信息。这里一个重要的问题是：每个人都
有可能承担所有的搜索成本，但却只能获得部分收益。为了更好地
运行，群体需要寻找方法来鼓励人们在适当的程度上去搜寻相关信
息。

当沉默是金时。我刚强调的是，对信息的披露符合群体利益的
情形；但是还有另外一种可能。[24]如果团体成员所揭示出的信息是令
人尴尬或非常糟糕的，那这反而帮助了竞争者或者对头。他们或许
会使群体在未来进行坦诚的讨论变得更难，因为每个人都会知道，
无论自己说什么，最后都会被公之于众。防止信息泄露的强有力规
定是自然而然的解决之道。如果群体中的某些成员做错了，那么对
这一事实的揭发可能会伤害很多甚至是全体成员。在天主教堂，教
士们矢口不提性虐待无疑就是出于对这一点的顾忌。

明确一点很重要，即我一直在强调的问题——未能提出可惠及
公众的精确信息，与在很多情形中缄默而非揭露才更符合公共利益

的问题，都是非常重要的。如果披露会传递不准确的信息，那么它将有可能是有害的，尤其是当它自己形成了信息流瀑时。由于我关注的是未能披露信息的情况，所以我不会把注意力放在沉默是金的情形上，除非我想提醒大家，对这种情况的分析与我一直在这里所进行的分析，没有多大的不同。

超越信息。严格地说，人们常常缺乏很多信息，但是他们确有偏好和价值倾向。他们或许想终止死刑，他们或许相信女权主义运动有点"过头"了。但是在这些情况下，他们都不会说出他们心里真正所想的，原因就在于从众的压力。我曾指出，就算从民主实践的立场上看，这也是个问题。大多数时候，人们说披露自己想说的和自己认为有价值的，是非常宝贵的。正如容器实验所反映的，毫无疑问，无论是对于偏好与价值观，还是对于事实，基本的发现都是一样的。同其他领域一样，在看法问题上，绝大多数人不情愿否认别人一致的观点。为何会有那么多理性的人接受了奴隶制和种族隔离呢？价值观，无论好的还是坏的，都是通过社会影响来维持的。但为了理解这一点，我们需要探究另一种流瀑。

4

邻居们会怎么想

很多流瀑都与信息有关。但是从本书第 1 章我们可以得知，他人的行为不仅仅传递什么是正确的信息，而且还传递了别人**认为**什么是正确的这一信息。由于人们在乎自己的声誉，他们基于上述两个原因而跟从他人。鉴于此，我们可以设想一种与信息流瀑类似的"声誉流瀑"产生的可能性。[1]

在声誉流瀑中，人们认为他们知晓何为正确的，或者说知晓什么可能是正确的，但是他们依然与大众保持一致以换取他人对自己的认可。即使是最自信的人有时也未能完全免俗，他们有时也会在某些议题上保持沉默。理解这一点有助于阐释下述现象的存在，即为什么"即便存在着规模极为庞大但却多数保持沉默的异见者，不得人心的或者说无法有效运行的规则依然可以维持下去"。[2]由于担心他人的恶评，人们可能不会对他们私下里非常嫌弃的某些事实判断、做法和价值做出公开的对抗。在所有背景的政治阵营中，很多人尽管私下里有所保留，但仍然与正统的政治理念保持一致。性骚扰行为远早于性骚扰观念，无数的受害妇女对其深恶痛绝。但仅仅是由于担心公开投诉所带来的后果，她们中的绝大多数人对此保持着沉默。去探究当前通行的做法中有多少可以被归入到此一类别中是饶有趣味的：它们是有害的，人们也知道这一点，但是它们却能够畅 74

行无阻。原因就是，绝大部分受害者认为公开地反对此类恶行将会付出代价。

假设这样一个场景：安迪提出全球变暖是一个非常严重的问题，芭芭拉同意安迪的这一观点，但并非是基于她确实认为安迪是正确的，而是避免让安迪认为她对于环保问题一无所知或漠不关心。如果安迪和芭芭拉在全球变暖问题上看起来达成了一致，辛西娅可能不会公开地反对他们的观点，甚至可能会表现出同意他们的判断，然而这也并不意味着辛西娅相信这一判断是正确的，她只是不想与他们为敌或者失去他们对自己的良好印象。从这一事例我们可以清楚地看到，声誉流瀑是如何产生的。安迪、芭芭拉和辛西娅一旦在某个议题上形成了同一阵营，他们的朋友大卫即使认为他们的观点是错误的，也不大可能起而反对。安迪、芭芭拉以及辛西娅表面上的观点传达着这样的信息：那个观点可能是正确的。而即便大卫认为他们是错误的，并且有充分的信息支持自己的揭露，也不会公开指责他们。通过上述简单的梳理，我们可以看到"政治正确"的潮流是如何形成的。在真实世界中的群体决定中，人们无法断定一个公开的表态，到底是基于独立的知识判断、对信息流瀑的参与，还是声誉的压力。很多时候，听众与观察者无疑是过高估计了独立的信息判断在人们行为中的作用。

在前文提及的一个有趣的改编版容器实验中，声誉流瀑的可能性得到了很好的展示。[3]在安吉拉·洪（Angela Hung）和查尔斯·普洛特（Charles Plott）所做的此项实验里，参与者做出正确决定的奖励是25美分，做出与多数人的选择相符的决定，获得的奖励则是75美分。参与者如果做出了错误的选择或者与多数人不符的决定将会都受到惩罚：做出错误决定将损失25美分，做出与多数不符的决定将损失 75 美分。

在此实验中,流瀑几乎全程都会出现。在几乎所有轮次的试验
中,亦即 96.7%,以及在人们的公开宣称中有高达 35.3%,都与他
们私下所传达的讯息不符合;也就是说,与他们自己抽取的情况所
传达的信号是不同的。而当后续者抽取的情况与先前参与者的公开
宣称不符合时,下表作为一轮测试的情况(此时真实的容器是 B),
堪称是对从众与流瀑的一个完美的例示:[4]

受试者	1	2	3	4	5	6	7	8	9	10
私下抽取结果	a	b	a	b	a	b	a	b	a	b
判断	A	A	A	A	A	A	A	A	A	A

这一实验表明,如果人们受到奖励的主要原因,不仅仅是或最
主要不是因为他做了正确的事,而是或最主要是由于他做了其他人
所做的事,那么不良的后果就会因此产生。奖励可能是金钱或者更
好的发展前景等经济利益,或者是与经济利益无关的更多更好的人
际关系。当然,在现实世界里,人们通常会因为与他人不一致而受
到惩罚,与他人一致则会得到奖励。组织、群体和政府通常倡导和
谐,不遵从者则会带来不和谐的因素。有时,具备"团队精神"往
往比站在正确的一方更为重要。

后果是显而易见的。给予从众者可观的奖励将会导致恶性流瀑
的增加。这是因为,对人们做出正确行为的激励将被与他人一致的
激励所强化或者取代。这种效果的程度取决于对顺从他人的激励的
程度。如果不从众的代价是失去生命或者工作,大多数人将会选择
从众。如果顺从他人将会受到惩罚、保持独立将会得到奖励,那么

顺从他人的现象将会大大减少；在此种情况下，类似于流瀑型的行为将会锐减甚至消除。非正式的经验表明，某些文化、民族尤其地鼓励或者反对独立性。我将强调的是对顺从他人的激励，但是在某些情形中保持独立性则是受到鼓励的，我将在下文中讨论这种可能性。

如果顺从他人是会受到奖励的，那么对于**最早的**披露者或者异见者来说，问题就特别严重。早期异见者"可能会为此承担特别高的成本，因为他们会更加显眼，身份易于确认，孤立他们进而报复他们就更加方便"。[5]如果早期的异见者被成功地遏制，那么反对意见更可能会变得极其稀少。但是一旦披露者或异见者达到一定的数量，一个导致大众行为发生巨大变化的"转折点"就可能产生。[6]实际上，某个单一的披露者，或者某个单一的怀疑者，就能够引发一系列事件并动摇一个被广为接受的神话。

问题在于，引发这一进程可能是非常困难的。如果早期的披露者被施以社会或法律惩处的话，情况更是如此。这里我们可以看到那些特别纯真或者有勇气的人所发挥的巨大作用，他们愿意真实地说出他们所看到的东西。有无数的例证，在反抗南非种族隔离制度中，图图主教（Desmond Tutu）是伟大的先驱。我们甚至能够看到那些对生活不得志以及对现实不满的人所起到的重大有益作用，在赢得物质与前景上他们起到了公益服务的作用，否则，这些方面都会为其他更具资格和更占据优势的人所忽略。这些心怀不满的人，尤其是与其他人持有不同看法的人，也许能够在不减少错误的情况下减少流瀑。[7]

声誉流瀑在政府的各个机构都会产生。议员们为了赢得选举，就会加入声誉流瀑。很多证据表明，立法者参与流瀑的原因部分在于

他们从大多数人或者值得信赖的同事那里得到了线索，由此放大了
他们所听到的声音。[8]有时候，议会对流瀑的参与，乃是信息的产物。
如果其他人支持一项措施，难道那项措施就一定没有意义吗？（这一
问题的症结在于，其他人可能也在流瀑之中。）但有些时候，议员们
的从众行为则是考虑到维持名誉的压力。如果很多人支持某项法案，
反对该法案难道不会危害到选情？在很多时候，国会的议员们之所
以支持一项法案，只不过是由于很难发现率先提出反对意见的人；
如果这些持反对意见的人很容易被发现，并且能够自愿且自信地向
公众表达他们的意见，可能就会有更多的人会加入进来。

　　这一点有助于解释共和党议员几乎一致地支持对克林顿总统进
行的宪法上站不住脚的弹劾。很多投票支持弹劾的共和党议员私下
里表示，弹劾是站不住脚的。一些投赞成票的议员之所以这样做并
不是因为他们真的支持弹劾，而是因为几乎所有的共和党人看起来
都准备投票支持这一行动，背叛共和党阵营的议员在选战中将面临
着实际的报复风险，尤其是这一报复将会来自党内有权势的极端分
子。正因为如此，能够推翻弹劾的"转折点"就未能出现。这仅仅
只是在两党之内，有时也是在整个国会里经常上演的一个浅显明白
的例子。如果一些背离者大声说出他们的反对意见，一项似乎颇有
些人支持的议案就有可能遭受挫败。因此，在各个环节，都有密集
的院外游说活动以确保那些私下里对议案提出疑问的议员们保持沉
默。游说者们担忧的是，如果不采取游说活动，声誉流瀑将会被打
破，一项拟议中的议案，即使看起来似乎会获得一致的支持，最终
也有可能遭到否决。

　　当议员们突然支持一项旨在应对某个显而易见的（通常并非是
真正的）危机的法案时，他们就会处于这样的一个流瀑之中。美国

国会在 2002 年 7 月仓促地就公司腐败通过的立法可以被视为例证之

78　一。毫无疑问，很多议员私下里对他们所支持的法案是怀有疑虑的，他们中有些人可能并不支持这些措施，尽管他们对该法案投了赞同票。同样的事情发生在美国参议院 2002 年对上诉法院的一项判决的**一致**否决，该判决删去了归化誓词中的"以上帝的名义"一词。在以上两个例子中，一些议员都被卷入了声誉流瀑之中，他们避免说出自己的疑虑，从而确保自己的声誉不受损害。

情感，群体认同和压制异见

由此回到我在前文中的观点，一个其成员被情感、友谊、团结所联结起来的群体容易犯下严重的错误。在这样的群体中，成员们往往表达反对意见的愿望更小，甚至根本不愿意表达相反观点，以免被认为破坏组织团结，或者违反组织的内部规则。家庭有时也是如此。正如我们从投资俱乐部这一事例中所看到的，流瀑和错误的决定很可能会发生依赖于情感纽带的群体倾向于压制不同的意见，同时会在最大程度上避免公开个体成员的独立判断和私人信念。一些宗教性的和政治性的群体可以作为明显的例证；天主教会对层出不穷的变童案的不光彩的遮掩即为一例。强调从众的社会规则强化了人们不愿说出自己真实想法的倾向，相反，使得他们所说的和所做的只是在顺从他人。

从做出正确决定的角度出发，如果对正确性非常关注，那么在这些群体中，使其信息充分的成员按照他们自己的判断行事是更为可取的做法；如果关注的是群体的正确决定，情况更是如此。例如，在林登·约翰逊（Lyndon Johnson）总统政府中，内部反对意见、特别是在越南战争升级问题上的反对意见受到了社会压力的打压。[10]那些公开质疑战争升级政策的人会遭受"恐怕此人正在丧失决断力"的不利评价。[10]潜在的威胁则对试图提出异见者构成巨大的阻力：他们将被认为在决策层中正在丧失影响力，或者被贴上"过气"的标签。对越南战争持批评意见的比尔·莫耶斯虽然没有被扫地出门，但也仅仅是作为"被驯服的异见者"待在白宫。约翰逊总统就此有言："好吧，下面有请停止轰炸先生登场。"[11]对不同意见的驯化使得真正的讨论极不可能。这种做法强化了人们的如下认知：大声说"不"将会受到惩罚。

在远离美洲海岸的地方，社会压力的后果至少是同样严重。卡南·马基亚，一位伊拉克异见者，在写到"沉默的政治"时，认为那是一种"奇怪的状态"。在这种状态下，黎巴嫩、约旦、叙利亚以及巴勒斯坦的人们"在保卫'一位暴君的权利'的大伞下汇聚"；这位暴君就是萨达姆·侯赛因，"而他们中任何一个人做梦都不会愿意在他的统治下生活"。[12]马基亚竭力主张，在阿拉伯世界，沉默"是出现一个更少暴力或更多宽容的政治的主要障碍"。因此，"在阿拉伯世界不断升级的暴行（这些暴行主要是由一些阿拉伯人向另一些阿拉伯人所施加的）上保持沉默的政治，应该对今天已经像流行病一般的阿拉伯世界的道德崩溃负主要责任"。[13]正是凭借阿拉伯世界知识阶层的沉默，诸如萨达姆·侯赛因这样的领导人才日益暴虐。而他们也正是**由那种沉默所创生的**。

正如我已经强调的，异见并非总是有益的。异见者有可能是错的，历史上许多残暴人物也可被划入到异见者的行列之中。诚然，对于组织成员而言，情感和团结纽带通常非常重要，很多人也对意见的分歧很反感。在婚姻中，有时最好是（并非总是）克制分歧，即使这样做意味着拒绝说出你的所知所想。某些时候，组织和群体真正在意的并非是良好地运作，而是塑造和谐的关系。从众者们不会带来因为反对意见和紧张关系而产生的难题，但这通常是以牺牲理想的结果作为代价的。异见者可能会带来关系的紧张，但也会提升组织的作为。如果组织成员的核心目标是保持并增强成员间的社会关系而非完成某项目标，那么大可以推崇从众性。

就战争期间和开战前的异见而言，发动战争者必须知晓公民们的真实想法，对于实际的和潜在的风险也应有清醒的认识，这一点非常重要。当人们对于战争的正当性和合理性有所质疑时，这种可能（至少是暂时地）有损于社会团结的反对意见，也许是解决分歧的必不可少的途径。但同样重要的是，至少在战争期间，所有公民应该团结起来同仇敌忾，这一信念将有助于取得战争的胜利。而且，让敌人相信，它所面对的是一个团结一致的对手，也更有助于战争的胜利。那些反对者们必须要权衡，他们表达反对意见并由此产生的破坏作用是否是值得的。[14]言论自由毋庸置疑是应遵循的规则，但是如何应对这一两难困境并非易事。

多重无知与自我审查

我曾经强调过，群体无法获取其成员个人私下所掌握的信息，这是信息流瀑带来的最为严重的问题。这一问题在声誉流瀑里也同样存在，公众由于截然不同的原因无法知晓其他人的意见和想法。人们保持沉默的原因并非因为他们认为自己是错的，而是由于他们认为，如果表达了自己所认为的正确意见将会导致不满和批评，而这种后果是他们所不愿面对的。这是一个潜在的**多重无知**问题：大部分人或所有人，对其他绝大多数人真实想法的无知。在多重无知的情况下，人们会错误地认为其他人持有着某种观点并据此修正他们自己的言论和行为。

这种自我审查是一个严重的社会损失。正如我们所看到的那样，81 战时的自我审查不利于获取战争的胜利。维持声誉的压力还可能会强化族群认同的划分，这种认同划分有时会导致族群之间的严重对立。仅仅在一代人之前，这种族群之间的区分还是无足轻重的，遑论族群之间的敌意和对立。第默尔·库兰曾经探讨过"族群划分"（ethnification）现象："几十年来，组成南斯拉夫民族的各个群体毗邻而居，在一起工作，在民族融合的背景下相互交往。更为重要的是，相当数量的人民热爱南斯拉夫文化的多样性并将其视为国家力量的一种来源。"[15] 仅仅是在国家解体之后，人们在声誉的压力之下开始用族群身份来划分彼此，族群之间的区分才变得重要起来。虽然种族对立经常被认为是一种酝酿已久的敌意的体现，但是这种对立和仇恨也常常是在刚刚过去的时期里，一些有影响力的人物引发出来的声誉流瀑的产物。

为什么大学校园里非洲裔的学生们就餐时会坐在一起？通常的原因是，他们担心如果自己与白人同学坐在一起，其他非洲裔的同学会心生不满。这是一个原本无伤大雅，但却有可能向丑陋甚至危险方向转化的例子。如果某种言论和看法被视为一种社会性的禁忌，不受欢迎的观点最终就可能从公众讨论中消失。正如库兰所描述的那样，"不可想象"的事物变成了"未加思考"的事物。[16] 最初被视为禁忌的、很少或者从未被人提出的观点，由于无法发出声音而被

彻底地消除。在这里，那些不顾自己的声誉说出真实想法的人再一
次为公众作出了有价值的贡献，这种贡献通常是以自我牺牲作为代
82 价的。[17]

众多的公民权利，包括言论自由，都可以被视为一种保护人民
免于屈从的努力。其目的不仅仅是保护私人权利，也是为了抵御社
会公众自我噤声的危险。法理学家约瑟夫·莱兹（Joseph Raz）强调了
言论自由的社会价值："如果让我在一个享有言论自由但没有个体权
利的社会和拥有个人权利但没有言论自由的社会中作出选择，我将
毫不犹豫认为前者更有助于个人自身利益的实现。"[18]保护言论自由
的这一套机制对于那些并不珍惜此项权利的人而言仍然裨益良多。

正如信息流瀑有其效力边界一样，**局部的声誉流瀑**有可能改变
特定的亚群体的公众认知而不会对更广范围的社会认知产生影响。
在美国，一些群体坚信一些无望的无效治疗手段可以产生奇迹般的
治疗效果。有些人则认为，某些政府官员或者某些宗教团体的成员
正在密谋反对他们。还有一些群体相信一些并不存在的危险是极端
严重的。当存在这些现象的时候，就会涉及声誉流瀑，怀疑此类说
法的人更加不会将他们的质疑表达出来。当然，信息流瀑和声誉流
瀑是相互交织的。例如，在南非曾经确确实实地出现过被称为"艾
滋拒绝症"的致命现象，一些杰出的领导人声称，艾滋病并非是真
正的疾病而只是向穷人推销昂贵药品的一个阴谋。在这种情况下，
一个将导致严重后果的流瀑就出现了。这一流瀑的产生主要是基于
某些所谓事实的传播，而非是出于避免声誉受损的考虑。[19]如果重点
考察声誉方面的压力，我们就会发现，在不同的群体中，想法接近
的人对某些事实和价值持有怪异认识的一个重要原因。人们经常会
将此类差别归咎于深层次的历史和文化因素，但是真正的原因，在

多数情况下是出于维持声誉的压力。

　　毫无疑问，政治领导人在此种压力的形成过程中扮演了重要的角色。如果领导人坚称某事物是真实的，国家应该采取某种行动，那么就会有一些民众可能会仅仅因为担心公众的批评而不愿意去提出异见。与其他类似情况一样，其结果也将导致严重的社会损失。在这里，一套强有力的民权保障体制同样不仅仅可以保护公民个体的权利，也会对社会政策起到纠偏作用。市场体制在搜集和传播信息方面比任何形式的计划体制都做得更好。[20] 同理，一个表述和异议自由的体制，将避免错误的自信以及计划制定者们必定会犯下的错误，无论公私领域，皆是如此。

　　一般而言，流瀑就其自身而言无所谓好坏。有时流瀑效应使得人们顾虑重重，从而严重扭曲了个体判断、公共政策和法律。有时流瀑效应却有助于克服群体或公众麻木，使一些被忽略的重要问题得到关注。废奴运动具有显著的流瀑效应的特征，美国的环保运动、美国独立战争以及南非的废除种族隔离运动同样也是如此。纳粹德国的兴起也可以归为此列。流瀑通常是非常脆弱的，其原因在于人们是基于非常有限的私人信息而投入此中。我在这里想要强调的是，社会流瀑所可能导致的严重社会风险，它有可能导致广泛的事实误判或其他错误。

83

披露者、异见者和反对者

　　异见者有很多类型，某些异见者相比较而言更具有建设性。现在我们将对此作出某些区分，特别是就**披露者**和**反对者**进行一个区分。

　　鼓励多数型的容器实验鼓励人们说出自己所掌握的准确信息和真实想法，并给予激励。这是一种整个群体都会受益的信息，而且也是一种如果人们是由于个人正确决定而被奖励，就不会出现的信息。完整地披露准确信息应该是一个运转良好机构的中心目标——至少在这些信息能以较低成本获取时应是如此。但是并没有实验可以表明，或者根本就无法证明，当人们总是充当反对派，甚至总是要表达出自己的想法时，群体会因此更为受益。《皇帝的新装》中的小男孩并不是一个怀疑论者或不满者；相反，他是一种特定的异见者和披露者，透露出了他所实际掌握的信息。容器实验的一个鼓励多数型的变种，鼓励受试者像《皇帝的新装》中的小男孩那样行事。信息披露者一般都应该受到奖励。

　　与之形成对比的是另外一种类型的人——反对者。反对者们认为，仅仅因为自己不赞同他人就应该获得经济方面的或者其他形式的奖励。我并非是要颂扬反对者。在很多情况下，反对者们对于群体未必会有所助益。如果反对者们被别人如此认为的话，他们的言论也就不会富于信息。人们会想："这是个总与我们所有人作对的家伙"，他们的反对意见将不会有多少价值。如果反对者们并没有被他人这样认为的话，他们也一样无法披露准确的信息，因此也无助于群体做出正确的决定。

　　我们可以设想在容器实验中做一个改变，其中有这样一种情形，反对者联盟的成员们习惯性地反对前人的观点。这种行为可能会减少流瀑，但是并不会减少个人或者群体所犯的错误，相反很可能会增加这些错误。与此同时，如果反对者们经常被看作是说出真相的人，那也只能是因为他们是不愿意重复传统智慧的持不同意见者。

在当代美国政坛里，约翰·麦凯恩（John McCain）参议员是最为明显的例证。异见者如果是信息的披露者，那么就应该受到鼓励。但如果他们披露了有关事项的全部真实信息，展现了自己实际掌握的准确的信息，那就必定会如此。与之形成对照的是，异见者如果只是单纯的反对者，那么他们就是好坏参半。

我们还可以设想这样一类异见者，他们并没有指出某些被遗漏的事实，而仅仅是阐明一种可能会在公众讨论中被忽略的观点。例如，他们可能会主张动物享有权利、允许校园祷告、同性婚姻合法化、取消累进所得税、废除死刑等。在政治和法律领域，流瀑效应尤其会导致人们在事实和观点方面都保持沉默。如果面临从众的压力，一个公司的董事会成员可能不会说出他们所知道的公司所面临的真正风险，州长的下属可能不会告诉他其政策将导致灾难性的后果，民众们也不会去抗议一场获得支持的战争。从众者们将既会歪曲他们的知识，也会歪曲他们的价值。显而易见的是，一个组织需要掌握相关的事实。但是，它是否也应该同样了解成员们私下里的真实观点呢？

答案是肯定的，原因有两点。首先，那些观点本身就具有独立的价值。如果许多公民支持校园祷告、认为死刑在道德上是不可接受的，或者反对一场战争，人们应该知晓这一事实。在其他条件不变的情况下，无论是个人还是政府，如果知道公民们的真实想法都会做得更好。其次，持有异见的人们可能拥有非常好的主张。那些顺从主流意见的人，或者跌入一个流瀑之中的人，无论是出于从众心理还是个人的独立判断，都需要去听听这些主张。这是一个典型的密尔式观点，我在下文还将很快对此详述。

奖 励

回到开始时我所描述的从众实验，需要指出的是，这一实验可以有多种形式的变种。如果只单纯地对从众给予经济奖励，流瀑就会增加；如果将 75 美分的奖励削减一半，流瀑就会减少。当然一种混合型的体制也是可能存在的。一个明显的例证就是在多数决规则的体制下，仍然对从众者给予奖励或者对不从众者施以惩罚。在这种情形下会产生出流瀑吗？答案取决于各种激励的程度。如果群体决策的正确性极大地影响到了个体成员的幸福——如果他们的生活水平依赖于决策的结果——流瀑就不大容易产生。如果与他人保持一致会带来高额的奖励，流瀑就不可避免。如果在做出正确的多数决定时给予其成员 2 美元的奖励，而对顺从多数意见的成员给以 25 美分的奖励，那么这样一种机制将会比另外一种机制产生不同且更优的结果，即做出正确的多数决定时其成员所获的奖励为 25 美分、顺从多数意见的成员则会获得 2 美元的奖励。

在真实世界的群体与民主政体中，这些奖励的形式是多种多样的。人们通常并不知道奖励是什么或者无从去计算出这些奖励。对从众的奖励可能仅仅是融入感或者被排斥感。有时这些奖励则与工资、额外福利，或者晋升的机会相关。无论怎样，从众的压力通常会导致信息披露的减少。例如，一位对淋巴疾病的诊断案例进行研究的医学研究者曾经提出他的疑问："医生们已经无法再说出他们的真实想法……如果你引述说我曾经如何如何地表态，我会高兴得要死。"[21]一位由于其政治理念在校园中遭受到批评的年轻的美国保守人士这样写道："仅仅几个月的时间，这些不愉快的交往经历就教会了我不再随性直言而是带着虚伪的笑容四处点头称是。告诉他人我是一个基督徒或者我是保守人士，就意味着我将成为心胸狭隘者气势汹汹地恶批的靶子——被同样训斥我不包容多样性的那些'思想开明'的人批判。"[22]

再比如，那位公开提出疯牛病所导致的健康威胁问题的专家曾经评论道，如果你公开地提出这些疑问，"你就会觉得自己像是一个娈童癖者"。[23]很多黑帮成员在私下访谈中都对他们自己的行为表示出了相当程度的厌恶。但是出于从众的压力，他们积极地参与犯罪行为，看似全力投入黑帮的事业中，这就使其他人错误地认为大多数的成员对于正在进行的犯罪行为是认同的。[24]托克维尔对于18世纪中叶教会在法国的衰落做出了这样的阐释："那些对教义怀有信仰的人……对于孤立的恐惧更甚于谬误，声称与大多数人具有同样的情感。因此真实的观点仅仅只是国家……一部分而已，但被认为是所有人的意志，并因此被认为是不能抵抗的，哪怕是对于那些表现出这些虚假现象的人也是一样。"[25]再比如，一个令人毛骨悚然的例子，一位在波斯尼亚战争中杀人无数的屠夫说，他的行为并不是因为他相信那些被他杀害的人是邪恶的。相反很多的被害者是他以前的朋友。他是如何解释的？他的所作所为，只不过是为了保持自己作为塞尔维亚人一员的身份。[26]

在以上所有的事例里，异见者们都在承担着风险，不从众的行为都受到了惩罚。但是在某些情况下，异见者们可能会试图以提出异见这种不同寻常的方式来追求自己的前途。一个对一些广为接受的做法提出质疑的异见者有时会获得更为显赫的地位和成功。约翰·麦凯恩（John McCain）参议员又是一个很好的例证。他的成功部分地归功于他时常挑战共和党领袖的观点，是一位经常性的反对者。而一旦考虑到社会是由持有形形色色价值观与信仰的无数群体组成的，这样一点就更加得到强化。一位异见者可能在一个群体中声誉遭到损害，但他却可能在另外一个群体中加强了自己的声誉。

当然，有些人只是按照他们自己真实的想法来言行，并不是很在意自己的声誉。我的主张仅仅是，在多数时候，人们并不愿意错过其他与其有关之人的好评价，而这种愿望所导致的结果，就是改变我们其他人所拥有的信息。

多少异见？

我曾经指出，流瀑会导致个人和群体向着坏的方向发展。我也强调了确保人们能够说出他们真实想法的重要性，并为此要保护人们免受不正当的行为和思想的侵犯。但是我也承认，提出异见和表示反对并非毫无疑问全是有益的。异见可能会损害社会联系与纽带，有时这种损害将会导致严重的社会问题。在第5章中我们将会看到，如果人们彼此厌恶的话，他们将无法完成共同的任务。异见者们经常是错误的和非理性的，他们可能出于一己私利的不合理动机。从众的压力和不良的信息流瀑通常就是这些异见者带来的产物。阿道夫·希特勒和奥萨马·本·拉登就是很好的例证，不那么知名的例子在全世界都比比皆是。上述论点引发出了一些重要的问题：怎样才能在保持从众和提出异见之间达成良好的平衡？在何种尺度上持有异见才是理想的状态？

不幸的是，这些问题并没有抽象的答案。对"多少异见"这个问题的一个抽象回答，并不比对"多少音乐"这个问题的抽象回答更令人接受。由于就总体而言，异见对于提升决策的质量是有价值的，那么以下两个问题就显然需要思考：决策的成本和决策失误的代价。保持从众和流瀑倾向于减少决策成本。的确，人们参与流瀑通常部分是为了规避他们自己调查相关事项的负担。设想如果很多人不愿意购买某个品牌的鞋子，或者认为肉食在道德上是可以接受的，那么跟随他人的行为要比自己进行全面独立的调查要轻松得多。但是正如我们已经看到的那样，从众和流瀑同样会导致大量的决策失误，有时这些失误所带来的损失是极为巨大的。为了评估这些损失，我们需要计算出有多少错误可以经由信息的披露和异见的提出（与从众相反）所避免，同时需要估算出这些错误的严重程度。

对于我们每一个个人来说，对决策成本和决策失误的代价做出判断后，再去（通常是迅速地）决定是否跟从他人的做法是有意义的。在社会层面上，如何去把握保持从众与提出异见之间的平衡同样需要涉及类似的考量因素。如果人们所做的事情的确是无关紧要的——如果任何行为都与其他行为一样好，保持一致和参与流瀑就无可厚非，因为这样既可以减少决策的成本也不会导致决策失误的损失。但是如果决策的事项事关重大，决策的正确性非常重要，那么跟从他人就会冒着极大风险。风险的程度取决于引发流瀑的人们选择的正确的可能性，或者比其跟随者更加正确的可能性。如果流瀑的引发者是专业人士并且不易于犯错，那么就没有必要去打破这一流瀑。但即使是专家也会犯错，因此当事关重大时通常应该去鼓励提出异见。

然而，多少异见，以及何种异见才是好的？设想与音乐有关的类似问题，在那种情形下，抽象的答案可能是无济于事的。在这两种情况下甚至都一直存在着一种"噪声"风险。如果一个群体中有大量的异见者，事情可能只会变得更坏而非更好。原因之一是决策者们接触到的信息之多通常会大大超出他们所能够合理处理的程度，增加更多的信息可能并不总是有益的。在这种情况下，提出更多的异见只能是增加决策的负担和成本，而不会减少犯错的次数和严重程度。需要指出的是，如果异见真的可以无需成本地表达出来，人们可能会发现很难或者根本无法从没有价值的反对意见中挑选出有价值的部分——人们将不堪重负。的确，通过对潜在的异见者设置某种门槛，一定的从众压力确实会对异见起到适当的"过滤"的作用，确保他们只会发出真的有所助益的声音。

与此相关一点是，承受着从众压力的异见者或披露者会释放出一个强烈信号，表明他们对自己所说的话是有信心的。那些冒着巨大的个人风险提出异见的人通常都是认为自己是正确的。纳尔逊·曼德拉的异见最终能够说服大众，部分的原因是他为坚持这些异见作出了巨大的个人牺牲。

正如我所强调过的，很多异见者的言论很荒谬，他们所说的非
90 但无益甚至有害。我们所要鼓励的并不是这样的异见而是理性的或者是正确的异见。为制定良好的决策，抵御不良流瀑的危险，鼓励好的异见应该成为我们的基本目标。（存在这样一种限制条件，即有时人们也会从获取他人的观点中有所收获，即使这些观点是荒谬的、混乱的、甚至是可恨的）

当然，问题在于，当局或社会规划者们很可能不具备提前认定合理异见的能力。关于这一点可以参考苏格拉底、耶稣基督和伽利略的例证。就法律规则而言，最好的规则就是最简单的规则：允许自由地发表异见。但是在社会实践中，并没有简单的规则可以奏效。

以社会的压力来消解荒谬的、歇斯底里的或者偏执的异见是可取的，以文明的规则来祛除异见者们最为可恨的和丧失人性的异见同样也是可取的。当从众和流瀑将人们引向正确的方向时，社会就无需鼓励异见的表达。现在我们将转而讨论问题的另一面，关注那些急剧增加坏流瀑风险的一面。

超越经济人

迄今为止，我们的讨论都是基于人们大多是理性的这一假设之上——他们重视他人的语言和行为所传递的信息，他们很在意自己的声誉。但是人类是"有限"理性的动物。在很多领域，人们会使用启发的方法，或者是理智缺乏，同时还表现出明显的偏见。[27] 对于每一种启发法与偏见，都有产生相对应的流瀑的可能性。

以"**可得性启发法**"为例。如果人们运用了"可得性启发法"方法，他们在回答一个有关概率的复杂问题时，就会依赖于脑海中是否有现成的事例。[28] 洪水、地震、坠机、狙击手的枪击、交通堵塞、恐怖袭击、核电站的灾害，这些事故发生的可能性究竟有多大？由于缺乏统计学的知识，人们就试图用例证来回答。因为缺乏统计学知识的人是绝大多数，运用可得性启发法并不是非理性的。问题在于，这种自我启发会导致严重的事实判断错误，对小概率的风险过度担忧而忽视了大的风险。[29] 而且，实际上无论是调查还是人们的实际行为，都显示了可得性启发法被广泛地采用。人们是否会购买自然灾害保险在很大程度上是受到最近的经历的影响。[30] 如果在刚过去的一段时间里没有发生洪涝灾害，居住在洪灾易发区的人们就很不愿意去购买保险。地震刚刚过后，保险购买量会大幅增加——但是从那时起，随着地震的记忆逐渐淡去，保险的购买量就会稳步下降。

就目前的讨论而言，关键之处在于，"可得性启发法"并非是在一个社会真空里发挥作用。某一意外是否"可得"是社会交互作用的一个重要因素。这些互动行为迅速地将这些显著的事例在相关的社群中传播开来，这些例证也由此成为很多人或者大多数人可获得的例证。游泳的人们是否需要担心鲨鱼的袭击？年轻的女孩是否更可能遭到绑架？在这两个问题上，美国都发生了"可得性流瀑"（a-vailability cascades），令人瞩目的事例在人群中被迅速地传播。[31]这一过程尤其与信息相关。在鲨鱼袭击和年轻女孩被绑架的问题上，媒体将一些吸引眼球的案例在数百万人之间迅速传播。但是声誉也同样扮演了关键角色。很多时候，人们不愿意去指出，某一事例是误导性的，以及别人的担忧因此是没有根据的。试图纠正错误的努力换回的只是愚蠢或者麻木不仁，避免公众的诋毁与谴责的动机导致了某种形式的沉默。

可得性流瀑是普遍存在的。鲜活的事例与社会中的交互作用相结合，促成了购买自然灾害保险的决定。[32]流瀑效应也有助于解释为何有害废弃物（并非是最严重的环境危害）受到了广泛和密集的公众关注。在近几年，可得性流瀑所引发的公众忧虑不仅仅只是鲨鱼袭击和针对女孩的绑架，还包括了杀虫剂、飞机坠毁、狙击手袭击等，在科罗拉多州利特力顿市惨案之后，校园枪击案也成为了公众恐慌的对象。2002 年秋季，一些公众高度关注的意外尽管还没有一个枪手枪击所杀害的人多，但还是在华盛顿特区导致无数人的行为改变；而实际上，无需太多考虑就可发现，这些意外对每个人所造成的风险，从统计学上来说是非常小的，实际上并不比人们日常所遭遇的那些风险大。流瀑效应还使得欧洲疯牛病疫区的牛肉生产大混乱。2001年9月11日，在美国发生的恐怖袭击造成了大规模的可得性流瀑的产生，在很多地方，人们都害怕新的形式的恐怖袭击会再度发生。炭疽恐慌只不过是其中的一个例证而已。

我并不是想说在以上所有的事件中，可得性流瀑都导致了过度的或者不恰当的反应。相反，这些流瀑有时具有宝贵的作用，可以让公众关注到那些被忽视的严重问题。我想说的仅仅是，通过我一直在强调的可得性启发与流瀑效应之间的相互作用，可以阐释公众反应的强烈程度。问题在于那些相互作用不可避免地会导致严重的错误，原因很简单，自我诱导即使在总体上是有助的，在很多情况下也必定是无济于事的。

如同在所有别的情形下一样，异见在这里同样可以成为一种重要的纠错手段。对于组织和政府来说，问题在于怎样去使异见不那么代价"昂贵"，甚至去奖励异见的提出。如果提出异见是为了使他人受益而不是自己得利时，更应该如此。

什么是可得的？

对于那些对真实世界里可得性启发是如何发挥作用感兴趣的人们来说，一个有趣的困惑在于，在很多情况下，有大量的想象是"可得的"。以枪支暴力为例，我们可以轻而易举地找到这样一些案例，在这些案例里，枪支的存在导致了大量的伤亡。我们也可以找到其他一些案例，在这些案例里枪支使得守法公民能够保护自己，对抗犯罪。[33]面对相互矛盾的情形，哪些案例是尤其可得的？是对哪些人？在环保议题上也存在同样的问题。在很多案例中，由于忽视早期的预警导致了严重的环境损害，这意味着需要对那些尚未显示出严重性的环境风险施以更严格的管制措施。但是也有很多其他的案例表明，大量的政府支出被用于减少那些后来被证明或者经过反思认为是非常小的或者是虚假的环境风险上面。环境忽视对一些人来说是可得的案例，但环境歇斯底里症对于另一些人来说也是可得的案例。那么究竟哪一种案例是可得的呢？

这一问题的答案在很大程度上存在于社会影响之中，包括信息性的和声誉性的。媒体和利益团体的行为至关重要。如果媒体宣传的是枪支导致暴力的案例，以及政府对微小的环境风险过度反应的案例，那么此类案例就将是可得的。利益团体极力将公众的注意力引向他们认为具有代表性的情况上面。政客们同样也是如此，罗纳德·里根即为此中高手。他挂在嘴边的富有的"福利女王"故事，被很多人当作生动的证据来证明美国的福利制度是怎样消解了人们的工作动力。公共利益团体也经常使用同样的策略。一个活灵活现、扣人心弦的有关国内税务署怎样欺凌纳税人的故事，或者政府如何极力地对艺术品进行审查的故事，要远比一个靠谱的论证更为有效得多。

当然，这并非是故事的全景。我们所了解的情况大多来自于朋友和志同道合者，这本身就会导致一些错误的发生。如果我们的朋友之间的故事流传并不具有代表性，我们可能就不会再相信犯罪率比实际情况要高得多、微波炉会导致癌症、一些宗教团体的成员是邪恶的或者特别具有暴力倾向的，等等。更进一步来说，确定无疑的是，我们的信念和取向是可得性的产物；然而，什么是可得的也是我们的信念和取向的产物。人们通常倾向于用某一个或另一个特

94

定的事例来阐释一个普遍的现象。在确定什么是可得的方面，这些倾向作用巨大。反对枪支管制的人会聚焦于枪支使人们免受暴力犯罪的案例。那些厌恶环保主义者的人，倾向于发现并记住环保主义者愚蠢的和夸大其辞的主张。由于具有某种倾向性的人们通常会寻找具有相同理念的人，在倾向性和可得性之间就有了紧密的联系。如果你倾向于某一种特定的想法，你很可能会去寻找具有同样思想倾向的人，那么可得的事例自然会支持这些人的特定倾向。

其结果就是倾向性和可得性的事例之间形成了一种相互强化的循环。这种循环如果将导致一个群体——大的群体或小的群体——接受谎言，那么它就会被证明是一种恶性的循环。在这里，异见能够起到关键的纠错作用——这正是我下一章将要讨论的问题。 95

5

言论自由

对于避免无意义的流瀑，言论自由起到了关键的防御作用。通过禁止政府要求从众和自我孤立，以及一般性地禁止公民排斥令人不快的、不受欢迎的，以及甚至冒犯性的观点——亦即大法官奥利弗·温德尔·霍姆斯所谓的"我们所厌恶并且认为充满着死亡气息的表达"[1]，从而为异见开辟了空间。当集体和社会朝某个方向前进时，自由表达系统形成的可能性也随之增加，这是有道理的。

在主张保护言论自由上，霍姆斯本人就是个异见者。但最终，在对其发表争论时所持立场的肯定中，他的异见成为国家的法律。在最高法院于二战时期关于言论自由所撰写的最伟大的意见中，霍姆斯的立场得到了肯定。[2]那时起，法院认真地接受了言论自由的原则，并推翻了州法律中要求孩子们向美国国旗敬礼的要求。当民主的未来本身还岌岌可危时，法院敢于做出这个裁决的勇气，值得认真对待。直面美国的法西斯敌人时，法院是这么解释的："强制性的意见统一只有在墓地才会达到。"在其最有名的判决中，法院补充说："如果在我们的宪法群星中有恒星，它就是，没有任何官员，无论其职位高低，能够在政治、民族主义、宗教或其他事项的意见中规定什么才应该是正统，或是强迫公民通过言辞或信仰来予以承认。如果有什么允许例外的情形，在我们这里也依然不存在。"

如果我们能意识到从众与流瀑所具有的风险，我们就会很容易地看到禁止官方保护正统的公共目的，而不仅仅是私人目的。它是以减少政府犯错的可能性来这样做的。言论自由的原则是禁止政府惩罚那些公开对广泛流传的意见表达反对的人。在这个意义上，它产生了至关重要的防护作用，以对抗关于行为和信仰的社会影响所引起的错误和病态。与此同时，表达自由也减小了一个国家的领导团体和公民之间的鸿沟，进而促进了后者对前者的监督。第一修正案的提出者詹姆斯·麦迪逊（James Madison）就以此为基础，反对整个《煽动言论法》（Sedition Act）的理念，该法可以使某些批评政府官员的行为成为犯罪。麦迪逊主张"对选举政府成员的选举权，构成……一个自由而负责的政府的本质"，而且"对于公众信任而言，这一权利的价值和效果取决于对候选人优点与缺点比较的认识"。[3]

但是，具体而言，言论自由原则需要什么？在大众理解中，言论自由禁止了政府"审查"它所不喜欢的言论。通常情况下，政府试图对政治异见、艺术、商业广告或者有色情意味的言论施加民事或刑事惩罚。大多数情况下，这些惩罚是不被接受的。宪法上的问题就是，政府是否有正当且足够分量的理由去限制那些它想要控制的言论。在一个自由的社会中，政府不能通过指出言论将被证明是危险的或有害的来为其限制进行辩护。即使存在重大风险也不足以证明审查制度的正当性。异见者无论在战争或和平时期都可以批评政府的政策。政府也不能以指出这些言论有可能说服人们拒绝已经被广泛接受的信仰，甚至去接受错误的认知，来证成其对言论的限制。政府不能以其限制言论的行为会得到人民的认可来限制言论。如果政府要去限制使其担忧的言论，必须表明这些言论是有可能产生，而且目的就是为了引起即刻就要发生的不法行为的。[4]只有在极

97

少的情况下，这个条件才能满足；例如，有人透露了美国中央情报局秘密特工的姓名，以至于这些特工的生命处于危险当中。但是在这种高度保护标准下的言论是很难受到政府控制的。

当然，言论自由的权利远远超出了政治的范畴，但是其核心意义，是为了保护政治分歧和异见。由此看来，它提供了民主自治的基础。对于异见者的保护不仅是为了保护个体化的言论者，还为了保护无数从那些表达异见者的勇敢或鲁莽中获益的其他人。当有人揭发了政府的错误或欺骗行为，真正的赢家不是这些揭发者，反而是社会公众中的成员们。法律对揭发的合法保护是保证信息自由流动的努力。

为了说明这一点，我们来看**五角大楼文件**案。[5]1969 年和 1970 年，丹尼尔·埃尔斯伯格（Daniel Ellsberg），美国国务院的一个前政府官员，复印了一项有关越南战争的绝密研究文件。而这份研究文件暴露了美国对于印度支那的政策规划。这份 47 卷的文件，还包括了有关秘密外交协商与军事行动的讨论。埃尔斯伯格先是把文件给了美国参议员外交关系委员会主席威廉·富布莱特（William Fulbright），后来又给了《纽约时报》和《华盛顿邮报》。这两家报纸试图刊登文件的摘选。埃尔斯伯格是一个典型的吹哨人，亦即揭发者。他认为，政府对民众撒了谎，披露五角大楼文件对于澄清事实是必要的。就政府而言，它的担心不仅仅是文件的披露会将自己陷入尴尬境地；官员声称，披露秘密文件会损害国家与其敌人谈判的能力，从而延长战争时间和导致无数可以避免的死亡。考虑到这些，政府寻求禁止出版。

以 5:4 的票数对决，最高法院否决了政府的主张。雨果·布莱克（Hugo Black）大法官写道，政府不能："阻止对这个国家的人民至关重要的时事新闻的出版。"他补充道，政府："审查新闻的权力早已被废除，因此新闻界将永远可以自由审查政府。新闻受到了保护，这样就可以揭露政府的秘密并公布给人民。"退一步讲，在战争时期，法官们通常不采取强硬的立场反对总统。有着不同法官的其他最高法院，未必会表现出类似的勇气。但是非常明显，政府的担心是毫无根据的。五角大楼文件的发布并未造成明显的伤害。数十年后，五角大楼文件案成为宪法向披露者和异见者提供保护的令人激动的象征。

对观点无歧视

随着对异见重要性的认识，我们可以更好地理解已成为现代言论自由"核心"的东西：**禁止政府歧视任何观点**（a prohibition on government discrimination against any point of view）。要理解这种禁止，让我们思考以下三种不同的言论限制：

● 任何人不得在任何公共街道上利用广播车或其他工具发出"大声喧闹的噪音"。[6]

● 任何人不得在地铁上散发政治广告。

● 任何人不得批评美国政府的反恐政策。

第一个限制是**内容中立**（content based）的，也就是说，这种限制并不取决于言论的内容。这一法律平等地适用于民主党、共和党、广告商、政客、音乐家、传教士等各类人群。政府并没有挑选出任何一种言论来表示支持或反对。相比之下，第二种限制是**基于内容**（content based）的，亦即，要想知道法律是否适用，则需要知道一些言论的内容。商业广告是允许的，而政治性的广告却被禁止。需要注意的是，第二种限制是**观点中立**（viewpoint neutral）的，在这个意义上，法律的适用并不依赖发言者的观点，民主党和共和党、自由派和保守派、从众者和反对派，所有人都同样受到法律的规制。以此方式，这第二种限制与第三种限制的对比十分明显，就后者而言，法律的适用完全取决于言论者的观点。第三种限制下，那些赞同反恐政策的人可以随心所欲地发言，只有持异见者会被惩罚。

美国关于言论自由的法律对这三种限制，或者类似于这三种限制，进行了明确的区分。[7] 法院对待内容中立的限制比较能够容忍。那些限制要受到一个平衡标准的约束，政府必须申明其利益（例如在审美价值及隐私方面，等等）大于自由表达的利益。一个有着重大危害的言论是不太可能被接受的，但是在考虑到有力的利益平衡后，法院可能会维持危害较小的言论。相反，基于内容的限制是遭到强烈反对的。法院怀疑这样的限制是奠基于一个令人难以容忍的动机之上的，亦即，阻止政府所不喜欢的言论。如果政府禁止政治广告出现在公共汽车上，但却允许商业广告的出现，我们就会怀疑政府是在消除它所害怕的言论。但至少法院愿意听政府的主张，如果政府认为这种限制系出于维护正当利益的目的，而且这样做并未太过干涉表达自由。相反，基于观点的限制总是无效的。[8] 政府是不能被允许以其支持或反对为标准来区分观点的。

在关于政府禁止燃烧十字架的问题上，所发生的法律争议背后，就存在着这样的理解。如果政府适用民事或刑事上有关非法侵入的法律来禁止任何人在其他人的草坪上烧十字架，那么就没有宪法上的问题，这将是一个对言论自由的内容中立的限制：侵权行为法禁止任何未被邀请的人侵犯他人的私人财产，烧十字架的人也会与所有其他侵权者一样受到惩罚。对法律而言，燃烧十字架的人的信息，其内容如何是无关紧要的。但几乎毫无疑问的是，政府不能基于观点来禁止焚烧十字架。例如，通过法律明确禁止燃烧十字架，是由于焚烧十字架"目的在于表达这样一种信念：非裔美国人与其他美国人是不平等的"。事实上，最高法院内部形形色色的争论很大程度上都是关于某些法律是否是基于观点的。例如，明尼苏达州州府圣保罗市禁止展示燃烧的十字架，纳粹用的卍字标记，或其他在种族、肤色、信仰、宗教或性别问题上，展示者明知或者有理由知道会"激起对他人的愤怒，担忧或怨恨的"的标志的。一个存在内部分歧的最高法院认为，这种禁止不仅是基于内容，还是基于观点的；因为尽管人们被禁止基于宗教或宗族去激起愤怒或担忧，但仍然被允许批评"反天主教偏执狂"或"他人的极端"（other people's mothers）。[9] 其他十字架燃烧案例都提出了相同的问题，亦即，政府的目的究竟是不受欢迎的观点，还是为了禁止常常极为严重的危害。

我并不是说要在这里解决那些具体的问题，而只是强调一个普遍的观点：言论自由法特别关注的就是，禁止政府对一些观点按照所谓受欢迎或者不受欢迎来区别对待。这个事实与我的基本关注是息息相关的。如果社会得益于揭发和异见，而且如果信息或者声誉带来的压力导致人们不敢吱声，那么我们就有理由确保法律的力量绝不能用于限制不受欢迎的观点。言论自由原则的核心功能，就是禁止这种形式的审查。仅凭其自身，保护其免于法律审查并不足以保护这些异见者；即使法律允许他们说话，他们依然会保持沉默，仅仅是由于私人压力所潜在具有的抑制效应。但至少，言论自由原则禁止政府将这些压力转化成法律。

101

公共论坛理念

因此，审查是言论自由法要从根本上防止的。但是在很多自由国家，言论自由法远远超越了对争议性观念和信息的保护。例如，在美国，最高法院裁定，街道和公园必须保持对公众开放，供公众进行言论活动。在 20 世纪早期的一个引领性案件中，法院说："无论街道和公园叫什么或者用来做什么，从遥远的时代以来，它们都被认为应用于公共目的；而且从很久以前，它们就被用于集会、公民交流思想以及讨论公共问题之目的。这些街道和公共场所的使用从古代起，就是公民特权、豁免、权利以及自由的一部分。"[10]简言之，政府有义务让人们在公共街道和公园自由言论。哪怕许多公民宁愿平和与安静，或者哪怕人们在走路回家或开车去附近的杂货店或餐厅经过抗议者或异见者时，感觉很吵很闹很糟糕，也不妨碍政府保障抗议者或异见者的表达权利。

当然，政府可以限制人们在公共场所表达言论的"时间、地点和方式"。任何人都没有权利凌晨 3 点在公共场所举行反战集会，或者以震耳欲聋的分贝播放马丁·路德·金、托尼·布莱尔或者罗纳德·里根的演讲。但对时间、地点和方式的限制必须是合理的，有限的。从本质上说，政府有义务允许发言者使用公众场合来传递他们所选择的信息，而无论其观点如何。这其中包括持异见者和社会不满者以及其他任何形式的发言者。

根据宪法，抗议者通常没有接近他人和地点的概括性权利。如果一个异见者想要在私人土地上发言，如一个心存不满的员工想要在通用汽车的地盘上反对通用汽车公司的政策，宪法也无法给她提供任何帮助。如果战争抗议者想侵扰一个高级政府官员的私人产业，或者堵住公共建筑的入口，警察也可以干预。言论自由原则没有提供概括性的接近权。但通过承认发言者有权使用公园和街道，公共论坛原则确认了这一观念。这一学说的独特之处在于，它的确创造了一种接近其他人与地点的权利。如果一个公民权利倡导者想要在公共街道表达她的意见，她有权这样做。由于公共街道临近抗议的绝大多数潜在目标，在某种意义上，公民的确有权利接近他们想要达到的地方。

公共论坛原则另一同样显著的特点是，它不仅创造了一个避免政府对言论施加处罚的权利，同时也要求政府支持言论表达。毫无疑问，通过他们缴纳的赋税，公民也被要求支持表达活动；在公共论坛原则下，这些表达活动必须被允许在街道和公园里进行。的确，纳税人要花费大量的成本来维护和清理街道及公园，同时也保证和平、有序抗议的权利。2003 年，在伊拉克战争中的政治抗议，要想绝大多数人守法，则需要大量警力。值得注意的是，公共论坛原则体现了法律的一个唯一的领域，在其中，言论自由权要求对言论者提供公共支持。公民要以各种不同的方式来为他们的自由买单，不仅要通过国防，也同样要通过对表达自由制度所需条件的保障。　103

从众、异见与公共空间

然而，对于街道和公园等公共场所究竟为什么必须对言论者保持开放，最高法院并没有细加说明。通过关注公共论坛原则促进的三个目标,[11]我们可以取得一些进展。前两个目标涉及言论者,第三个涉及听众。所有这些目标都与确保异见的空间,以及异见者面对那些否则将可能盲目随大流或落入流瀑中的人的可能性的提升,联系起来。

首先,公共论坛原则确保异见者可以接触各种各样的人。如果抗议者想说税收太高,环境问题应得到更多的关注,应该禁止堕胎,或工作条件太危险,那么他们可以面对广大民众发表他们的异见,否则这些人中可能有很多无法得到这些消息。那些人中,可能也会有不少人成为从众或者坏的流瀑的受害者。任何人走在大街上和公园里都可能听到言论者的主张;他们或许也能了解到同胞们所持观点的内在本质与力度。也许有些人的观点和价值观会因为他们在街道和公园看到的和听到的而改变,也许他们会了解到传统认识是错误的。但至少他们会发现一些同胞是拒绝那种认识的。如在"皇帝的新衣"故事和阿什实验中一样,也许仅仅一个异见者,就能产生一个大规模的转变。也许人们会变得好奇,甚至极度感兴趣,并且足以改变他们的想法,使人们凭其本身去做事。它不是每天都在发生,但它会发生。其关键点在于,发言者可以就那些可能被他们的同胞忽略的方面,表达主张与关注。从言论者的角度来看,公共论坛原则创建了一个接近形形色色各种公民的概括性权利。

其次,公共论坛原则不仅允许言论者有接近形形色色各种公民的概括性途径,还允许他们接触那些他们所希望接触或是他们存有抱怨的特定人群和特定机构。举例言之,假设一个批评者认为州议会的行为对那些犯罪或儿童照顾不负责任,公共论坛原则可以确保批评者的想法可以通过在州议会前抗议而被立法者知道。这一点对私人和公共机构也同样适用。如果一个服装店被认为有欺骗客户或种族主义的行为，则抗议者可被允许采取某种形式接近该服装店。这并非因为他们有权侵犯私人财产，任何一个人都不拥有这样的权利，而是由于公共街道可能就在附近。一个在地点选择上具有策略性的抗议，将毫无疑问可以抓住服装店及其顾客的眼球。

在公共论坛原则下，异见者被允许接近特定的观众，并且特定的听众不能轻易避免异见者直接针对他们的抱怨。换句话说，听众自我隔离的能力有限，他们不能完全被关在一个社区大门里。由于太多的争议是针对某个特定机构的，公共论坛原则在这种允许对特定结构的接近上，起到了重要的作用。在这里，应该关注公共论坛原则与坏的流瀑之间的密切关系：那些受这种坏的流瀑约束的人，在特定地方，也很可能遇到持有不同观点的人。

最后，公共论坛原则增加了人们接触各式各样的人和观点的可能性。当某个人去上班或者是逛公园时，他可能会有一系列的意外邂逅，尽管这很短暂或者看起来很无关紧要。在去办公室的路上或者在公园吃午餐时，人们无法轻易将自己从争论、环境，甚至音乐与艺术中隔离开来；尽管这些方面并不是他们事前想要寻找的，或者如果事前会知道的话，他们会选择避开。的确，在大部分时间里，这种情况可能被认为是令人愤怒或者是很糟糕的事情。结果就是那些接受某种特定观点的人或者从众其他一些人的观点而随大流的人，很可能被刺激到，甚至可能重新考虑这种观点。 105

我已经强调过，公共论坛原则有助于减少不合理的从众和坏的流瀑的风险。至少，当我们关注到，当人们将自己与不同观点隔离开来，那些风险是如何增加的时，会是这样的。当公共论坛原则良好作用时，他们增加了那些被隐藏的与人们需要知道的东西被公之于众的可能性。他们之所以能够如此，是由于他们减弱人们将自己同矛盾观点隔离开来的能力，这对个人和群体来说都是有价值的，尤其是因为，许多人表现出了生活在自己所设计的回声室之中的渴望。

言论自由的未来

在现代，由于抗议仍时常在公共场所发生，因此公共论坛原则在社会中仍具有很大作用。但对我们许多人而言，公共论坛原则作为一个象征比其实际更重要。对绝大多数人来说，最主要的交流经历已经不再出现在街道和公园了。我们大部分的学习和暴露在异见前的机会，在任何其他地方都可以发生。如果流瀑产生或者被打破，街道和公园都很少再是真正的原因。20世纪出现了伟大的"大众利益媒介"——日报、周刊杂志、商业广播以及公共博物馆。无论好歹，这些私人机构开始行使传统公共论坛的一些功能。他们以前在做，现在还在做，就是将人们暴露在那些并非这些人特意挑选的话题与观念面前；在大多数时候，还创造某种类似于共享文化的东西。在一个（有限的）程度上，异见者能够接触到形形色色的公众，因为他们能接近信息来源的渠道，从而利用这些信息为各种各样的人服务。

社会流瀑往往由于大型报纸和周刊杂志的选择侧重点而经常出现。尤其是在存在恐惧的情况下，这一点更是如此。如果人们相信鲨鱼袭击、恐怖主义或是绑架年轻女孩已经蔓延开来，或者是担心电磁场，这往往是由于大众媒体的报道。坏的流瀑被打破，往往是因为它们在同样的地方被揭穿。在这里，恐惧的减少与暴露在异见面前的情况，也一样可以发现。

如果日报做得好，读者将会见到各种各样的话题和观点，包括那些一开始人们并不感兴趣的话题。比如，一个极为亲美的读者读到一个关于在慕尼黑或巴黎或伦敦反美抗议的故事，这个故事可能会引起他的兴趣，甚至是促使他对抗议者观点的内容和力度进行思考。如果读者原本对欧洲对美国的批评持怀疑态度，那他就不太可能被说服。但反对意见广泛存在于一个友好国家的公民中，能够提供非常有价值的信息，这在将来很有可能会影响读者的观点。或者一个倾向于大量提高最低工资的读者可能会在专栏中看到，对最低工资的提高并不一定有利于穷人，因为这样会产生更高的失业率。这个主张可能会导致读者拒绝在其社区中被广泛支持的观点。报纸、周刊杂志和晚间新闻节目每天都在发挥着这样的作用。它们的主要社会功能之一就是让读者和观众了解到一系列新的话题和不同的意见。

互联网则展现了巨大的不同。通过可得的信息资源的急剧膨胀，它导致了许多结果的发生。信息可以瞬间到达不计其数的大众。由于有如此大量的信息来源可用，用户可以免受大众媒介过滤效应的影响。如果在有倾向的情形下，人们可以通过讨论组、网站以及聊天室等诸如此类的方式让自己加入思想相近的社群之中。在大多数方面，互联网都是一个了不起的馈赠，因为它增加了可获得的观点和事实的数量，也因为它还使得好奇的人们很容易就找到不同的观点。坏的流瀑能够被快速摧毁；事实上，它们可以在瞬间就被摧毁。 107

由于互联网的缘故，那些好奇或者是持有怀疑态度的人无需再遭受一个痛苦的认知过程。通过互联网就可以很方便地了解到不同的观点。某个人的朋友和邻居大多是左翼，会因为她所认为的"政治正确性"而感到压抑，但她通过互联网能够很容易听到保守派的声音。某个公民的朋友和邻居大多数属于中间偏右，他也很容易去了解女权主义、同性恋权利以及工人合作社。基于地理因素而产生的流瀑与从众的压力就很容易被挫败，很简单，因为人们能够立即发现很多与那些环绕在他们周围的观点的不同观点。此外，如果人们在其居住的地方感受到了很大的声誉上的压力，他们也有机会发现另一种不同的看法，并且与全国乃至世界上具有共识的人建立联系，从而可以理直气壮。通过这些方式，互联网有助于抵消我曾经所强调过的那种社会影响的有害效果。

然而不幸的是，任何事物都有其另外一面。最糟糕的地方在于，互联网的存在使得流瀑的建立变得更加容易。轻敲一个按键，一些远非真实的事情就会被成千上万的人知悉。那些信息可以非常便利地被传播给数万人甚至数百万人以上。可以设想一下，一封被广泛传播的信，据说是由参议员约瑟夫·利伯曼（Joseph Lieberman）所写，这封信表达了因所谓的反犹太主义而对法国人民的"蔑视"；实际上这封信愚蠢至极，而且根本不是利伯曼参议员所写。但仍然有许多很聪明的人被这封信愚弄了。而这只是无数例证中的一个而已。还有更危险的流瀑因"艾滋病否定主义者"在互联网上的努力而产生。这些艾滋病"否定主义者"声称，没有所谓的艾滋病，个人和国家也不需要防范。结果导致了一连串的错误信念流瀑。这样的虚假信息已经被证明是极为致命的，因为这使人们陷入严重的风险之中。许多不好的网站出现在互联网上，它们中有的否认二战时期针对犹太人大屠杀的存在；这些网站常在一些规模较小但有时非常危险的群体传播谎言。恐怖分子，包括基地组织，都有其自己的网站，具有按照他们的价值偏好产生流瀑的潜在可能。

对于由此产生的风险我们能做些什么？这不是讨论政府在促进建立一个言论自由的良好运作系统中所扮演角色的场合。[12]但应该清楚的是，这样一个系统不仅取决于免于审查的自由，还取决于私人和公共机构应确保各种各样的观点能够被人们听到。如我所曾经主张的，恐怖分子常常受到的是一些片面的认识：他们所了解的非常少，而且他们真正所了解的，也不过是在强化一些有问题且受到严格限制的关于过去、现在和未来的经文选读。但恐怖分子并不是唯一一些认识有缺陷的人，这是一个困扰世界各地数以百万计的人的问题。大多数时间里，所有形式的从众者也都受制于有缺陷的认识。公共论坛并没有提供一个完整的纠正方法。但如果可以听到不同观点，并且如果人们只有在真正认真倾听后才拒绝某些观点，那么情况就会好很多。精心设计的市场机制对确保信息披露很有帮助。[13]自由社会依赖于高程度的接受和宽容度，在这样的社会中，很多观点都能得到倾听，异见和分歧也并非不受欢迎。

安徒生不切实际的乐观

皇帝的新装这个故事太过于乐观了。在安徒生的故事里，来自一个孩子的一句真话，就足以战胜谎言了。但在大多数情况下，这是极其不现实的。在现实世界中，太多的谎言并没有那么容易被击败。错误仍存在于事实和价值观中。在美国，废除奴隶制花了将近一个世纪；一场内战，从道德上来说并不正确，但却是确保改变的必要。即使在民主国家，权力上的悬殊在无声的异见中起到了很大的作用，有时是通过确保异见者保持沉默，但更多是在不知不觉中

109

让异见者的想法被悄悄屏蔽。社会科学提供了这方面的教训，它表明，群体中地位较低、受教育程度较差的成员，如非洲裔美国人，有时候是女性，相较更高地位的同侪，在一个正在讨论的群体中的影响要小得多。[14]在真实的讨论世界，无权无势的异见者在能否得到认真倾听方面，面临着太多的障碍。

这一点背后还有更广泛的问题：言论自由原则更多是关于法律而非文化的。一个致力于保障言论自由的法律体系，禁止政府压制异见者。这是一个了不起的成就，但这还远远不够。正如我们所见，人们保持沉默通常不是因为法律而是为了顺应大众；现今我们还可以补充一点，即使异见者表达了异见，也常常不会得到倾听。这两种情况中的无论哪一种，社会损失的风险都是真实存在的，首先就是因为，公众被剥夺了他们所真正需要的信息。一个运行良好的民主社会，不仅仅是简单地用法律来保护言论自由，更需要形成言论自由的**文化**。这样的文化鼓励独立思考，赋予大众通过言行挑战主流观点的意愿。同样重要的是，它鼓励听众持有一些特定的态度，使那些不信奉传统观念的人的观点能够得到尊重和倾听。在言论自由的文化中，听众的态度与言论者的态度同样重要。

但即使是最自由的社会，也面临着意见交换的障碍，这给了我们一个充分的理由去怀疑安徒生过于乐观的故事。现在让我们来转向这一障碍。

6

群体极化法则

群体时常陷入极端。多数时候，群体成员最终做的往往是个体成员自己不会做的事情。这适用于青少年群体，适用于政党，也毫无疑问适用于那些倾向于暴力的人们。本章旨在说明为什么会如此，并在这一过程中寻求针对不正当的极端主义的可行之法。

迄今为止，我们已经探究了在产生从众或流瀑中，信息性和声誉性影响的作用。我们还探究了那些可增加或减少上述两者可能性的因素。当人们不被友谊和感情联结时，社会影响则减弱。当人们将自己界定为与其他人分属于不同群体并为他们行动与发声时，这种影响可能发生逆转：例如，巴基斯坦公民可能与印度公民的所作所为截然相反。太多信息减少了从众效果，当人们得知某些人拥有更多消息时，流瀑就会被打破并生成新的流瀑。所有这些见解为研究**群体极化**提供了背景，群体极化现象涵盖了关于街头帮派、利益群体、宗教组织、政党、评委会、立法机关、陪审团甚至国家等各色群体的大量教训。

111

群体做什么

正在讨论的群体中发生了什么？群体会妥协吗？群体会向其个

体成员的中间倾向靠拢吗？在大量实证研究后，现在得出了明确的答案，并非如我们直觉那般：与其中间派成员在协商之前的立场相比，协商性群体最终采取了**更极端的立场**。[1]这种现象即所谓群体极化，这是协商性群体的典型模式。群体极化现象在 12 个国家数以百计的研究中被发现，这些国家有美国、法国、德国以及阿富汗。[2]让我们讨论以下事例：

● 一群认为全球变暖是一个严重问题的人，经讨论会更认为这是一个**非常**严重的问题。

● 那些赞同持续战争的人，在谈论后会变得更加热衷于战争。

● 反感国家元首的人，在相互交谈后，倾向于更强烈地讨厌国家元首。

● 那些反对美国并对其目的持怀疑态度的人们，如果彼此有交换观点，他们的不赞成和怀疑将会更加增强。的确，这一现象在对法国公民的研究中得到了具体的证据。[3]

在这些或其他无数案例中，相较于他们开始讨论之前，思想相近的人在与他们的同侪协商后，会倾向于采取更为极端的想法。由此可见，对于一国中独特的文化或民族地区里，那些与其他人分离且有反抗甚至暴力倾向的人，在该地区内经过协商之后，有可能更加明确地朝反叛或暴力方向挺进。政治极端主义通常是群体极化的产物。[4]事实上，创造极端群体抑或是任何形式的狂热分子最好的办法，就是将他们与社会中的其他人分离开来。通过对非成员产生一种怀疑感，隔离便能从身体上或心理上产生。有了这种隔离，群体之外的信息和见解不被信任，因此随着群体成员的继续讨论，就什么也无法阻止极化进程了。

群体极化和流瀑效应之间有着更密切的联系。两者都是信息性和声誉性影响的产物。关键的不同在于群体极化是协商的结果，而信息流瀑则常常根本不会涉及讨论。[5]此外，群体极化尽管常常会有一个类似于流瀑的过程，但并不总是如此。极化能产生于群体所有或者绝大多数成员同时且各自独立的决定，并随着群体成员的倾向走向一个更极端的地步。

陪审团和法官

为了在法律语境下考察群体极化的运作，我们来探讨在前言中提及的关于陪审团、惩罚性意图以及惩罚性损害赔偿的研究。[6]这项研究涉及了由3000名具有陪审员资格的公民，研究的主要目的在于确定个体在观察和讨论他人的意见后如何被影响。受试者被要求阅读一个关于人身伤害的案例，包括正反方的主张。随后，在讨论之前，他们会记录下自己的"惩罚判断"，这个判断在0–8区间取值，0代表根本不去惩罚，8代表极其严厉的惩罚。在个体决定全部记录好之后，陪审成员被分成6人一组，要求其协商后作出全体一致的"惩罚裁定"。

结果如何？群体成员是如何影响人们判断的呢？一个合理的预测是，人们会相互妥协，因此裁决会偏向陪审员给出的判定值的中间位置。但这个预测是一个彻底的错误。相反，协商的结果同时造成了**严厉转向和宽大转向**两个极端，一些陪审员倾向于严惩，而另一些则倾向于轻判。当个体陪审员的惩罚值在4或4以上时，组成的陪审团的裁定值会高于中位数值。例如，可以考虑一个人差点因劣质建造的游艇而溺水身亡的案例。陪审员易于被质量低劣的游艇

113

建造的想法激怒，群体的愤怒显然比中间化成员的要激烈。作为群体相互作用的结果，愤怒和惩罚判决也变得更高、更严厉。

然而，当个体陪审员的中位数惩罚值低于 4 时，协商后陪审团的裁定值会低于协商之前记录下的中位数值。例如，可以考虑一个购物者因电梯突然停止而跌倒受伤的案例。个体陪审员不太会讨厌这一事件，只把它看作是一个真正的事故而不是严重的过错。由个体成员组成的陪审团比个体陪审员更加宽大。以下是群体极化在活动中的一个很好的例子。那些群体成员在协商之前就倾向于严厉惩罚的群体变得比其中间化成员所倾向的更严厉的惩罚。反之亦然，即倾向于较小惩罚的群体变得比其中间化成员所认为的更小的惩罚。

这些都是实验性研究。群体极化在现实世界也会发生吗？这一问题很难直接检验。但我所做的关于司法行为的研究为极化现象提供了有力证据。我将在第 8 章详述这些证据，目前先简单提一提。共和党法官在全由共和党人组成的审判庭中，更倾向于按照保守派的风格投票，民主党法官在全由民主党人组成的审判庭中，则更倾向按照自由派的风格投票。简言之，**当法官与想法相近的人在一起时，意识形态就被放大了**。这恰恰正是对群体极化结果的预测。在美国，这一未经专门设计的、自然而然的实验表明，在没有其他具有不同偏好的法官反驳的情况下，法官们会倾向于走极端。

114

愤怒和恐怖主义

当我们思考惩罚判断的内在因素时，陪审团的判决对法庭内外的人的行为都大有意义。惩罚判决根植于愤慨，而在限定区间内，一群人的愤慨对相同区间的惩罚判决是一个极好的预测器。'在群体讨论后，那些一开始就处于愤怒高点的人会更加愤怒。此外，变化程度取决于人们在讨论之前的愤怒程度。作为内部协商的结果，之前愤怒的程度越高，变化越明显。[8]这一点不仅仅是陪审团、暴民以及政府严厉惩罚的源头，也是反抗和暴力的源头，因为愤怒是它们背后的根据。如果本来就倾向于发怒且想法相近的人彼此被聚集在一起，显著的变化就是可以预料得到的。

群体极化在夙怨、族群和国际冲突以及战争中，不可避免地会起到作用。夙怨的显著特征之一是一直存在夙怨的群体，其成员只对彼此诉说，或者至少只彼此倾听，因而刺激和放大他们的愤怒并固化他们对相关事件的印象。在很多时期，群体极化每天都发生在以色列和巴勒斯坦的权力机关。通过加剧愤怒的影响，很多好的或者坏的社会运动成为可能。试想为聋人争取权利的运动，在很大程度上，就是因为聋人具有一定程度上的地理隔离这一事实而被提升的。[9]在残疾人群体中，聋人是最能被动员的，主要是因为大多数时候，他们都是在同样一些区域进行的。在女权运动中，意识觉醒越发显著，通过群体讨论，分享所面临的问题、困境和不公正，想法相近的人能产生共鸣"提升"意识。但有时，那些似乎被提升了的意识是导致群体极化的社会互动的一个可预见的效果。

恐怖组织陷入误解、怀疑、仇恨或暴力，常常就是由于群体极化。事实上，恐怖主义首领扮演着**极化推动者**的角色。[10]他们创造想法相近的人的聚居地。他们扼杀不同的见解，绝不容忍内部不同意见。他们采取措施确保高程度的内部团结一致。他们限制信息源并充分利用声誉的力量，尤其是利用那些激起群体赞成和反对的诱因。恐怖行为本身是由这些力量和诱因激发的。比如，我们可以思考如

115

下来自一个恐怖主义研究中心的解释：

恐怖分子甚至不认为他们可能是错的，也不认为其他人的观点有可取之处……他们只把邪恶动机归于他们群体外的其他人。在心理上被激发的恐怖分子的……共有特征是宣称需要归属于一个群体，这些恐怖分子通过群体接纳来界定自己的社会地位。

恐怖组织具有很强的内在动机去为该集团的持续存在寻找合法性证成。一个恐怖组织必须实施恐怖统治，至少会用暴力行为来维持组织的尊严与合理性。因此，恐怖分子有时发动一些莫名其妙的攻击，这些攻击客观上对他们宣称的目标没有促进作用甚至起反作用。[11]

事实上，恐怖组织利用心理压力来增强极端化倾向。其中群体成员扮演了关键角色。因此：

心理动机的另一个结果是恐怖分子间群体互动的强度。他们需要全体一致，难以容受异见。随着被明确认定的敌人和确凿无疑的邪恶，提升恐怖活动的频率和强度的压力时时存在。归属于群体的需要反对退出，对妥协的恐惧也不允许他们接受。

妥协被拒绝接受，而且恐怖主义群体倾向于大多数人的立场……在那些人们以成员资格（家庭、宗族、部落）来认证自我身份的社会中，都可能具有在其他地方少见的自我牺牲意愿。[12]

包含愤怒和耻辱的常规训练尤其强化了团结一致的主旨。恐怖主义者有许多先驱。例如，阿道夫·希特勒通过强调德国人遭受的苦难和屈辱，来试图创建成员资格并促使行动走向极端。这是形形色色恐怖主义的典型策略，因为屈辱能够为愤怒火上浇油。"许多基地组织受训者将看视频作为他们……日常训练的一部分。数百小时的视频播放，以展现穆斯林极为悲惨的境地，比如巴勒斯坦……波斯尼亚……车臣及伊拉克的儿童，是所有基地组织的诱导策略。"[13]

基地组织通过不懈努力将全球的穆斯林连接起来，尤其通过使用"我们"而不是"他们"来强调一种共享的身份。因此，奥萨玛·本·拉登"诉诸穆斯林国家无处不在的耻辱和无力感。通过将穆斯林说成是在全世界都是受害者……波斯尼亚、索马里、巴勒斯坦、车臣及……沙特阿拉伯……，他让那些可能迷糊的人们的世界变得简单而清晰，并赋予他们一种使命感"。[14]这种灌输的努力毫无疑问具有明显的类似邪教的特征："基地组织的军事训练营地伴，一直存在着强大的宗教灌输，这些新兵被灌输了一系列反西方的宣导并不断被提醒他们的职责是讨伐异教徒。"[15]紧密的联结在这些努力的组织中被建立起来。"基地组织——一个全部由男性组成的组织，看起来包括许多由年轻男性组成的小群体，在这一群体中，年轻男性与其他成员紧密团结在一起。这种团结一致通过其使命所内在的保密要求和计划的危险性被生动地表现出来并得以加强。"[16]

上述讨论虽简短，但足以表明愤怒和群体互动在产生恐怖分子问题上的核心作用，事实上也可以回答那个富有争议的问题："为什么他们讨厌我们？"大多数恐怖分子不是天生的，而是被创造的，尤其是通过社会过程被创造出来的。事情很容易转到相反方向。我提到过第默尔·库兰教授有关"族群划分"的解释，即通过一种憎恨其他人的方式，在种族群体中建立起的密切认同，这并非历史性的问题而是源于当前的社会互动，类似于我在文中所讨论的那些社会互动。[17]伴随有一些相对较小的变动，那些遭受过强烈种族对抗的国家对此可幸免于难。因此，我认为恐怖主义亦是如此。倘若那些易受影响的想法相近的人聚在一起是滋生恐怖主义不可或缺的温床，那么我们可设想一种情况，与现在相比，无需改变太多，那些国家

117

大多能免于恐怖主义的威胁。

对法律和政策而言，最基本和最重要的借鉴之处是：如果一个国家欲阻止恐怖活动，最好的策略是避免想法相近的人建立起聚居区。很多被卷入恐怖活动的人，在他们的生命中，本可以做其他事情的。在多数情况下，他们对恐怖主义的兴趣来自于一系列很容易识别的社会互动。如果相关联系被瓦解，恐怖主义就不太可能产生。

群体中的信息隐匿与自我沉默

在群体动态中，走向极端倾向是最值得关注的一点。但另外相关的一点在于，那些处于少数地位的人经常保持沉默，或者在群体讨论中占很少分量。[18]这带来的后果便是**信息隐匿**，即很重要的信息未能在群体内分享。[19]群体成员通常有自己的信息但却对此并不相互讨论，最终导致做出不那么好的决定。

让我们看一项对工作组中发生的严重错误进行的研究，这些工作组既有面对面的，也有在线的。[20]这项研究的目的是为了考察群体是如何协作以做出人事决策的。打算申请市场部经理的三位求职者简历被放置在群体成员面前。候选人的情况被实验者进行了标记，以便确定其中一位是这份工作的最佳人选。相关信息被分装并分发给受试者，每一本都包括简历信息中的一个方面，所以每个群体成员只掌握相关信息的一部分。每个群体是由三个人组成的，其中一些是面对面工作，一些是在线工作。

有两个实验结果尤其惊人。其一，极化比较普遍，因为与群体成员最初的想法相比，群体最终都采取了一个更为极端的立场。其二，几乎没有一个协商性群体做出了明显正确的选择！原因很简单：他们未能以一种有效的方式共享信息，而这种信息共享能让群体做出客观的决定。成员们倾向于分享获胜候选人的正面信息以及落选者的负面信息。他们隐匿了获胜者的负面信息和落选者的正面信息。正如帕特里夏·华莱士（Patricia Wallace）所观察的那样，他们分享给彼此的信息是用来"强化迈向群体共识，而不是增加困难和促进争论的"。[21]总之，群体易于考虑大家都共享的信息而忽略被少数人所掌握的信息。无需强调就会知道，这种倾向很可能会捅出大娄子。

初看之下，这一发现和群体极化可能与在法学和社会科学中极具影响力的孔多塞陪审团定理（Condorcet Jury Theorem）产生冲突。为了说明这一定理，假定人们在回答一个有两种可能答案的问题，一个正确的和一个错误的，并且每一投票者回答正确的平均概率超过50%。孔多塞陪审团定理认为，随着陪审员增多，整个陪审团回答正确的可能性也增大。[22]这一定理建立在某种简单的算术运算上（和我们这里讨论的关系不大）。但是，由于它声称能够证明，如果多数决规则被采用且每个人正确的可能性都比较大的话，那么，群体所作决策要比个人的好，大的群体比小的群体要好，因此该定理具有非常重要的价值。

对群体极化的发现如何能与孔多塞陪审团定理一致呢？一种可能性是，在许多群体中，每个成员可能正确的概率小于50%，此种情形不适用于孔多塞陪审团定理。然而，最根本的一点在于，当群体极化发生时，每个成员个人并不是靠自己做判断，他们相互交流并受到他人判断的影响。当相互影响的判断产生，并且一些人的选择错误时，孔多塞陪审团定理便无法提供明确的预测了。在这种情况下，一点也不能确定群体所做的会比个人要好。[23]而当群体做得比较糟糕时，信息隐匿的倾向往往是部分原因。

好的领导者需要通过激发一系列不同意见来抵消这种隐匿信息的倾向。[24]伯尼·马库斯（Bernie Marcus），一位非常成功的美国家居连锁店家得宝公司（Home Depot）董事长，他声称"绝不会在一个异见被打压的董事会任职"，原因很简单，因为"当他供职于那样的董事会时，他的名誉和财富处于危险之中。"[25]为了认识不同意见的重要性，很有必要理解那些产生群体极化的影响。

为何极化？ 一些解释

为什么想法相近的人走向极端？可以考虑以下几种可能性。[26]

信息。最重要的原因，包括信息性影响，与我们在从众与流瀑之间所发现的联系是类似的。人们对其他人的主张予以回应，在任意一个群组中，如果这些主张形成的主张池（argument pool）有某种倾向，那么最后该群组会不可避免地向这个倾向倾斜。在一个其成员认为以色列在中东冲突中是真正的侵略者的群体中，这群人会听到很多带有这个意思的主张而相对较少听到相反的观点。这不过是遵循一个统计可能性问题：如果大多数人认为以色列是真正的侵略者，那么群体中的多数主张也会指向这个方向。在讨论之前，群体成员们有可能已经听到过一些反对以色列的主张，但讨论中出现的反以色列的主张使之相形见绌。而面对这些补充的主张，群体成员可能会在反以色列的趋势上再迈前一步。

这样的情况也会发生在那些其成员反对扶持性平权行动的群体中。群体成员会听到许多反对扶持性平权行动的主张，其中一些是他们之前从未听说过的，而甚少听到赞同扶持性平权行动的主张。如果他们听到了，作为协商的结果，便是他们将会更加坚信之前所相信的。通过对有限的一些主张池的理解，有助于阐明信息隐匿引起的问题以及在群体协商中分享信息的重要性。一个简单的事实上的可能性是：当更多的群体成员拥有某个信息时，那么在讨论中它就有更大的可能性被提及；而为少数人所持有的相矛盾的信息，往往就可能很难被倾听。隐匿信息的一个可预见的结果，就是不利于最终的决定。

自信。那些具有偏激观点的人常常更加自信地认为他们自己是正确的，而随着人们信心的获得，他们在信念上也变得更极端。[27]相反，那些没那么自信也不确定应该做什么的人倾向于缓和自己的观点。在不知道做什么的情况下，谨慎的人可能在相关的两个极端中选择中间立场。[28]但如果其他人要分享你的观点，你可能更有信心认为你是对的。这样一来，你或许会采取一个更极端的立场。

在许许多多的实验语境下，人们的观点很容易变得极端，这是由于他们的观点被证实过，也是由于得知其他人分享他们的观点后变得更加自信。[29]在这个解释与由三个属于同一政党的法官组成的审判庭比只有两个法官属于同一政党的审判庭更容易走向极端这一发现之间，有着明显的关联性。得到另外两个人意见一致的肯定，会增强自信，并因此会促进极端主义。[30]

这里特别值得注意的是，信心增加和极端主义增强的同步过程，所有实验参与者中都可能会同时发生。假设在一个四人组成的群体中，群体对美国对外援助的意图持不信任态度。当看到自己不确定的观点被其他三人肯定后，每个群体成员都易于感觉自己是有道理的，对其所持有的观点将更有信心，也就可能走向更极端的方向。

同时，同样的心理活动也发生在**其他人**身上（从被肯定到更自信，从更自信再到更极端）。但这些活动对每个成员都不是直观可见的。可见的仅仅是其他人"真的"毫不犹豫地支持他们的观点。因此，经过一天的讨论，我们的这个小群体可能得出如下结论：美国实施对外援助的目的根本就是不可信的。

社会比较。多数人都希望得到其他群体成员的赞同，并且也经常自认为得到了赞同。有时我们的观点，或多或少成了一种我们想要如何展示自己的工具。一旦我们听到其他人所相信的，我们中的一些人就会调整自己的立场，至少会稍微朝占支配地位的立场来调整我们自己，原因仅仅是为了以我们喜欢的方式呈现自己。

例如，许多人可能想要显示自己并非懦弱的或是过分谨小慎微的，尤其是在一个蔑视这些特性的进取型或开拓型的群体中。因此，他们常常来构建一个与其他群体成员比较让他们看起来并不懦弱也不过分谨小慎微的立场。当他们听到其他人所想，他们也许会发现，与群体中的其他成员相比，自己比他们所期望的要谨小慎微得多；随后他们会调整到一个相对更为进取性的立场。[31]他们之所以会调整，就是因为想让其他人按某种特定方式看待他们。也可能是他们想以某一特定方式来看待自己，为了能以最有魅力的方式来看待自己，调整实为必要。

举例言之，假设在一个群体中，一些群体成员相信，他们比其他绝大多数人在某种程度上更反对死刑。但如果发现自己身处一个其他成员都强烈反对死刑的群体后，这些群体成员可能会对自己的立场略作调整，以使按照自己喜欢的方式来自我展现。这个例子是否有点不太真实？可以思考一下，围绕2000年发生于佛罗里达的总统选举投票，许多共和党人和民主党人的一些令人难以理解的极端行为。理智的人在那时持不同意见，双方阵营都有话要说。但两政党的许多成员在与其他群体成员相互交流和倾听后，转移到了更为荒唐的极端立场，认为对方政党正在试图要"窃取选举"。很多情况下，都会发生此种现象。人们不希望在别人看来对某些议题过于热心或过于拘谨，如平权行动、女权主义、增加国防；当听到其他群体成员的想法后，他们的观点会有所改变。这导致群体所做决定会走向一个或另一个极端，同样也包括群体成员个人的改变。

对社会比较的强调为解释信息隐匿的存在以及在群体内分享特定信息的失败提供了一个新的、可能更好的解释。人们可能会强调共同的观点和信息，并对不平常的看法和新的证据轻描淡写，仅仅是由于害怕遭到群体拒绝以及得到普遍认可的渴望。在政治和法律机构中，这就会导致一个不好的后果：那些在乎他人认可的群体成员，或那些在物质及非物质利益上相互依赖的群体成员，封锁了高度相关的信息。

流瀑和极化。如果把上述观点联系起来，我们将能发现流瀑和 123
极化两者间的密切联系。通常群体极化的发生是由于信息流瀑和声誉流瀑的双重共存。设想一群公司管理者在考虑下一年度的行动方案。同时设想几个成员有意进行一些极有可能实现但风险也极端严重的行动，比如说，兼并几个小公司。如果倾向于风险的成员第一个发言，其他成员会给予关注，因为信息是被那些非常明确的意愿传达的。如果第一个发言者有特别的权威，那些跟随他的人可能会对自己的保留意见保持沉默，只因为他们希望不惹第一个发言者厌恶。诚然，他们也有可能是因为不想造成内部紧张而保持缄默。看到他们的言论被肯定或未被否定，率先发言的那些人可能会变得更自信，并因此变得更极端。他们的自信有可能有感染性，很快，公司董事会就会将他们起初的想法推向更加极端的方向。

这样的过程很普遍。由于同时发生的信息流瀑和声誉流瀑,紧密结合的群体通常易于极化。这些既包括那些政府机关中的群体,也包括私营部门中的群体。那些在白宫和参议院的人很容易成为这一过程的受害者,至少在他们不重视鼓励内部异见时会如此。正是本能地意识到这一危险性,富兰克林·德拉诺·罗斯福(Franklin Delano Roosevelt)培养了一种充满刺头儿的组织风格,这种风格在理念上适合各种广泛意见的发展和细化。理查德·尼克松(Richard Nixon)采取了相反的做法,从而损害了他的国家和自己的行政分支。

争论扭曲

目前为止,通过被限定的数值刻度测量,我们已看到了协商是如何影响陪审团的惩罚意向的。但当陪审团被要求在协商前记录下他们的**美元**判断,然后一起协商产生美元裁决,又会发生什么呢?会像群体极化观念所预测的高判断会更高、低判断会更低吗?结果显然不完全如此。在陪审团的美元判决额常常超过了陪审员个人的中间值的意义上,协商的主要作用导致了**所有**的判决额都上涨。[32]事实上,甚至在27%的案例中,陪审团的判决额与协商前其个体成员的最高判决额一样高,或者更高!

对美元判决的协商,其最显著的效果体现在高额判决的案例中。例如,在游艇建造质量有缺陷的案件中,个体判决的中间值是45万美元,然而在同一案例中,陪审团的均值是100万美元。但是在总额较低的判决中,判决额也向上增长。

为什么会发生这样的情形？一种解释与群体极化是一致的，即任何一个比中间值额度更高的判决，都表明协商前就存在惩罚的倾向；而协商通过增加判决额加剧了这种倾向。但即使它是正确的，这样的解释似乎也不够具体。惊人的事实是那些赞成更高额判决的人似乎比那些支持低判决的人更具有一种不假思索的**修辞性优势**（rhetorical advantage）。随后的研究支持这一发现，一般而言，绝大多数人发现，为了支持高额判决而反对委员会时，比为捍卫低额判决容易得多。[33]

看起来，修辞性优势是在较为边缘的竞争领域产生的。假设一群医生正在决定采取什么步骤来拯救一位晚期病人。与一群医生相比，医生个人是否更不愿意支持花费巨大的努力来挽救病人？证据表明，比起医生个人，医生群体更有可能这样做；很显然，这是因为在群体内那些赞成耗费巨大努力的人比那些不赞成的人更具有修辞性优势。[34]

或者，可以考虑在独裁者试验中，个体行为与群体行为之间的差异；这是社会科学家研究自私自利和利他主义而进行的实验。[35] 在实验中，一位受试者被告知她可以在自己和陌生人之间分配一笔 10 美元的款项。标准的经济学预测认为，绝大多数受试者会独吞或者几乎将全部的钱分配给自己；为什么我要和陌生人分享这笔钱呢？但这种标准的预测被证明是错误的。绝大多数人会选择保留的金额在 6 到 8 美元之间，剩余的分配给陌生人。[36] 但在独裁者游戏中，如果把个人置于一个团队中，个人的行为又会如何被影响——即人们是在群体中作出决定而非个人作出决定？群体会比个人更无私吗？答案是团队成员接近于选择五五分。[37] 一旦放入群体，人们显著地转变得更加慷慨。

通过修辞性优势，这一结果可以得到最好的解释；即使身处一个从自私中获利的群体中，修辞性优势也不赞成自私。如果一群人正在协商决定应该给一个慈善团体捐多少钱，群体很可能会比个人更加大方，原因仅仅是因为，人们不想被认为很贪婪。人们对自己的声誉的关注，以及对他们自我观感（self-conception）的关注（谁愿意承认自己是一个贪婪的人呢），起了很大作用。当然，如果独裁者博弈中的团队对那些可能从自己的慷慨中获益的人存有敌意，以上结果可能会有所改变。我们可以很容易地设想一个独裁者游戏的改编版，例如，一个相对贫困的宗教群体正在决定应该分配多少给另一个被认为是敌对的、更为富裕的宗教群体。在这个改编后的独裁者游戏中，修辞性优势会倾向于更自私的态度。

但修辞性优势是如何产生的呢？最简单的答案涉及群体规范，当然规范因时因地而有所不同。在绝大多数美国人中，在其他条件相等的情况下，目前的规范让人们倾向于严惩公司的不当行为。但我们很容易想象对美国的亚群落（公司总部？）来说，修辞性优势完全以另一种方式运行。在这样的群体中，作为社会相互作用的结果，惩罚判决可能有望降低而非增加。当然社会规范和声誉的影响是相互交织的。在现有的规范下，大多数陪审团明白，如果对那些有重大过失的公司处以很小的惩罚，这会让他们看起来很古怪。

无论如何，不难设想很多其他各种各样的情景，其中一方或者另一方具有不假思索的修辞性优势。猪湾入侵事件便是有力证明。肯尼迪总统的顾问都不想被其他人认为是软弱的。那些赞成入侵的人比那些对入侵感到不安的人具有强大的优势。的确，这种优势太强大以至于那些因入侵而不安的人们根本不敢置喙。可以思考一下关于毒贩惩罚和税制改革的争论。在当代美国政治争论中，那些主张高惩罚和低税收的人大占上风。当然变化的合理水平是有限制的，理性人都不会希望税收消失或情节轻微的毒贩在监狱度过余生。但当涉及修辞性优势时，群体协商会对个人判断的改变产生很大影响。毋庸置疑，立法行为也会受到这种机制的影响。审判庭内的许多行为，都可用类似的术语来解释。

修辞性优势是无益的或破坏性的吗？理论上说，这是一个无法回答的问题。变化必须以其优劣来评判。也许协商后更高的惩罚判决会好一些。同样，也有可能那些医生倾向于认为采取孤注一掷措施的行为是更好的，以及在群体中那些更慷慨地分配资金的决定是更好的。唯一值得注意的是这些优势存在着。如果它们是有益的，这将是一个令人惊讶的好运气。

情　感

以上的讨论一直都强调信念和信息。但是这一强调可能像是被误导的。群众心理有一些显著特征，由于这些特征，人们的正常理性似乎被剥夺了，强烈的情感也散布得极为迅速。我所强调过的愤怒，其本身便是一种强烈的情感。当愤怒和与其相关的情感被转化为群体行动，人们似乎愿意做一些他们原本自己耻于去做的事情。一个基于信念的纯认知性的解释，当群体动态在现实世界发生时，似乎疏忽了它们的某些关键特征。

强烈的情感确实是产生于群体动态，但我们应当仔细区分情感与认知。这种区别备受争议。[38]在我正在讨论的情形中，情感通常产生于信念。诚然，被群体讨论而激化的愤怒情感，并不能简单地与关于过去不当行为的信念分开。当人们分享一些不公正或残忍行为的信息时，情感就会作为一种结果而产生。有些情感，如恐惧，也许能与认知相区分，而当恐惧扩散时，如果认为所有的一切都不过是信念，未免就过于简单了。[39]但多数时候，甚至恐惧也是信息和信念的产物。强调信息和社会影响的作用，并不意味着我在贬低情感的作用。相反，强烈的情感常常是由信息和社会影响所触发的。当情感产生和蔓延时，群体极化本身通常就是潜在的原因。

更多极端，更少极端

群体极化不是一个社会恒量。它会因群体成员或其所处环境的某些特征而增加或减少，甚至消除。

极端主义先例。极端分子尤其容易极化。他们更可能改变，但可能变得更极端。当人们从一个极端立场开始并被置于一些想法相近的群体中时，他们有可能更加向他们最初的偏好倾斜。[40]关于一般性的激进主义和政治暴力的来源，这里有一个教训。而且，由于自信和极端主义之间的联系，某些个别成员的自信也扮演了重要的角色；自信的人更倾向于极化。[41]

回想一下，当人们不太确定自己是否正确时，他们会缓和自己的立场。再回想一下，在其他方面相同的情况下，自信的人们在社会讨论中更具优势。由此断定，一个倾向于极端主义且被自信的人所控制的群体，极为有可能向更极端的立场滑动。此时，隐匿的信息依然被隐匿着，群体不会真正获得他们真正需要的信息。如果极端分子经历的是扭曲的认识，这也是一个显著的原因。那些先前就极端的人将更加易于受到此处所讨论的影响。这一点对于最为明显的极端分子，也几乎是一样的。倾向于采取不寻常冒险方式的公司董事会成员亦属此类。对那些学生组织的成员，比如致力于同性恋权利或削减一所大学在以色列投入的学生组织成员，也是一样。对致力于避免或发动战争的白宫或立法机构，也是如此。

团结和情感纽带。如果群体成员认为他们本质上是一样的并高度团结，极化将会被提高。[42]一个原因就是，当人们感到自己被某些因素团结在一起时（如政治或宗教信仰），异见就会受到抑制。如果成员个体彼此认为对方是友好的、讨人喜欢的并和自己具有相似性，转变的程度和可能性将会增加。[43]如果协商群体中的成员系由情感纽带和团结一致连接，极化的可能性将会增加。这些纽带的存在减少了不同主张的数量，也强化了对决策的社会影响。显而易见的是，当群体成员被情感纽带而非对某个特别任务的关注联系在一起时，他们更容易团结在一起，犯罪的可能性就会变高——在前者的情况下，主张其他选择的意见很难找到表达的机会。因此，如果存在不那么友好的群体成员压力，人们就更加不太可能转变。强烈的"群体归属"感会影响极化的程度。同样的道理，物理空间易于减少极化；共同命运的感觉和组内的相似性有增加极化的倾向，引入一个竞争性的外部群体也会增加这一倾向。

一个有趣的实验试图探究团体意识对极化的影响。[44]在一些受试者被给出指令时，特别强调他们的成员资格（群体浸入条件）；而另一些受试者则不然（个体条件）。例如，在群体浸入条件下的群体成员被告知，他们的群体完全是由一年级心理学的学生组成的；这些学生是作为群体成员而非个人而被测试的。相关议题涉及扶持性平权行动、剧院的政府补贴、国有企业私有化和逐步淘汰核电站等。

129

研究结果令人吃惊。极化频频出现，而当群体身份被强调时，极化则大为增强。实验表明，当群体成员得到凸显时，极化极有可能发生并最为突出。

可以对比另外一个为了观察群体极化如何被抑制的实验。[45]这个实验是关于一些四人群体的创生的。根据事前测试，已经知道这些群体中，对政治议题持不同立场的双方在人数上是完全一样的——这些议题包括在公共场合吸烟是否应当被禁止，性别歧视是否已经成为历史，对成年人的材料审查是否侵犯了人的自由。判断值被记录在从 +4（强烈赞同）到 0（中立）再到 -4（强烈反对）这一区间。在一半的情况下（未分类），受试者并未意识到其群体是由两个相互反对且人数相同的子群体所组成的。另一半（进行了分类）情况下，受试者被告知他们群被截然分成两派，亦即由人数相等的两个子群体成的。他们也已经被通知群体中有谁，并被告知要围着圆桌坐下，从而可以一边一个子群体，双方面对面。

在未分类的情况下，讨论普遍地导致了双方差距急剧缩小，因此产生了意见从两个相反的反向向中间聚合（在 +4 到 -4 这一区间，平均值为 3.40）的局面。但在分类的情况下，事情大不相同。朝向中值的转移并不显著——经常是几乎没有任何转变（标度平均值为 1.68）。简而言之，群体成员资格的唤起，使得人们不太可能向对方群体所主张的方向上转移。这具有深刻意义：如果人们被告知自己因为某种成员资格而身处一个群体之中——天主教、民主党、保守派——他们将不太可能仔细聆听那些不属于这一群体的声音。

退出。随着时光流逝，群体极化能被加强，因为倾向温和的成员反对事情发展的方向从而离开群体。如果退出是普遍的，极端主义的倾向将会更加恶化。这个群体最终将变得更小，但群员却都更

加想法相近，也更愿意采取极端措施。在这类恶性循环中，唯一的
事实就是，群体的内部讨论将产生更多极端主义。20 世纪 60 年代美
国学生群体的运动——从相对温和的左翼思想转向激进主义甚至暴
力——在一定程度上能用这些术语解释。

因此，如果能轻易离开群体，那么群体将显示出更加极端的转
移趋势。只要拥护者留下，群体的中间成员会变得更加极端，讨论
也会越来越多地产生极端活动。使退出变得困难会防止群体萎缩，
但也保证了群体中会包括那些青睐相对温和立场的群体成员，倾向
于约束其活动走向极端。

上述观点与阿尔伯特·赫希曼（Albert Hirschman）对"退出"和 131
"呼吁"——作为对与群体和组织机构意见不一致时回应——的影响
深远的分析有清晰的联系。[46]赫希曼的分析表明当人们可以自由退出
时，人们可能倾向于直接离开而不是用他们的呼吁去实现改进。他
提供了公立学校和私立学校竞争的事例。如果公立学校变坏，人们
可能会退出而支持私立学校。这一结果会给公立学校施加压力以促
进其改善，但也会造成更加重大的"损失，亦即，那些公立学校的
会员客户如果没有私立学校这一替换选择，他们在遭受损失后会变
得更积极并有决心抵抗公立学校的恶化"。[47]当然，恶化并不是那些
未退出的人所期盼的。但这与我所强调的具有相似性：当潜在异见
者退出群体，各种极端行动将变得更为可能。然而，退出困难（例
如从家庭、宗教、部落中退出），加上巨大的社会压力，也可能减少
异见，特别是由于成员高度依赖群体成员的善意。

信息丰富的成员和事实。就一个事实性的问题，当群体中一个
或更多成员坚信他们知道正确答案时，该群体将会朝比较准确的方
向转移。[48]假如这个问题是关于 1940 年地球上有多少人，或者汉克·

阿伦（Hank Aaron）全垒打的数量是多少，或者巴黎到马德里的距离有多远。同时假设只有一个人或少数人知道正确答案。要是这样的话，对群体来说将是一个很好的机会，使群体不会极化而会向这个答案集中。原因很简单：那个坚信自己知道正确答案的人，会用确定和权威的口吻来表达看法。回想第 1 章所谈论到谢里夫的实验，群体规范是由那些自信地判定出光移动距离的实验者的搭档有效建立的。如果一个群体成员确信汉克阿伦创下了 755 记本垒打（他的确如此），其他成员并不确信，那么群体可能最终认为他有 755 记本垒打的记录。

当然，对事实达成一致意见并不是必然的。阿什的从众实验表明，社会压力会导致人类在最简单的事实问题上犯下错误。一项令人印象深刻的研究证明，多数人的压力是强大的，甚至对于那些知道事实性问题正确答案的人们也是如此。[49]有 1200 人参与了这项研究，这些人被分成了 6 人、5 人、4 人等小群体。个体成员被问一些涉及艺术、诗歌、公共舆论、地理、经济、政治等方面的正—误问题（true – false）。随后他们被要求按照群体集会，讨论问题并得出答案。占多数者在群体决策中扮演了重要角色。事实也发挥了作用，但是作用要小一些。如果群体中大部分个体给出了正确答案，在79% 的案例中，群体会转向多数。如果群体中的大部分个体给出了错误答案，在56% 的案例中，群体决策会移向错误的大多数。因此，事实的确起到了作用——79% 高于 56%，但是多数人的判定才真正起到了决定性作用。因为占据多数的人在错误的时候也有极大的影响力，群体决策的平均正确率比个体决策的正确率仅仅略高一些（66% 比 62%）。

这项研究表明，即使一些成员知道事实，但群体仍然经常犯错。

但是，在许多情况下，那些不了解情况的群体成员会犹豫不决，而那些信息丰富的成员在表达时会非常自信。这足以促使群体聚集在事实上，而不是极化。在什么能阻止极化和什么能打碎流瀑两者之间有一个联系：一个坚信其知道事实并且被认为知道事实的人。

以此而言，就能容易理解实验结果所表明的了：群体比个人更具有潜在的优势。[50]有一组有趣的实验，该实验有两项任务。第一项是统计学问题，要求受试者猜一个装有蓝色球和红色球的容器的构成情况。（这个实验涉及团队决策制定，并非测试流瀑效应；恰巧，这些天容器在经济学试验中很流行。）第二项是关于货币政策的问题，要求参与者操纵利率以控制经济的正确方向。人们被要求分别按群体和个人执行任务。两组实验的基本结果是相似的。群体要胜过个人（总的来说，他们并没有花更长时间做决定）。也许令人惊奇的是，不管是采取全体一致原则还是多数决原则，群体决策的结果并无什么不同。

这些结果如何解释？实验者并没有一个完整的解释。一个非常明显的可能性是，每个群体都包含了一个或多个强大的分析员，这些分析员能在正确的方向上引导群体。也有一些研究表明，当一个群体中有一个或两个善于解决问题的人，群体作为整体也有可能将问题解决好。但这一假设在试验中仅得到了模棱两可的支持。显而易见的是，群体的更佳决策来自于这一事实：最好的观点和主张在不同的参与者之间是广泛传播的。在此，我们称赞由亚里士多德和约翰·罗尔斯等人所支持的普遍说法，即群体在汇集信息和运转上，要比个人做的好得多。[51]

两相对峙的子群。当相关群体由两派各执一端、势均力敌的子群组成时，将会更易于去极端化而非极化。[52]因此，如果将那些起初

133

赞成谨慎的人和起初喜欢冒险的人放在一起，群体决定将移向中间。假设在一个由6人组成的群体中，这6人包含了两个子群（3人一个子群），这两个子群各执一端；讨论的结果将会促使行动向中心移动。[53]双方都颇具说服力的主张的存在，便是原因之一。

不出意料的是，这个对势均力敌的两个子群的研究，发现了在事实含混的问题上最大程度的去极端化——例如，美国1900年的人口。研究也发现，那些的公共问题是最容易极化的——例如，死刑是否具有正当性。关乎个人品位的事情，能够去极化的相对较少——例如，喜欢篮球还是足球，或者给房间刷什么颜色。因此，长期争论的问题不太可能去极端化。对于类似问题，人们很少可能转移立场，部分原因是每个人都熟悉其中的主张，也讨论不出新的东西。

群体绩效，多样性与矛盾

共享信息的价值，是一些关于多样性、冲突与群体绩效的相关研究的首要主题。长期以来，社科文献关于群体如何以及何时做得好这一问题一直模棱不清；这表明，冲突在一些情况下是有益的，但在其他情况下又并非如此。对于冲突何时能提高而非降低绩效，也没有一个一般性的解释。[54]理论上，我们会认为冲突可能有害，原因很简单，就是它会让合作变得更困难。另外，到现在为止，也有一些主张认为冲突是有用的，因为它能提供更多“应当做什么”的信息。但新近一些令人兴奋的研究，以及关于潜在变量的更大程度上的清晰，提供了某些更宽泛的教谕。大部分研究来自于凯伦·耶恩（Karen Jehn）以及她在沃顿商学院的同事，他们得出了一些重要的结论：如果群体中，人们彼此看不惯并且耗费时间在个人冲突上，整个群体将表现得很糟糕。[55]但当潜在任务很复杂需要一定程度的创造性、异见性观点和一定程度上的矛盾时，将产生更好的效果。[56]

　　首先，值得关注的是，多样性在许多不同的维度上起作用。[57]一个群体可能具有人口统计意义上的多样性，比如人种、年龄以及族群，还有男女混合等许多方面。或者，另外一个群体可能在价值观方面不同，对群体应当做什么持不同意见。或者，还有一个群体可能在信息方面不同，其成员个体对手头需要作出的决定掌握了一系列的不同的事实。（当然，价值观的多样性可能与信息的多样性相关联，因为价值观通常是信息的产物，而信息时常有助于产生价值观。）这些种类各异的多样性无需重叠。一个在价值观方面有许多差异的群体有可能在人口统计学上是一致的。一个在人口统计学上多元的群体可能在价值观和信息上差别很小。对于给定任务的有效执行，信息的多样性似乎是关键变量。[58]耶恩发现如果群体成员对于达成一致意见施加压力，他们会"压制那些有效地完成非常规工作所需要的创造性，因为成员会聚焦于凝聚共识而非心存创新理念"。[59]

　　正如存在不同种类的差异，也存在不同种类的矛盾。[60]群体成员可能彼此厌弃，从而面对一系列的个人关系紧张。或者，群体成员没有类似的关系紧张，但在如何组织他们的工作方面意见不一——关于具体谁应当做什么，或者关于行事中的公平与意义。如果群体成员喜欢彼此，对如何从事工作也意见一致，但在任务如何实施才最好这一实质问题上却不一致，就会产生不同的冲突。例如，投资俱乐部的参与者在对保险公司还是超级市场进行投资才有意义的问题上，会存在分歧。那些在策划战争的人，也许在是否以及何时使

135

用地面部队问题上不一致。一个重要的问题是，那些多样性和那些种类的矛盾对群体绩效是最有益的。

根据上文已探讨过的，似乎信息的多样性是最重要的变量，而关乎实质的矛盾则是最可能有帮助的。实证文献广泛支持这一说法。[61] 高剧烈度的个人冲突与糟糕表现联系在一起；如果人们因为个人敌意而斗争，他们便不大可能完成他们的任务。（一个教训：群体成员既不应当喜欢彼此太多，如果太多喜欢会抑制异见，也不应当太不喜欢彼此，如果喜欢太少会造成个人关系紧张。）整个过程中的矛盾通常也是有害的——一项有意义的研究发现，如果人们在过程中始终争论不断，他们将很少花费时间去做他们应当做的事情。[62] 相形之下，如果允许成员们自由讨论并培养关于任务实质主旨的矛盾，群体将表现突出。新的见解往往来自于群体内观点的交流。[63] 以电信公司为例，开放性讨论为多样性和矛盾的观点创造了空间，既能提高客户服务，也能更有效地利用资源。[64]

因此，目标应当是最理想的冲突，而不是尽可能多的冲突。狄恩·乔斯佛德（Dean Tjosvold）和他的同事发现"在高绩效的群体中，关于任务的矛盾开始时比较温和，在中间几周增加，在最终即将结束时逐渐缓和下来"。[65] 关键的困难在于，一些群体内的信息在最大程度上被分享，有时是因为从众效应，有时是因为个人冲突和关于做事步骤的争论。[66] 基本价值观的多样性也可能产生无益的矛盾。耶恩将她的研究发现总结如下："一个团队要有好的结果，成员应当有高度的信息多样性和较小的价值观差异。一个团队要有高的效率，成员在价值观上的差异就应当比较小。为了保持一个团队的旺盛斗志（较高的满意度，愿意坚持，专心致志），或认为自己比较出成绩，这个群体应当由那些具有较小价值观差异的人员组成。"[67] 对此我只想加一个限制条件：对一些群体而言，价值观多样性与信息多样性并不能轻易分离，丰富的结果依赖于对总体目标应当是什么的讨论。

简谈政治正确

在 20 世纪八九十年代，观察者对政治正确投入了大量关注。政治正确是一种观念，是一种美国大学和学院强加给学生的一种左翼正统思想，这种思想惩罚与之相竞争的观点，导致单调乏味的教条主义。这种现象是真实存在的，对校园讨论非常有害。在一些地方，如果学生将自己描述为共和党人，热情地谈论里根总统，反对选择堕胎的权利，批评扶持性平权行动和同性恋权利，将会冒着被人羞辱的风险。回忆一下前文曾引用的一位保守派学生的叙述："仅仅只是几个月的时间，这些不愉快的交往经历就教会了我不再随性直言而是带着虚伪的笑容四处点头称是。告诉他人我是一个基督徒或者一个保守人士，就意味着我将成为心胸狭隘者气势汹汹地恶批的靶子——被同样训斥我不包容多样性的那些'思想开明'的人所批判。"[68]我自己所在的机构，芝加哥大学法学院，欢迎保守的观点，几乎没有左翼正统思想的影子；但 1980 年代我的确在另一个法学院任教，在那个学校保守派的大声表达是被压制的。

政治正确，以一种压力的形式让人们坚持左翼思想，这已经并继续成为一些大学校园的现象。如今我们对于这一切如何发生有了更好的理解。信息性和声誉性流瀑都牵涉其中。如果绝大多数人分享同一套关于公共问题的观点——例如，赞同扶持性平权行动，赞成堕胎以及同性恋的权利——那么你有理由相信那些观点是正确的。即使你对这些看法有所怀疑，仅仅为了减少冒犯同事的风险，不在公共场合反对这些也是情理之中的事。当这些过程发生时，也就降低了校园争论中存在异见性观点的可能性。这种降低，反过来又强化了那正在其中起作用的信息流瀑与声誉流瀑。

138　　在信息流瀑和声誉信息流瀑同时存在时，群体极化也将同样发生。那些支持社会所偏好的观点的思想相近的人只彼此交谈，并导致更严重的极端主义。在很多大学校园，政治正确因而达到真正极端甚至荒谬的程度。结果就是，学生发现很难公开地表达保守甚至温和的立场，尽管这些立场为美国社会所广泛认同。

当这类过程发生在校园中时，对于虚心向学也是有破坏的。最大的受害者是那些分享普遍性正统思想的人，准确的原因就是他们自己的观点没经受住考验。但在过去的十几年里，我们不应当认为政治正确仅发生在左翼学院和大学里。无数机构，无论左翼与否，都有其自身的不同版本的政治正确。我曾在一些保守的群体中待过，这些群体对那些支持希拉里·克林顿（Hillary Clinton）和爱德华·肯尼迪（Edward M. Kennedy）的言论并没有好感。有些学院和大学则惩罚那些背离保守正统思想的人。在许多机构中，信息性和名誉性力量让学生很难批评美国，很难捍卫动物权益的理念，很难主张赞成同性恋婚姻，很难反对死刑，很难主张更为平等的收入分配会是一件好事。在一些经济院系，右翼的正统思想则大行其道，那些偏离这种正统思想的也是危乎殆哉。群体极化也在此出现。毫无疑问，其社会压力把一些学校的学生引向保守方向。

回想一下，愤怒本身会随着群体影响而生长或消失。政治正确表现多种多样，它导致了各种不同类型的愤怒的增加。当增加的愤怒导致了暴力，最危险的情况就出现了，就如 1960 年代的左翼校园。但是，当政治正确的规矩如此根深蒂固、如此广泛传播和如此想当然以至习焉不察时，另外一系列危险就出现了。

实际上，被一些保守主义评论家使用的"政治正确"这一提法，有某种令人印象深刻并在某种意义上有害的精巧。这一提法认为， 139 某些政治意识并非审慎深思的产物，而是未经思索的教条主义——不过是人云亦云的随大流而已。左翼政治正确现象是真实的，也是一个真实的问题。但用这一术语去抹黑某些想法和理念本身，也算得上是一种强加信息性和声誉性压力的精明之举。讽刺的是，那些提到政治正确就谴责其在校园中存在的人，他们本身就是某种隐晦的不明形式的政治正确的参与者。他们同样会参与群体极化，把彼此都搅进对当代大学生活的极端夸张的描述之中；在这样做的同时，他们还在为自己的独立与勇敢弹冠相庆。

群体思维和群体极化

我们现在可以评价群体思维了，这是一个在 1970 年代和 1980 年代被广泛讨论的概念，它与我在本书中讨论的问题直接相关。这一概念由欧文·詹尼斯（Irving Janis）提出，用于分析那些一定会导致社会失误甚至大灾难的决策过程。[69]詹尼斯的术语直接并有意识地吸收了乔治·奥威尔《1984》中的思想，尤其是奥威尔的术语"（同时接受两种相矛盾观念的）双重思维（doublethink）"。简而言之，詹尼斯意指的就是，某些群体压制异见，对共识的重视超过了准确性，未能检视替代性方案和结果，因此以惨败而告终。詹尼斯主张决策程序必须"慎之又慎",其意义就在于,它能确保给予替代行动方案和与这些方案相关的风险更多、更仔细的关注。

为了支撑他的观点,他援引了一系列真实的决策。总统约翰逊和他的幕僚在 1964～1967 年升级越南战争,就是由于相关群体扼杀异见,寻求一致同意,以及对结果考虑不周详。群体思维概念也被用来分析以下事件:如水门事件,内维尔·张伯伦(Neville Chamberlain)对希特勒的绥靖政策,福特汽车对埃德塞尔(Edsel)汽车的营销,美国国家航空和航天局在不宜气候下发射"挑战者",1941 年纳粹德国对苏联的入侵,格兰泰(Gruenenthal Chemie)制药公司在知道沙利窦(thalidomide,标准名为酞胺哌啶酮)会造成新生儿畸形后还销售此药等。[70]在詹尼斯看来,群体思维造成决策失误有几个原因:未全面考量替代方案和目标;未能认真检视优先选择方案存在的风险;信息搜集不足;信息处理中选择性偏见;未能评估替代选择。[71]

在詹尼斯看来,群体思维具有几类症状,包括心胸狭隘(集体"合理化"的努力,以拒绝考虑那些会导致再议的警告和信息);将敌对方的观点模式化,要么太过将其视为邪恶以至于不能进行任何妥协的努力,要么"过于脆弱和愚蠢以至于不足以抵挡"群体的冒险选择。[72]许多组织易受群体思维的影响,从而迫使其成员达成全体一致和自我审查。当群体成员将自己的怀疑和相反观点的重要性降到最低时,自我审查就给他们一种全体一致的错觉。这种错觉就是由对那些反对群体的框框、错觉和固执的人施加直接压力而导致的。

詹尼斯认为群体思维有一系列可以找出来的原因。第一个,也是最重要的,就是粘结性(cohesiveness);缺少这种品质的群体不大可能出现决策失误的症状。但群体思维还需要额外条件。这些条件包括:决策群体的封闭,这减少了接受外部专家意见和批判性评估的机会；缺少公正无私领导的传统，这意味着领导人不会鼓励公开咨询和提出意见；缺乏提升良好的决策的程序；就成员而言，具有同类社会背景和意识形态。 141

詹尼斯认为，对群体思维的弥补需要对信息的谨慎处理。[73]领导人应通过优先考虑反对和质疑意见，来鼓励批判性评价。为了促进观点的多样性，应由不同的领导来组织决策规划和评估组来对同一问题进行研究处理。群体成员应当被赋予吹毛求疵的唱反调角色，并带来新的视角。那些没有直接参与当前正被处理的问题的外界专家和资深人士，应鼓励他们去挑战流行的教条。在支持这些观点时，詹尼斯提出，在一些成功的决策中，群体思维是被克服的。这些决策包括肯尼迪政府和平解决古巴导弹危机，以及杜鲁门政府在第二次世界大战后重建欧洲的马歇尔计划。

我认为，詹尼斯所列举的许多事例最好看作是对群体极化的个案研究。这些群体中，人们坚持了其最初的倾向并更加趋向极端，隐匿的信息仍然被隐匿着。詹尼斯对自我审查的强调，为社会压力所强化了，而且强调领导的重要角色，认为他们的观点比其他成员的重要得多。如果一个领导人不鼓励异见而是倾向于一个明确的结论，那么整个群体就非常可能也转向那个结论。

但不幸的是，詹尼斯未提出任何能接受检验的假设。对群体思维的经验研究已产生了形形色色的结论，对詹尼斯观点的争论也正如火如荼。[74]多数争论源于对他认定的症状和描述的政策失败两者之间关系的不确定。批评者指出："对群体思维假定特性的支持源于趣闻、随机观察、直觉认识，而不是严谨的研究。"[75]一项对美国7个著名公司（包括克莱斯勒、可口可乐、美国哥伦比亚广播公司等）的成功和不成功决策的悉心研究，试图检验这些公司是否展现出了群 142

体思维；以及，如果是的话，决策未达成是否与其相关。[76]为了支持詹尼斯的主张，作者们的确发现了群体决策过程和成功可能性之间的强关联。当信息得到好的处理时，公司更有可能做出好的决策。另外，成功的群体展现了群体思维的一些特征。实际上，那些群体有非常强势的领导人，这些领导试图说服其他人相信自己是正确的。只要他们创造了"专制邪教"（absolutist cults）——也即一个将权力集中在一人身上的组织，领导就会犯错。[77]这样的集权化，比任何其他的因素都更容易导致失败的结果。

这一研究以及许多其他研究发现了一些支持群体思维模型的方面，但不完全。[78]一项对詹尼斯自己提出的案例进行的系统探究发现，群体思维与失败之间的确有着非常典型的联系。[79]特别是，研究发现决策失误和群体结构性缺陷有非常强的相关性，这些相关性包括封闭和同质性。然而，粘结性似乎不是问题所在。当群体由朋友而非陌生人，或者曾经一起工作过的人，或者被贴上同一标签的成员组成时，并没有比其他群体表现出更多的自我审查；这种紧密团结的群体是否导致做出更坏的决策，根本就无法得出清晰的答案。[80]如果成员彼此信任并且分享一些关于信息披露与异见的规范，则他们会比陌生人组成的群体更少进行自我审查；因为在陌生群体中，人们可能害怕异见会产生严重的摩擦。但詹尼斯的一些其他观点还算正确。与那些不封闭的群体相比，封闭的群体更少考虑其他选择并导致做出糟糕的决定。[81]同样只支持詹尼斯主张的是，那些不光强势还具有高度指示性的领导，很少考虑提到选择，利用信息更少，且压制不同意见的群体，通常会表现出更糟糕的决策过程。[82]许多研究还发现，与好的决策过程相比，照詹尼斯的标准看来，不好的决策过143程产生了较少的争论和更坏的决策。[83]

群体思维和群体极化两者存在何种关系？最明显的一点就是，群体极化提供了一个可被测试的简单的、清晰的预测：经过协商，群体通常从他们协商前就持有的倾向走到一个更加极端的程度。群体思维的概念则更为复杂和难以厘清，没有任何简单的预测可被检验。源于真实世界的例子，詹尼斯概括了一系列关于群体何时更有可能犯错的观点。这一概括具有启发性和益处，但就何种群体特征会导致大错和大灾难而言，他没有提供明确解释。

这一问题有助于解释关于群体思维概念的争议。但詹尼斯的基本观点是正确的：如果群体内的不同意见受到压制，那么群体就很可能做得糟糕。群体思维也是一个认识扭曲的故事。如果我们要为典型的错误行为寻求一个简单解释，那么我之前所讨论的机制便提供了适当的基础。群体极化则为肯尼迪总统在猪湾事件的失败、约翰逊总统对越南战争的升级，以及尼克松总统在水门事件中的行为提供了一个简单解释。在上述每个例子中，总统身边的那群幕僚最终都是从他们最初所秉持的立场，走到一个更极端地步。这种灾难如何避免？答案明显在于好的机制，即能够使得隐匿的信息被揭露、不同见解被鼓励、替代性方案被提出的机制。正如我们如今所看到的，美国宪法制定者对这一点有着清晰的理解。 144

7

制宪者的最伟大贡献

我对从众、流瀑以及群体极化等社会影响的讨论暂告一段落。我们已经看到，作为这些影响的结果，重大损失的可能性在很大程度上取决于社会规范及其制度的选择。想法相近的人易走极端，但政治生活可以被建构得让人们接触到许多观点。是否也能安排出一些这样的组织和制度，人们在其中能够畅所欲言？

在本章中，我认为美国建国者最大的贡献在于他们所设计的一套制度体系，从而能够使得政府可以包容多种多样的观点。在建国阶段，人们目睹了关于共和体制本质的重大争论，尤其是孟德斯鸠的遗产。孟德斯鸠深得所有各方的尊敬，是发展权力分立理念的核心人物。反联邦主义者，也即拟议中的宪法的雄辩反对者，抱怨制宪者试图建立一个强大中央政府的努力违背了孟德斯鸠，这一政府不可能适合于美国的多样性。在围绕宪法是否应当被批准的辩论中，许多反联邦主义者在其公开发表的作品中敦促道：一个共和国只有处于由志同道合的人组成的同质性地域才会蓬勃发展。一个格外能说会道的反联邦主义者以"布鲁图斯"为笔名，以向那些为防止恺撒推翻罗马共和国而参加刺杀恺撒的罗马共和主义者致敬。布鲁图斯为共和传统鼓与呼，他告诉美国人民："在一个共和国，人们的礼仪、情感以及利益应当相似。如若不然，将会时常有意见冲突；一部分人的代表会不断地反抗另一方。"[1]

宪法的拥护者认为布鲁图斯开倒车。他们欢迎多样性和"时常的意见碰撞"。他们坚定地追求一个环境，其中"一方的代表会不断对抗另一方"。亚历山大·汉密尔顿（Alexander Hamilton）对这一点的阐发最为清晰，他坚持认为："不同的观点，政府立法机构内各方的冲突……常常促进协商和谨慎；这有利于制约多数人的专权。"[2]

我将就此探讨宪法的几个方面，尤其强调关注从众、流瀑、群体极化所产生的危险。但我会从对异见在民主体制中的作用及其对严重社会错误的防止开始。

异见、战争与灾难

卢瑟·古利克（Luther Gulick）在二战期间曾担任罗斯福政府的高级官员。1948 年盟军胜利不久之后，古利克发表了一系列演说，标题是毫无创意的《从二战反思行政管理》（*Administrative Reflections from World War II*），这些演讲通过沉闷的细节提供了一系列对官僚科层体制和行政改革的观察。[3]在简明扼要而又毫不枯燥的结语中，古利克打算将民主国家的作战能力与其法西斯对手进行比较。

古利克从德国和日本的领导者对美国最初的评价开始，那个评价是"不谄媚的"。[4]在他们眼中，我们"不能快速或有效地采取国家行动，甚至在我们的防御中也是如此，因为在民主政体下，各唱各的调、各吹各的号地把社会分裂了，同时，相互冲突的私人利益也使资本主义变得僵化"。我们的对手说我们不能战斗。而独裁政体似乎确有优势。他们没有拖沓、惰性、尖锐的内部分裂。他们不需要

146

应对与大量公民相互冲突的意见相伴随的偏见，这些公民受教育程度低、理解力也不好。独裁政体还可以依赖单一领导人与整合的等级制度，这使得促进民族团结和热情变得更容易，可避免来自享有自由公民的惊恐和倒戈，从而能够精力旺盛地行动，迅速处理任务。然而，这些关于极权政体好处的言论最终被证明为不过是一种臆造。

美国及其同盟国比德国、意大利、日本表现的好得多。古利克将他们的优势直接与民主本身相联系。他特别强调"这种评论和批评只有民主政体能提供"。[5]在极权政体下，计划"被一小群信息丰富但有偏私的人秘密制定，随后由独裁当局实施"。[6]这些计划可能存在致命缺陷。相较之下，一个民主政体允许广泛的批评和争论，因此能够避免"许多不幸"。[7]在一个极权体制下，批评和建议既不被需要也不被重视。"即使领导人倾向于相信他们自己的宣传。所有的权力和信息流都是自上而下"，因此当需要改变时，最高指挥官几乎不可能意识到这种需要。这是对行动中的群体思维的一种描述。相比之下，在一个民主政体中，"一旦一个计划投入运行，公众和报刊将毫不犹豫地观察和批评失败的第一个证据"。[8]信息通过公众舆论在政府间流动——从最低层次到最高层次。

带着忧愁和惊奇的交织之情，古利克注意到，相较于德国、日本和意大利，美国及其同盟国没那么团结。"全世界男人过群体生活的社会冲动在大多数时候都是显而易见的，这一冲动使男人在面对同样一些真实的或想象的威胁时，在群体忠诚方面的反应也是相同的。"[9]德国和日本领导人自上而下鼓舞人民的斗志的确是管用的。独裁政权在战争中的失败，并非因忠诚度低或公众不信任，而是缺乏来自民主过程中的监督和纠正。（萨达姆·侯赛因的军事失败就是最近发生的最好的事例，尽管萨达姆还遭受了内部的背信弃义。）

古利克指出，只有当挑战经常性地发生、人们不再抑制自己的想法、信息能自由流通的时候，制度才会运行得更好。当然，古利克就一系列特殊事件提供了自己的解释，我们不见得真的知道战争的胜利在多大程度上是民主制度的产物。但古利克的主张整体上，也包含了很多正确的成分。如果机制能够使领袖服从于批判性审视，使行动步骤接受来自外界的持续监督与审查——一言以蔽之，利用多样性和异见来减少社会影响所导致的出错风险，那么这些机制就大大可能会成功。

古利克对公开争论的价值的强调，为社会科学过去半个世纪以来最突出的研究所强化了：在世界历史上，没有一个拥有民主选举和出版自由的社会曾经历过饥荒。正如诺贝尔奖获得者阿玛蒂亚·森（Amartya Sen）所表明的，饥荒不只是食物稀缺，更是社会对食物稀缺的反应的产物。[10]如果一个国家下定决心要阻止大饥荒，那么即使拥有最低限度的资源，大饥荒也不会发生。一个独裁政府可能缺乏意愿或信息来防止成千上万人的死亡。但是一个被人民和新闻界所审视的民主政府，会采取所有合理手段来阻止这一灾难，哪怕这样做仅仅是为了留任。同时，一个自由的社会在面对饥荒威胁时，在每个阶段都会掌握关于正在出现的问题的实质，以及当前措施与以后可能应对的措施的效果。如果饥荒救济计划（用古利克的话来说）"被一小群信息丰富但有偏私的人秘密制订，随后由独裁当局实施"，那么饥荒就更有可能发生。在一个自由的社会，一些异见者和不满者会指出，一场饥荒即将来临。如果他们抛出证据，领导将不得不对大灾难的风险做出回应。

阿玛蒂亚·森的发现是对民主国家每天发生事情的生动提醒。多样性、开放性以及不同意见，会在问题刚刚产生时就将它暴露出

148

来。他们提升了社会信息池（pool of information），使严重问题得以解决。我不否认，与任何其他地方一样，民主国家也能发生苦难。仅仅依靠公民自由，并不能确保那些苦难被最大限度地消除。其中一个原因在于政治权力的分配不公，这降低了重要信息真正被官方掌握的可能性，以及得到信息的官员有适当的激励去应对苦难。但至少可以说，那些允许异见存在并且不强求从众的社会，将有更好的机会认识到严重的社会问题并进行矫正。

或者可以考虑一下，由于被捏造的内部阴谋而发动的群众性政治迫害运动。政治迫害通常是被有抱负的、真实的公职人员指挥的。也可能被一些私营部门的人执行，为了在社会中"清洗掉"所意识到的威胁。正如美国麦卡锡时期所展现的，政治迫害远非不可能出现在民主国家。我们已经看到，流瀑和群体极化在自由社会中发生；包括麦卡锡主义在内，政治迫害因这些社会影响而成为可能。但是，在一个异见者能够披露自己的发现，并且能够对任何关于同胞不忠诚的指控给予审视的体制中，政治迫害出现的可能性要小得多。[11] 如果公民自由得到坚定的保护，如果信息能被允许自由流通，那么怀疑主义者就能够确认所谓内部阴谋的子虚乌有。

宪法争论与共和构思

这些观点与美国宪法的设计大为相关。首先，宪法试图构建的是协商民主，即一种能把对人民负责和权衡反思与理由说明的安排两者相结合的体制。[12] 在过去的几十年里，很多人讨论过制宪者对协商民主的抱负。他们的目标表明，完善的民主制度并不仅仅通过选举来响应群众，还在于公共领域中理由的交换。在一个协商民主的国家，公共权力的行使必须具有正当性——不仅仅是根据社会某个部分的意志，也不仅仅是根据多数人的意愿。

宪法的支持者和反对者都坚定地致力于政治协商。他们也把自己看作"共和主义者"，致力于高度的自治，并且不接受纯粹的民粹主义。但协商民主有不同的形式。制宪者的最大创新不在于他们对协商的强调，这在那时候是没有争议的；而在于他们对同质性的怀疑，对不一致和多样性的热爱，以及为那种多样性而进行的协调与结构安排。在建国初期，整个国家的很大一部分探讨聚焦在一个拥有异质性公民的国家建立共和形式政府的可能性上。

反联邦主义者，拟议中宪法的反对者，认为建立那样的政体是不可能的。布鲁图斯以及其他反联邦党人坚信人们"应该相似"，害 怕缺乏相似性"会存在经常性的观点冲突"。制宪者欢迎这种观点冲突，并认为"各方碰撞"会"促进协商和审慎"。正如制宪者强调的，当想法相近的人被与他人隔离开来而封闭，并仅仅在他们内部协商的话，将导致普遍的错误。在他们看来，观点的异质性具有创造性的力量。一部确保"各方碰撞"和"观点不同"的宪法，能够成为反对不正当的极端主义和无根无据的思潮运动的盾牌。

一个相似的观点来自于早期最具启发性的争论之一，这一观点提出的问题是，权利法案是否应当包括"指示代表权利"。那些赞同该权利的人认为，特定地区应当有权要求他们的代表根据该地区公民的观点来投票。作为一种提升代议制政治问责性的方式，这个主张看似有理，而且长期以来似乎都是这样认为的。事实上，我怀疑如今的美国人与任何其他地方的人一样会赞成"指示代表权利"。难道代表不应该按照其选民的意愿来行事吗？但这一观点存在问题，

150

尤其是在那些政治利益与地理位置紧密相连的时代。某一地区的公民，受到彼此观点的影响，极有可能最后得出的观点站不住脚；而作为他们自己封闭而狭隘的岛国心态的结果，也将会导致流瀑效应与群体极化。在反对指示代表的权利上，罗杰·谢尔曼（Roger Sherman）提出了坚定的主张：

> 通过传达一种他们有权控制立法机关的辩论的理念，（拟议中的修正案）的措辞被精心设计的意在误导人民。这不能被认为是正当的，因为它将摧毁他们会议的目标。我认为，当人们选出了一个代表之后，会见合众国不同地区的不同人是他的责任，并且应该咨询他们，与他们在那些符合整个群体一般利益的行为上达成一致。如果他们被指令所指导，那么协商将无用武之地。[13]

151

谢尔曼的主张反映了建国者对人民之间协商的一般性接受，这些人具有多样性，而且在无论或大或小的很多议题上看法并不一致。的确，正是通过这些人的协商，"符合整个群体一般利益的行为"才得以出现。就此而论，我们更感激制宪者对共和制度以及民选官员之间的协商的偏好超过了一个更加民粹主义的体制；在这一民粹主义体制中，民众的愿望很少被代表筛选。在大多数时候，公民愿望也许不过是流瀑效应或极化的产物。当然，共和制度也有自己的危险，而且制宪者对代表之间的协商也许过于乐观了。但如果我们能够看到，他们希望他们的构想能同时保护政府避免不正当的激情并确保政府中有更大程度上的多样性，就会更好地理解他们对共和体制的热情。他们希望通过一种方式来构建公共讨论，从而确保更好的决策。

宪法设计

尤其是，宪法机制反映了对从众、流瀑效应和极化的担忧，创设一套检视机制来避免这些过程中所产生的未经深思的判断。最好的例子就是两院制。两院制立法机关的理念是用以防止一院被短暂的激情甚至群体极化所覆盖——在制宪者看来，一院就是众议院。这点是由亚历山大·汉密尔顿在赞成立法机关内的"各方碰撞"时提出来的。在詹姆斯·威尔逊（James Wilson）这一时期关于法律的伟大演讲中，多次提及两院制这一术语。他援引了"一些例子，在这些例子中，人们成了激情的悲惨受害者，毫无顾忌地对政府指手画脚"，从而明白"单一立法机关"会导致"突然与暴烈的独裁、不公与暴虐"。[14]

诚然，社会压力在两院中能够产生也的确产生了互补性流瀑。一个流瀑能跨越分离参议院和众议院的边界。这种跨域时有发生。但两个协商机构的不同组成和文化可以防止不正当的流瀑。在建国初期，就这一点而言参议院被认为尤其重要。可以考虑一个广泛流传的故事，从法国归来的托马斯·杰斐逊（Thomas Jefferson）拜访了乔治·华盛顿，在早餐桌上解释为何会同意上议院。"为什么，"华盛顿问道，"你把咖啡倒在你的碟子里了吗？""让它冷一下，"杰斐逊道。"尽管如此，"华盛顿说道，"我们把众议院立法放到参议院中以使其冷下来。"[15]对于那些认为总统除非到任，否则很少在任中被赶下台的人而言，这种"冷却"功能尤其重要。众议院公然违宪弹劾总统克林顿——在很大程度上是群体极化造成的。在参议院中遇到了冷静的头脑，他们拒绝认为克林顿有罪。在许多不那么戏剧化的语境下，一方拒绝另一方所接受的欠考虑的立法，或者一方基于更大程度上的理智和理性，修改了另一方的法案。

我们能够理解这个以监督与制衡来统称的体制的关键方面。国会将立法呈给总统的义务，防止了立法机构内部的流瀑效应。[16]总统否决权弥补了国会两院制，进一步降低了轻率决策或不妥当的立法。而总统自己不能立法，必须依赖国会授权的事实，为避免行政机关内部由群体极化带来灾难性影响提供了关键的防御机制。（对照独裁政体和专制政体，其将政治权力赋予单一政府部门很容易造成怪诞的错误，其原因部分是由于极化。）而且，没有立法机构的最早立法以及行政机构的随后执法两者合作，法律就无法对公民不利，这一制度进一步防止了压制。

联邦制本身——按照联邦政府和州政府的规定——过去是，现在依然是多样化的引擎，以各种各样分别对相互分离的区域负责的主权的形式，创造了"断路器"。在联邦制下，社会影响可能会在一些州导致错误，这些州也必定会陷入流瀑。然而，分权体制的存在对错误的扩散起到了监督作用。这一过程中一个尤其重要的部分，是个体公民的退出权。如果一个州压制其公民，则他们有离开的自由。正是这种自由，在事前就阻止了压迫性立法，同时也形成了一种事后保证。从这个意义上讲，从一个主权州迁移到另一个州是首要的政治权利。各州之间的竞争，阻止了不好的流瀑从一州传到另一州。而如果某种形式的群体极化在一个州发生，联邦制确保了其他州会有不同看法。在这里，我们也可以发现对自由的保障。

宪法的制定者强调了所有这些问题，当然也强调其他问题。他们认为州政府和联邦政府能彼此制衡，从而提供一种能够完善分权制衡机制的保护。如果某些州的行为不合理或不正义，则联邦政府有法定权力作出回应。如果联邦政府行为不公义，则州政府能够抗议并且也许还可以提供某些纠正行动。例如，如果联邦政府在环境 154 保护或改善穷人生活方面无所作为，那么州政府可以弥补这一懈怠。事实上，自 1990 年以来，这一直是美国政府的模式。

除违宪审查之外，司法权本身也可以用相关术语来理解。可以考虑一下汉密尔顿的言论:[17]

它并不是要违反宪法，只是，法官的独立是保卫社会抵御偶发的不良风气影响的根本性因素。通过不正当或不公平的法律，这些不良风气仅仅会损及特定群体公民的私人权利。在这里，法官的刚正不阿对于减轻痛苦和限制此等不公正法律的施行，起到极为重大的作用。它不仅仅可以减轻那些已经通过的法律的正在发生的祸害，也可以在立法机关通过这些法律时构成一种监督。立法机关如果意识到其不良企图，会由于法院可以预见的审慎而受到阻碍，那么也将不得不以缓和那不义的动机的方式，去证明他们的企图是对的。

对群体影响的理解，也会使得美国宪法中最重要和最具争议的条款——也即授予国会宣战权，而不是美国总统——的深刻含义显现出来。[18]在制宪时期，这一争论暗示了对两种危险的担忧:总统在没有公民的充分授权下发动战争，而且他也可能在没有经过与各种不同的人进行充分讨论和充分考虑的情况下这样做。因此，美国南卡罗来纳州的查尔斯·平克尼（Charles Pinkney）认为，参议院"将成为最好的托付对象，因为其熟悉外国事务，并有能力做出正确决定。"[19]相比之下，来自同一个州的另一位代表皮尔斯·巴特勒（Peirce Butler）力争授予总统宣战权，他认为总统"拥有所有必备的条件，他也不会在国民不支持的时候发动战争"。[20]麦迪逊（Madison）和

155 埃尔布里奇·格里（Elbridge Gerry）做出了关键的妥协，建议国会应拥有"宣战权"。这一规定被理解为允许总统"抵御突然袭击"。[21]但是，从另一方面来说，总统需征得国会同意，这在理论上（用梅森的话讲）相当于"阻止而非促进战争"以及"促进和平"。[22]

如果宣战被看作是一个特别严重的行为，那么我们可能会为允许总统自己发动战争而担忧。这一点也不是因为总统能免于政治权力的监督，而是因为行政机关内部的群体动态会造成极化的风险，正如想法相近的人会把彼此推向站不住脚的极端，而隐匿的信息仍然被隐匿着。国会授权的要求保证了来自另一机构的制衡，这个机构有着不同的声音和对应行政分支的独立自主。这并不能永远保险，但其结果是提高了这样一种可能性：当国家走向战争时，它有着良好的和充分的理由。

结社和隐私

当然，宪法对言论自由的明确保护以及对结社自由的潜在保障，有助于为多样性和异见提供空间。我在第 5 章里谈论过这些问题；当前应该注意的是，如果群体影响一直被重视，在某些情况下，国家将会有正当的理由将不同观点引入某些领域，否则这些领域将会为想法相近的人所充斥。原因很简单，就是为了减少错误和混乱的危险。如果现代科技允许人们物以类聚、人以群分，将他们自己投入到某些意气相投的社区，则公民就可能变得与其他不同的观点相隔绝。或许政府应该有权对此作出回应。当然，政府对此的任何努力，都将招致第一修正案本身所带来的麻烦。[23]

结社自由呈现出了一些重大的复杂性。对群体极化的理解表明，156
结社自由能产生非常麻烦的风险，原因在于：首先，根据社会互动
规律，想法相近的人们可能会不理性地走向一个极端。其次，作为
"极化游戏"的结果，社会可能变得碎片化，那些由想法相近的人组
成的群体——一开始存在差异，但彼此之间并不存在严重的差异
——会愈发促使其成员采取更加不同的立场。最初，观点上存在的
细微差异可能会通过社会相互影响被放大成更大的差异。事实上，
这一过程似乎每天都会发生，那些对一个或另一个方向持温和立场
的群体，由于人们仅仅与他们所同意的人谈论，从而最终将走向更
尖锐的不同。

但是，这一令人担忧的过程确有一个大的好处：它可以增加社
会争论的总量。如果人们被分成无数群体，大量的观点和看法将会
产生。这一增加可能导致更明智的政策和法律。如果一个社会包含
了数不清的群体，每一群体都有内部协商过程，则无数的观点和看
法就会涌现。

一个包含（及其他很多人）环保人士、宗教原教旨主义者、主
张自由市场的自由主义者、动物权利活动家以及平等主义者的国家，
很可能会得益于这一过程。同时，结社自由有利于抵消信息性和声
誉性影响，这些影响通常让人们不能公开自己所掌握的信息、偏好
和价值观。通过允许大量差异存在于群体中，施加相当不同的压力，
结社自由能增加重要信息被揭露并最终传播的可能性。不幸的是，
这也存在弊端。一个碎片化的体制同时也增加了相互猜疑、误解甚
至憎恨。

如果我们将其看作是允许人们免于声誉压力的话，则隐私权本
身就是具有启发性的。例如，如果人们被允许在自己私密的家中阅 157

读任何想看的书，或者可以做任何在公共场合为法律或规范禁止，但私下做却得到法律保护的事情。或者，假如法律对那些发生在某种隐秘场所中的行为提供保护，以防止公众观察，那么果真如此的话，隐私权会减小或消除那种实际的或被认为的由他人观点所施加的压力。正如我们已经看到的，事情还有不好的一面：如果某些行为只在私下发生，多重无知（pluralistic ignorance）便会继续存在。在不知道同胞们想什么的情况下，人们可能会继续肯定或不公开否定——那些他们实际上并不赞成的社会规范。例如，如果同性恋亲密行为被允许寻求庇护，那么就会出现反对压制的某些形式的保护。问题是，同性恋的程度以及男女同性恋的真实经历可能不会为许多人或绝大多数人所知。我不打算在此解决这一问题。我的核心意思是：隐私权有助于人们远离从众。

小圈子协商和被压制的声音

到目前为止，我们已经探讨过异质性的潜在危害，以及由想法相近的人构成的群体所组成的相互协商的"小圈子"，潜在具有的值得期待的后果。对于由形形色色的人所组成的异质性机构而言，机构里那些在群体中地位低的成员通常保持沉默，因此，这样的异质性机构中，协商易于被地位高的人控制。[24]在这种情况下，有必要为那些少数群体的成员或政治上处于劣势地位的群体创造讨论问题的私人空间。这种空间对于民主政治本身非常关键。

几年前，我在北京有过这样的经历。我在一个班上讲性别平等和女权主义，这是一个由大约 40 位接受过高等教育的男女组成的班

级。在大约两个小时的课程中，只有男性发言。几乎他们所有人都 158
对女权主义抱有敌视态度。没有一个女性发言。在私下讨论中，室
内的女性有强烈的女权主义认同，认为中国并没有很好地促进性别
平等，并且正如美国法学院那样，赞同女权主义主张的一些基本旨
向。这些立场出现在一些小群体中，她们于大群体中谈论甚少，至
少当许多男性在场时情况如此。不过，要求性别平等的主张逐渐开
始在中国社会发挥作用。

这个故事仅仅发生在中国吗？当然不是。在美国、加拿大和欧
洲，也有很多地方其社会压力让女性不愿意发言。在某些环境下，
包括非裔美国人和宗教保守派在内，许多其他群体的成员也出现了
同样的情况。一般而言，这种沉默对群体成员和公众都造成了严重
危害。回到我的主题：沉默剥夺了社会需要拥有的信息。就此而论，
我们所谓的**小圈子协商**的独特好处在于，它使得那些在一般争论中
被无视或被压制的立场得以展现出来。通过这一方法，很多社会运
动成为可能；试想一下民权运动、里根主义、残疾人运动、州权诉
求、宗教原教旨主义、环保主义、枪支管制和反对枪支管制。被边
缘化的群体反对外人的努力，甚至政党将其初选限定在党员中的努
力，有时都可以用类似的术语来理解和证成。即使群体极化在起作
用——也许就是**因为**群体极化在起作用——小圈子也都能提供许多
社会好处，特别是小圈子丰富了可获得的事实和争论的数量。当这
些群体成员最终在更异质性的群体发言时，他们通常很大程度上变
得更清晰和更自信。作为结果，社会比它之前所知道的更多。 159

上文已经提及，在协商机构中，地位高的成员比地位低的成员
更倾向于主动沟通，他们的观念也会更具有影响力，部分原因是地
位低的成员对自己的能力缺乏自信，也因为他们害怕被惩罚。[25]例如，

女性的观点有时在男女都有的混合性别群体中更不具有影响力。[26]一般情况下，文化上的少数者对文化混合性群体在做决定时所产生的影响低得不成比例。[27]在这些情况下，提倡小圈子协商是非常有意义的，在这些小圈子中，更多群体的成员能彼此交谈并提出自己的观点。

但是，这种小圈子也造成了一个严重的危险。危险就是由于流瀑效应和群体极化，成员会转向这样的立场：这种立场不具有什么优势，却是特定情况下的小圈子协商的可预见结果。在极端情况下，小圈子协商会置社会稳定于危险之中。理论上讲，我们无法说，那些将自己归类于某些小圈子的人通常会向有利于全社会甚至其成员的立场转移。而相反的例子也时时在脑海中浮现：纳粹主义、仇恨群体、恐怖团伙以及各种邪教。

对于小圈子协商带来的危险并无简单的解决之道。有时，对社会稳定性的威胁是有益的。正如托马斯·杰斐逊（Thomas Jefferson）写道，动乱可以"产生好的结果。它防止政府退化，并促成其对……公共事务的关心。我认为……时不时发生的小叛乱有时是一件好事"。[28]单方面的动乱，在未掌握其背后真相的时候——是什么把小圈子隔绝在社会之外的，很难对任何小圈子协商作出评价。请再次注意，群体极化本身并无害处：如果人们在表达之后更加愤怒，如果惩罚性损害赔偿金增加，或者如果最终对起初的立场更加坚定，那么并没有什么不妥。在无从得知新的立场是更好还是更坏的情况下，我们不能从观点上谴责那些运动。

然而，从制度设计的角度来看，问题是小圈子协商将确保大范围群体中的群体极化——有些是追求公正所必需的，其他一些则具有潜在的极大危险。就此而论，我们应该重新审视埃德蒙·柏克

（Edmund Burke）的代表性观念，他反对"地方性目的"和"地方性偏见"，赞成"整体的普遍性理由"。[29]柏克希望议员们追求整体的善好，而不只是关注某些特定群体的利益。他的这种观点并不是偶尔的保守；而是**根本**上的保守。原因就是，在一个异质性的会议中，"地方性目的"和"地方性偏见"的浸入会不可避免地削弱群体的决心；尤其是极端分子和激进群体，他们仅仅进行的内部协商会产生更高程度上的极化。

以同样的语调，詹姆斯·麦迪逊（James Madison）——出于其对群众激情所导致的"纸币滥发、债务的废除、财产的平均分配，或者其他不正当或邪恶的目的"的恐惧——他会自然而然地被柏克的代议制思想吸引，支持大选区和长任期来对抗群体极化的力量。[30]对照其他人的观点，这些人相信当前现状包含了太多不公平，因此值得去冒引发不同群体极化的风险。这类人会，或者应该会被一种制度所吸引，这种制度提倡狭隘的小圈子协商。

然而哪怕他们是对的，除非其成员最终与其他人有了联系，否则小圈子协商是不可能发生改变的。在民主社会，最好的途径是确保任何这种封闭的小圈子不会被与他们相竞争的不同观点隔离开来；确保在每个问题上，这些封闭小圈子的成员都与那些不认同他们的人交流观点。正是一种完全的或接近于完全的自我封闭，而非上述群体协商，表现出了严重的危险，而且这些危险通常是极其不幸的（有时是致命的）极端主义和边缘化的结合。

161

群体代表制一瞥

一些人主张比例代表制。[31]他们想确保在治理机构中，无论是人口学意义上的群体还是政治立场，都能根据他们的人口百分比而被代表。作为确保政府中保持各种各样广泛的观念的一种努力，这些言论是可以被理解的。因此，竭力确保弱势群体能同样有代表的尝试就是值得提倡的。也许这些群体成员有着与众不同的见解。一些国家努力试图确保女性的平等代表权，一部分原因在于：没有这些代表，就会缺乏一些重要的视角和观点。另一种方式是，政党应被允许根据其能力，拥有超过其可以获得的最小选票份额的代表。这里强调的是观点上的，而不是人口上的。

是否支持任何形式的比例代表制的决定，取决于许多因素。对群体极化的理解还远远不够。但如果他们想具有说服力，比例代表制的支持者就应该强调，其目标是确保对多样性意见的接触。群体代表制能抵抗群体极化的危险，以及想法相近的人协商在易于导致流瀑效应上的可能性。同时，通过确保小圈子的代表参与更宽泛的讨论，群体代表制能帮助减少那些更小的小圈子的封闭所带来的危险。

如果代表无论是否属于某一特别群体的成员，他们在选举方上都是对包括各群体成员在内的选民负责的，是否就足够实现这些目的呢？当然，白种人能够且确实代表了非裔美国人的利益。体格健全的人能够并且确实代表了残疾人的利益，但这并不足够。群体代表制旨在推动一个过程，在这个过程中，一个群体中的人可以倾听其他人的想法；那些封闭小圈子中的人，也可以倾听许多持有不同意见的人。至少在某些情况下，比例代表制值得认真考虑。

协商民意调查：一组对比

在一项有趣的结合理论和实证的研究中，詹姆斯·菲什金（James Fishkin）开创了"协商民意调查"的理念，即由非常不同的个人组成的小群体，被要求集合在一起并协商各种议题。[32]协商民意调查已在多个国家得以实施，包括美国、英国和澳大利亚。菲什金发现了一些个人观点的显著变化；但他没有发现走向两极分化的系统化趋势。在他的研究中，个人既有朝向协商观点中间立场的，也有偏离中间立场的。

以英国为例，协商导致了将监禁作为一种打击犯罪手段的兴趣减小。[33]那些相信"把罪犯送进监狱"是防止犯罪的有效方式的人们从57%下降到38%；相信应该更少的人被送进监狱从29%增加到44%；相信"严厉惩罚"的有效性的从78%下降到65%。[34]同样的转变表现在对被告程序性权利的热衷，以及对监禁的替代方案进行探索的兴趣的增长上。在其他协商民意调查的实验中，转变包括了结果混杂的调查发现，越来越大比例的个体认为，应增加对父亲抚养子女的法律压力（从70%上升到85%）以及福利和医疗应移交给各州（从56%上升到66%）。[35]

在许多特定的议题上，协商的效果是造成了人们对先前所持信念的更加坚定。[36]这些发现与对群体极化的预测是一致的。但这里几乎不存在一个一致性的模式。在某些问题上，协商增加了持少数立场的人的百分比（例如，支持制定政策让离婚"很难实现"的人从36%上升到57%）。[37]这些都不是所能预测到的由群体极化导致的

163

变化。

几个因素似乎可以区分协商民意调查和群体极化实验。首先，菲什金的协商者并不作为一个群体来投票。然而，当预料到不会出现群体决定时，也有一些群体极化被观察到出现了程度上的降低，这仅仅是因为成员没有被要求在群体决策上连署。其次，菲什金实验的群体是被一个监督者监管着的，以确保一定程度上的公开性以及对讨论动态的调整。最后，也许是最重要的，菲什金的研究为参与者提供了一系列书面材料，这些材料包括了双方的争论细节并试图在其中进行权衡。可能的结果就是，使人们从这样的一些立场——当单一小群体讨论未受到那些必然具有一定程度权威的外部材料影响时，所能预料到的立场——转移到不同的倾向。的确，可以期待的是，正是那些产生平衡的努力，可以期待能将庞大的多数者转移成较小的群体，促成双方代表都靠近50%；事实上，这也的确是在一些协商民意调查中所观察到的。

对于如何为协商性机构设计适宜的制度，则有一些教训。通过制度安排上看起来非常微小的变化，群体极化可能被提高，减少甚至被消除。就有限的主张池（argument pool）和社会影响一定程度上有可能产生不良效应而言，应该引入矫正措施，就是让群体成员多多少少接触到一些他们起先不会同意的主张。最重要的教训也是最具普遍性的：为小圈子协商创造空间是值得的，这一空间使小圈子成员不至于与那些持相反观点的人相隔离，以及圈外的人不至于与小圈子成员的观点相隔离。

让我用菲什金研究中的一个故事来阐明这一点。[38]在一个关于家庭角色的小群体讨论中，讨论开始时，一名来自美国亚利桑那州的80岁的男性，认为"家庭"顾名思义需要一位母亲和一位父亲。这一群体中有一位 41 岁的女性，她作为一位单亲妈妈抚养了两个孩子。至少可以说，小群体在整个周末的讨论中时时会出现紧张。周末结束，这位亚利桑那男士靠近了这位女士并问她哪三个英文单词可以用来"界定一个人的性格"。他用"我错了"三字回答了自己的提问。

165

8

法官也是从众者吗？

法官会受从众效应的影响吗？他们是否会陷入流瀑？想法相近(like-minded) 的他们会走向极端吗？可以预料到的与实际发生了的异见会有什么作用？

在本章，基于美国实践中的大量证据，我将尝试回答这些问题。我的基本发现是，法官极其容易受彼此的影响，而由三个思想相近的法官组成的审判庭往往会走极端。在意识形态上有争议的案件上，能较好预测法官表决的往往是任命这些法官的总统所属的政党。然而在这些案件上，任命同一个审判庭其他法官的总统所属的政党却是更好的预测者，能够预料到这个法官将会如何表决。这一预料之外的发现，为我们认识诸多领域中人们的行为提供了线索。[1] 很多时候，我们可以根据人们的信念和认同来较好地预测他们的看法和行为，但依据的若是他们周围人的信念和承诺，则往往会预测得更好。

我们应该注意到，大多数时候，由民主党总统任命的法官的意识形态倾向不同于由共和党总统任命的法官的意识形态倾向。因此，在争议性领域，一个法官可能做出的表决与任命他的总统所在的政党密切相关。但是，群体性效应起到的作用更大。当与自身相同的政党的总统任命的两位法官一起时，法官们表现出"**意识形态强化**"的倾向。很多问题上，一个由共和党任命的法官，在与同样来自共和党的两个法官一起裁决时，所作出的投票远比与分别来自共和党和民主党的两个法官一起时所作出的投票要保守得多。（方便起见，下文我将把由共和党任命的法官称为"共和党法官"，把由民主党提名任命的法官称为"民主党法官"，尽管这难免会有些以偏概全）。在民主党法官那里，情况也是如此：一个与两个民主党法官共同裁决的民主党法官所作出的投票，远比与一个民主党法官、一个共和党法官一起裁决的民主党法官所作出的投票更有鲜明的自由主义倾向。这就是存在于实际活动中的群体极化现象。

但是，这些证据还揭示了影响法官的另一类群体性效应。与来自其他政党的两个法官一起时，法官会表现出**"意识形态弱化"**的倾向。与两个民主党法官一起时，单独一个共和党法官所作出的投票，远不如其与一个共和党法官和一个民主党法官一起时所作出的投票那样具有鲜明的保守特征。这就是从众效应。在民主党法官那里，情况也是如此；当与两个共和党法官一起时，民主党法官的意识形态倾向会显著减弱。正如我们所应看到的那样，与两个共和党法官一起的民主党法官往往在表决时像一个趋于中间立场的共和党法官，而与两个民主党法官一起的共和党法官则往往像一个趋于中间立场的民主党法官那样表决。这里的效应与所罗门·阿什在其直线实验中所发现的相似（见第 1 章）。当面对审判庭中其他两位成员的一致意见时，法官倾向于附和并与他们的结论保持一致。

在司法领域中，群体极化效应和从众效应的存在尤为显著。法官是法律方面的专家，通常会被期待尽其所能最好地阐释法律。法官极化和他们在争议看法上对其同事的反应这一事实，提供了有力的证据，证明这类社会影响可在多种多样的情形中发现。

167

如今，法官们被随机地安排到由三人构成的合议庭中，这也是为什么自然实验能很好地揭示问题的原因。乍一看，似乎可以推论为我们应该保证联邦法院内部高程度的多样性；如果这样就好了，因为在很多时候无法确认哪一个对法律的理解是正确的。发生在具有多元背景的法官中的激烈争论，是保证法律论证能够经历合理的相反主张的关键途径。我的一个大胆推测的结论是，法官往往不仅会趋从于彼此的看法，而且总的来看也会趋从于公众的看法。在法律模糊的地方，公众的看法就非常重要了，因为它传达了与之相关的信息，而且法官也同一般人一样，会在意自己的声誉。

证据：一般情况下

就三人法官合议庭中的司法行为而言，有 3 个看似合理的假设：

● 法官是由共和党总统任命的还是由民主党总统任命的，这一点有重要影响。较之由民主党任命的法官，由共和党总统任命的法官倾向于做出更保守的投票。（是不是令人震惊？）

● 当一个法官同来自其他不同政党的法官一起时，那么其意识形态倾向很可能会减弱。比如，如果是与两个共和党法官一起，那么一个民主党法官做出具有自由主义倾向表决的可能性会大大变小。

● 当其他两个法官与自己来自同一政党时，那么这个法官的意识形态倾向很可能会增强。比如，如果是与两个共和党法官一起，那么一个共和党法官更可能会做出具有典型保守主义倾向的表决。

在过去的几十年里，美国一直在实施一项非同寻常的自然实验，168 通过这项实验我们可以检验所有这些假设。在上诉法院中，合议庭由三位法官组成，这便很容易调查出党派关系或成员间的关系，从而有助于解释司法投票。实际上,已经有一些对哥伦比亚特区巡回上诉法院——它临近作为全美最重要的法院的联邦最高法院——司法行为的出色研究。[2]我曾在很多地区做过司法行为的调研,在这里我会列出其中的一些数据。[3]结果是,在很多有法律争议的领域,所有 3 点假设都得到了普遍印证。法官极其容易受到群体的影响。

有两个结果值得特别注意。第一个涉及一个意识形态倾向削弱的极端情形,我们可以称之为**"反转效应"**。在这一情况下,被两个共和党法官围绕的民主党法官,要比被两个民主党法官围绕的共和党法官更可能作出具有鲜明保守主义倾向的表决。第二个结果涉及**"放大效应"**,这种情况下,置身于由清一色民主党法官构成的合议庭的民主党法官,要比置身于由不同党派者构成的合议庭的民主党法官更可能作出具有鲜明意识形态倾向的表决。(在共和党法官那里,情况也是如此。)接下来我将展示大量的数据,但是总的结论很明确:法官易受从众效应的影响;而想法相近的法官在一起时会走极端,在这个意义上,当法官和与自己相同的政党的总统所任命的其他法官一起时,他的意识形态倾向会得到增强。这也暴露出一个不妙的情况,即上诉法院很可能会对处境相同的原告或被告做出不同的对待。当一个提起性别歧视之诉的原告遇到了清一色共和党法官的合议庭时,那她非常有可能会败诉;而当她面对的是清一色民主党法官的合议庭时,则很可能会胜诉。对于一个致力于实现法律下公平正义的人来说,这是一个严重的问题。初步来看,如果判决取决于法官的随机构成,那么法治将沦为妥协。

众多数据

我们从扶持性平权行动问题开始说起。那些给予在种族上的少
169 数群体以优先照顾的规定，时常受到合宪性质疑。从1980年到2002
年，共和党法官共投出267票，其中140票，也即52%支持废除优
先照顾。民主党共投出198票，其中51票，也即21%支持废除优先
照顾。这正是关于意识形态化表决的显著证据。那么，在一个合议
庭中，当一个民主党法官和两个共和党法官一起，或者一个共和党
法官和两个民主法官一起时，这些模式会发生怎样的变化呢？答案
是，当一个民主党法官孤立地处于有两个共和党成员的合议庭中时，
支持废除扶持性平权行动的占39%——高于在同样的孤立状况下，
共和党法官35%的支持废除表决。换言之，当一个共和党法官同两
个民主党法官在一起，相对于一个共和党法官与两个共和党法官一
起时，他更有可能表决赞成扶持性平权计划。

同时，还有关于意识形态放大的有力证据。在全部是共和党法
官的合议庭中，一位共和党法官支持废除扶持性平权计划的占63%。
而当合议庭中有一名民主党成员时，共和党法官支持废除的比例相
对较低，为51%。在全部是民主党法官的合议庭中，一位民主党法
官赞成废除扶持性平权计划的仅占18%，这表明，在合议庭中没有
共和党法官时民主党法官有支持扶持性平权计划的显著倾向性。

在性别歧视案件中也能够发现这种模式。从1995年到2002年，
共和党法官表决支持原告的占35%，然而民主党法官支持原告的占
51%。因此，这里也存在表决时的意识形态倾向性。意识形态的削

弱性也很明确。当合议庭中有两名民主党法官时，共和党法官表决支持性别歧视案件中原告的，占42%——在有两名共和党人的合议庭中，民主党法官支持原告的比例也是42%。最惊人的发现是，当合议庭三名成员均为民主党时，民主党法官支持原告的比例不少于75%，当合议庭中有一名共和党法官和一名民主党法官时，民主党法官支持原告的比例为50%。前者比例远远高于后者。在全部是共和党法官的合议庭中，共和党法官表现出了极大的反对原告的比例，支持原告的比例仅有31%。这个支持原告的比例，不及民主党在清一色民主党法官的合议庭中支持原告比例的一半。

170

　　作为性别歧视案件中一个重要的方面，性骚扰案件也呈现出相似的模式。从1995年到2002年，共和党法官表决支持原告的占39%、民主党法官的支持率为55%。然而，当合议庭中有两名民主党成员时，共和党法官会略微比与两名共和党共事的民主党法官更倾向于支持原告，比例分别为49%和44%。在清一色民主党法官的合议庭中，民主党法官支持原告的占80%；而在清一色共和党的合议庭中，共和党法官支持原告的比例仅为35%。——前者是后者的一倍还多（如果你选择以民主党法官作为基准，也可以准确地说共和党法官支持原告的表决不到民主党法官的一半）。有趣的是，在性骚扰案件中，男性或者女性法官的表决没有显著差异。在同一时期，男性或女性法官支持原告的比例均为45%。同样在均为男性的合议庭中，男法官支持原告的比例为45%，相较于有一名女法官的合议庭中表决支持原告46%的比例仅仅低了一点点。（由于清一色女法官的合议庭太少，因此无法获取在没有男法官的情况下，女性法官表决的倾向性。）

　　削弱和放大意识形态倾向的基本模式也可以在原告试图"刺破

公司面纱"的案例中找到。此类案件中原告试图通过追溯公司法律特性背后的实际情况，从而要特定的公司股东对公司的不正当行为负责。自1995年至2002年，在此类案件中，共和党法官表决支持原告的占26%，而民主党法官约占41%。这里也能够发现意识形态的放大。当合议庭为清一色共和党时，共和党法官支持原告的表决降至23%；而民主党法官在合议庭中均为民主党成员的情况下，支持原告的审判比例升至67%。意识形态的削弱方面亦有相关证据。当合议庭中有两名民主党法官时，另一个共和党法官表决支持原告的占37%（仅稍低于清一色民主党合议庭中民主党法官支持原告的比例），然而民主党法官在合议庭中有两名共和党的情况下，支持原告的仅占29%（仅略高于清一色共和党合议庭中共和党法官支持原告的比例）。

相似的发现也体现在一个工厂挑战环境保护署所发布的规章的案件中。这里的证据来自于美国哥伦比亚特区巡回上诉法院，该院聆讯了大多数挑战环保管制的案件。在该院，由三名共和党法官组成的合议庭，要**远远**比由两名共和党和一名民主党组成的合议庭更有可能推翻环保规制。当合议庭由来自单一政党的法官构成时，法庭也有可能做出更为极端的判决。[4]

有一个背景事实是，当工厂挑战环保管制时，处于多数席位的共和党法官表现得与处于多数席位的民主党法官极为不同。共和党法官驳回环保部门的超过50%；而民主党法官远远少于50%。[5]在个人层面，群体影响至少是同样显著的。在有两个共和党成员的合议庭中，孤立的民主党法官表决支持工厂挑战环境管制的占39%。而当有两个民主党成员时，孤立的共和党法官支持工厂的占38%，这两个数据从统计层面来讲区别不大。[6]

现在让我们转而去看三名法官均由同一个党派的总统任命的法庭的表现。作为对群体两极化的体现，由三名共和党法官组成的合议庭远远比由两名共和党法官、一名民主党法官组成的合议庭更有可能在工厂挑战环保部门的决定时，推翻环保部门决定。[7]近一个时期以来（1995—2002 年），共和党派的法官表决接受工厂挑战的比例，在清一色共和党的合议庭中为 69%；[8]相较而言，在有两名共和党成员的合议庭中仅为 52%，而在有两名民主党成员的合议庭中时为 44%。[9]在此之前的阶段（1986—1994 年），相应的数据为 80%、48% 及 14%。[10]在更早的阶段（1970—1986 年），共和党法官支持工厂挑战的比例，在清一色共和党法官的合议庭中达到 100%，相比之下，在有两名共和党成员的合议庭中仅占 50%，在有两名民主党法官的合议庭中仅占 38%[11]。

总结这一数据，从 1970 年到 2002 年，在有关环保以及工厂挑战环保部门决定的案件中，我们可以对哥伦比亚特区巡回法院的判决做出一个具有广泛代表意义且近乎全面的解释。在清一色共和党法官组成的合议庭中，共和党法官表决接受工厂挑战的占 73%。在有两名共和党成员的合议庭中，共和党法官接受工厂挑战的占 50%，而在有两名民主党成员的合议庭中，比例仅为 37%。这些影响绝不仅限于共和党法官，相似的情况也出现在民主党法官中。当一个环保群体进行挑战环保部门的行动时，相对于由两名民主党和一名共和党法官组成的合议庭，清一色民主党法官的合议庭更有可能接受此挑战。[12]当合议庭中有两名共和党法官时，民主党法官支持环保主义者挑战的可能性则会降低。[13]

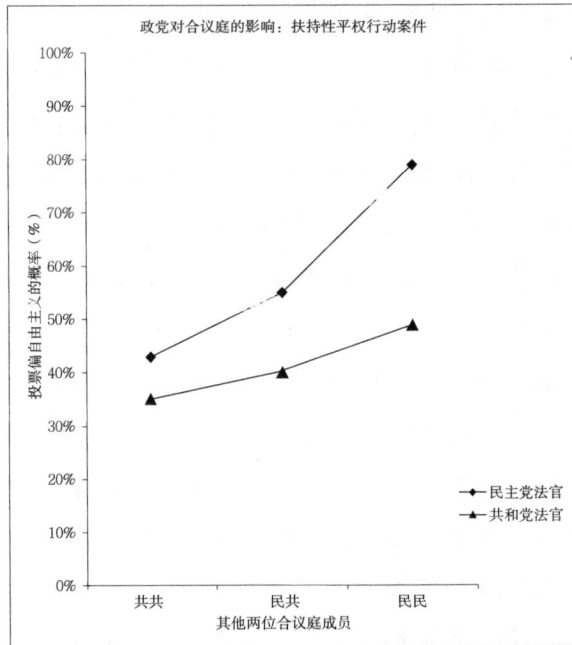

图1 合议庭投票倾向支持扶持性平权行动的概况（1980－2002 年）

图 1 显示了在扶持性平权计划诉讼中，个体的共和党法官、民主党法官在各种合议庭中表决的百分比。民主党派法官支持率的曲线在不同合议庭中均高于共和党，表明民主党派法官有更强的意愿表决支持扶持性平权行动计划。当二者处于由与自己同一政党的法官组成的合议庭时，这种悬殊达到最大——民主党法官支持平权计划的比例是共和党的三倍多。当一个民主党法官处于有两名共和党成员的合议庭时，相较于在仅有一名共和党成员的合议庭中，前者更有可能会表决废除平权运动。相同的基本模式也出现在歧视残疾人的案件中，如图 2 所示。

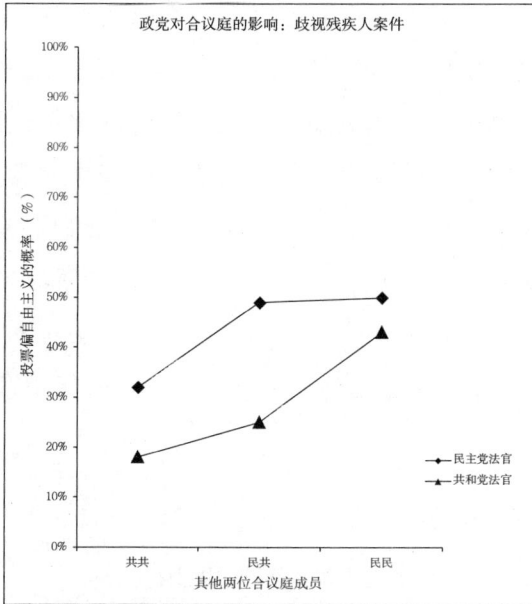

图2 合议庭投票倾向支持残疾人原告的概况 （1998 – 2002 年）

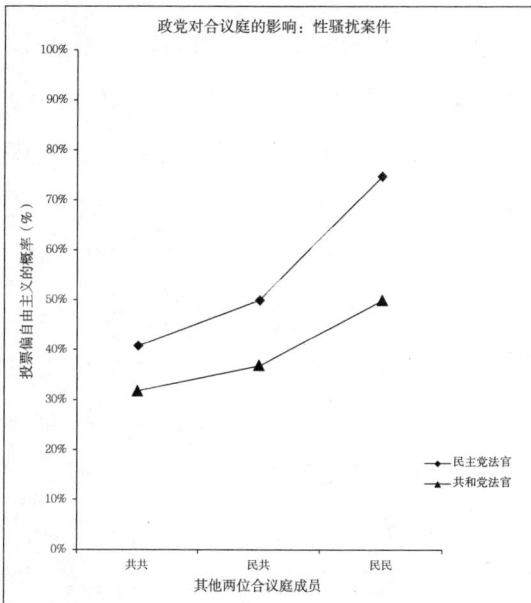

图3 合议庭表决倾向支持性骚扰案原告的概况 （1995 – 2002 年）

作为最后一个例子，我们可以思考性骚扰案件中的模式。在这个特定语境中，可以非常容易地看出，民主党法官的表决显示，在合议庭为清一色民主党成员中时，支持原告的比例达到最大。然而在清一色共和党审议组中时，共和党法官的表决并没有表现出相同程度的支持被告的情况。在其他领域，影响的程度各有所异。但是，在民主党占多数的合议庭中的共和党法官支持原告表决的百分比，稍高于处于共和党占多数的合议庭中的民主党法官支持原告的百分比，这显示出我强调过的所有模式在这里都能被发现（逆转效应）。[14]

作为吹哨人的异见法官

一项独立开展的研究表明，潜在的持反对意见者或吹哨人，他们会确保法庭依法行事。[15]一个在上诉法院合议庭中的民主党被任命者，对于确保合议庭确实依照法律行事具有极其重要的意义。这项特别的研究暴露出了一种严重的风险，即一个不被其他党派法官限制的全部是共和党法官的合议庭，将会背离由最高法院所支持的法律。我在此不能证明这一点，但是我相信，另一涉及不同领域的研究则可以揭示出一种类似的风险，即一个全部由民主党人组成的合议庭将可能会违反法律。这个基本观点立足于我即将描述的数据之上，也就是说多样的观点有助于更正错误，而不是说这个政党或那个政党的法官更可能正确。

为了理解这项研究，我准备了一些背景知识。如在联邦最高法院对雪佛龙公司诉自然资源保护委员会案的裁决下，法院被认为应当支持行政管理部门对于法律的解释,只要这些解释并没有违反国会的指令,且这些解释是"合理"的。[16]由此可见,环境保护署(Environmental Protection Agency)或者联邦通信委员会(Federal Communications Commission)是被普遍地许可解释其选择的模糊的法律的,只要解释是合理的即可。然而,法律何时是模棱两可的呢?上述解释又如何才是不合理的呢?现存的法律允许法官有适当自由裁量的空间,因此倾向于否决行政部门解释的法院常常能够找到似是而非的依据来这样做。真正的问题是:法院何时能够宣布找到了这些似是而非的依据。就雪佛龙公司案来看,里面所体现的期待是,绝大多数时候,行政部门的解释都应该是占优势的。

还有一个相关的研究,由环境保护拓展到了一般的行政规制领域,这些研究印证了一个观点,即政党从属关系对华盛顿哥伦比亚特区巡回法庭的判决结果有重大影响。如果观察者仅仅是粗糙地考察提起挑战的工厂和公益群体,那么他会发现占多数地位的共和党法官54%的可能会做出保守的判决,而占多数的民主党法官做出这种判决的概率只有32%。[17]与其他地方一样,此处的证据也反映出表决的意识形态化。

然而,基于当下的目的,最重要的发现是:政治上多元的合议庭——其中的法官由来自超过一个政党的总统任命,以及政治上统一的合议庭——其法官只由来自同一政党的总统任命,两者之间存在巨大的差异。在"分化的"合议庭中,基于(泛泛地说)政治背景,一个共和党法官占多数的合议庭会比较敌视行政部门,尽管如此,法庭维持相关部门解释行为的比例仍占62%。但是在"**统一的**"合议庭,也即由被认为会敌视行政部门的清一色共和党法官组成的合议庭中,法庭支持行政部门解释的比例仅仅是33%。值得注意的是，这是数据中唯一不同寻常的发现。当民主党占大多数的法庭被期待在政治上反对行政部门的决定的情况下，他们维持行政部门解释的行为比例却超过了70%；无论统一的民主党法官合议庭（71%），还是分化但民主党法官占多数的合议庭（86%）。[18]

合议庭	3 - 0 共和党	2 - 1 共和党	3 - 0 民主党	2 - 1 民主党
支持行政部门解释	33%	62%	71%	86%
判决行政部门解释无效	67%	38%	29%	14%

图4　合议庭的成员组成对行政部门解释的影响（%）

　　可以合理地推论：这个看起来匪夷所思的结果——清一色共和党法官的合议庭67%的否决率——反映了群体影响，尤其是群体极化效应。一个清一色为共和党法官的群体，显然准备采取相对不寻常的方法去驳回行政部门的法律解释。相反，一个分化的合议庭——对内部任何倾向于不同寻常或极端结果的偏向都有监督——更倾向于遵循常规地维持行政部门的行动。一个明显的原因是，那个单独的民主党法官扮演了吹哨人，阻碍了其他法官做出与最高法院指示不一致的判决，即在制定法模糊的情况下，上诉法院应当支持行政部门做出的解释。[19]

178

为什么会放大? 为什么会削弱?

为了理解我前文罗列的一些结论,探究合议庭内部发生了什么,我们需要稍退一步来考虑一下社会因素一般情况下扮演的角色。

放大。首先考虑意识形态放大的现象。基本的问题是,较极端的行为模式来自于纯粹的共和党法官组成的合议庭和纯粹民主党法官组成的合议庭。这是为何?

群体极化的作用是明显的。如果想法相近的人放大了彼此的思想倾向,那么党派统一的合议庭中出现更严重的极端化现象便完全可以理解了。关键就是,纯粹由共和党人组成的合议庭的平均看法与由两个共和党人、一个民主党人组成的合议庭的平均看法相去甚远。为了解释这其中的原因,我们假设: +4 表示应工厂请求而推翻行政部门行为的强烈愿望;而 -4 则表示在面临工厂挑战时维持行政部门决定的强烈愿望。继续假设:共和党人的中间值是 +2,民主党人的中间值是 -2。这样的话,全由共和党人组成的合议庭的平均倾向值为 +2,而由两个共和党人、一个民主党人组成的合议庭的平均倾向值则为 +0.67。群体极端化的影响下,大致可以预测,全由共和党人组成的合议庭通常可以达到 +3,而主要由共和党人组成的合议庭数值通常会变为 +1,诸如此类。当然,这些数字是过分简化的表现,也只是为了进行一些启发性的探索。民主党的法官相互之间差别很大,共和党法官也一样,没有任何简单的数值可以准确描述他们的真正立场。但是,从我给出的数据可以明显看出,全由共和党人组成的合议庭与主要由共和党人组成的合议庭的思想倾向大为不同。由于法官和其他人一样，相互之间是有影响的，故我们可以预测，统一由某个党派法官组成的合议庭可能会更加极端化。

群体极端化自身有助于很好地解释纯粹共和党合议庭和纯粹民主党合议庭存在的意识形态放大现象。这里值得指出的是，我所一直讨论的是表决而非观点。法官们在把控裁决的宽严程度上有自己一定的自由裁量权。即使我们不看最终的结果，也可以预测到：清一色共和党法官合议庭相对而言可能会更宽松，而分化的合议庭则可能会相对更加严格。清一色的民主党法官合议庭也是如此。出于这一原因，在很大程度上，我关于表决的图表很可能大大低估了意识形态倾向放大的实际程度。

利用群体极端化观念，我们可以发现：法庭内的主张池在很大程度上取决于合议庭是统一的还是分化的。比如，一个由三个共和党法官组成的合议庭试探性地倾向于废除美国环保局的决定，这将激起大量支持废除的主张，而很少会激起在其他方向上的主张。但是，如果有一位法官支持美国环保局，那么支持的观点将更有可能出现并且被强调。事实上，民主党人的法官增加了这类事情出现的可能性，因为那位法官可能不会把自己看作与其他合议庭成员相同"群体"中的一员（试想一下，当人们考虑到自己属于同一群体的时候，不同观点出现的可能性会降低）。我们同样发现，观点的进一步相互佐证会带来更大的自信并因此导致极端化。一个统一的合议庭会有大量的佐证。环保制度司法审查的情况，与挑战扶持性平权计划以及争取性别平等的主张一样，也都是如此。三个思想相近的法官组成的合议庭产生极端的结果，这并不奇怪。

在这一语境中，唯一的法官发现自己于数量上占据劣势，便可能会在公众面前提出一些异见性的观点，这使得统一的和分裂的合议庭之间的差异被加剧。这种异见性的观点可能会引起最高法院的注意，并导致撤销原判决的结局。如果有一位法官提出不同意见的话，上诉法院的裁决很可能会受到审查。持异见者会起到某种吹哨人的作用。对雪佛龙案例的研究为此假说提供了直接支持，它还解释了在扶持性平权行动、性别歧视、刺破公司面纱以及性骚扰等情形中，分化的合议庭较为中间立场的裁决。当然，最高法院复审是很少见的，通常情况下，这种复审的结果可能对上诉法院并无太大的威慑性影响。然而，写主要意见的法官常常不对这种必须要阅读和做出回应的不同意见抱有什么热情。如果法律真的支持异见，那么两位法官——即使他们倾向于撤销环保局的决定——也容易受到影响而选择裁决其决定有效。当然，相关证据也支持这种认识。

这里我们需要区分吹哨人影响的强弱。当法律明确支持某一观点，而孤立的法官又能够以事实说服其两位同事时，异见者就会发生强的影响。这正是雪佛龙案件中发生的情况，当时唯一的民主党法官就说服了两位共和党法官，使他们尊重了行政机关的决定。而当法律的含义并不十分清晰，且合理观点仅仅在分化的合议庭受到关注时，便会出现异议者的弱影响。我相信，这种弱势影响有助于解释：为什么很多情况下，统一的合议庭的裁决结果要远比分裂的合议庭在意识形态上被放大得多。

第177页*的表格列出了一些对比性的数据：在人们预测民主党法官会支持行政机关的案例中，三个民主党法官组成的合议庭并不比含有两个民主党法官组成的合议庭更支持行政机关的这一行为。如果在面临环保团体挑战的情况下，一个共和党的法官，在伴有两位民主党法官，或是一位共和党法官，或是两位共和党法官的情形

---

* 此处指原书页码，即本书边码。

下，可能并不会作出特别不同的表决。[20]但至少在一些重要领域，三个想法相近的法官的确会与含有两个想法相近的法官组成的合议庭表现不同。

181 　　**削弱**。对群体极端化和吹哨人影响的理解，有助于解释意识形态放大现象。但是，这都不能充分解释为什么会出现意识形态减弱。在特定的有争议的区域，是如何出现这种现象的：共和党法官与两位民主党法官一起，而倾向于像中间立场的民主党法官那样表决；当民主党法官与两位共和党法官在一起时，而倾向于像中间立场的共和党法官那样表决。

　　我认为有三个原因在起作用。其一，一个人的同僚所投出的票传递了信息，即使这个人的同僚是被另一党派的总统委任的。阿什实验的情况在这里同样适用：如果你想正确，则可能会受到诱惑去尊重其他人而不是成为一个孤独的异见者。其二，异见的提出是繁重且费时的，却可能是徒劳无功的。若结果并未受到影响，那为什么要做这额外的工作呢？很多时候都是不值得的。其三，异见性意见会引起法官之间关系的紧张。这是一个特殊的问题，因为法官们需要共事多年。根据非正式来源的传说，许多上诉法院之间都有一个潜规则，即"如果你不对我的观点提出异议，我也不会对你的观点提出异议，至少在意见分歧不是特别严重的情况下是这样的"。谈到意识形态削弱问题，我们所观察到的是"合议庭竞合"，这种情况下，无论法官们是否真的被说服，他们在公开场合都会接受同事的观点。

　　在这个语境下，合议庭竞合可以理解为对阿什及其同伴试验结果的再现，这体现了在关于事实、政策以及法律的判断中高度的从众效应。人们不想成为孤独的异见者。阿什实验中的许多受试者，都表现出了合议庭竞合。如果房间中的每个人都倾向于某个特定的方向,那么你最好与他们保持一致,即便你倾向于其他方向。这种情形下法官也和普通人一样。值得注意的是,经验丰富且高度自信的法律专家,也会受到强大的从众效应的影响,即使在思想意识形态存在争议的领域。

182

两个例外和一个反驳

我发现了两则有趣的反例:堕胎和死刑。在这里,政党从属影响很大,共和党和民主党分歧极大。但是,有很少甚至没有任何证据可以证明意识形态放大现象或者意识形态削弱现象的存在。在1982年至2002年间的联邦堕胎案件中,49%的共和党法官投票推翻了那些所谓违反堕胎选择权的法律。70%的民主党法官支持废除上述法规。然而,裁判的投票并未受合议庭构成的影响。对于死刑来说,所遇到的形势也是类似的。从1995年到2002年,有42%的民主党法官投票驳回死刑判决,而且这个数字比例几乎一直维持同样的状态,无论合议庭是全部都由民主党法官构成,还是由两个共和党人及一个民主党人组成,抑或由一个共和党法官及两个民主党法官组成。对于共和党法官来说情况基本相同,20%的共和党法官投票支持废除死刑,但基本没有受到合议庭的明显影响。

是什么导致了这些结果呢?我们可以假设在这些领域中,司法判决是极重的。因此,法官按照他们认为最佳的选择来投票,而没有受到其他合议庭成员的影响。法官们不愿意趋从别人,只是因为他们非常关注那些潜在的可能问题。但是,我发现不受合议庭群体影响的意识形态表决模式在其他法律问题上是不存在的。我们可以推测，在堕胎和死刑的领域中，对信仰的坚持做得非常好。生存和死亡都是人命关天。正因如此，其他合议庭成员的意见对判决投票的影响就没有那么重要了。

在这一点上，怀疑论者可能会提出：律师会在法官之前做出对抗性的陈述。这样的一位怀疑论者可能会坚持认为主张池的大小取决于律师的那些陈述，而不仅仅或者甚至主要不是合议庭成员所倾向于说出的意见和做出的举动。当然不可否认的是，有些时候法官的倾向会受到辩护人的影响。但尽管如此，影响裁决最终目的和结果的还是法官的倾向，无论他们基于什么依据；而在这种情况下，一个单独异见者的存在还是有可能造成差别的。在以上我们讨论的惩罚性损害研究中，模拟陪审团面前会呈现出代表双方立场的论点，但在双方的展示之后继而仍然会发生极化，正如在任何其他地方一样。[21]在这些两极分化中，我们没有必要知晓法官是否花费大量的时间为彼此提供缘由。[22]只要能够得出结论就已经足够。一个简易的投票系统，不要太多理由，应该将法官引向极化。当然，如果理由足够有力，它们也可以让投票变得更加具有说服力。

什么是应该做的

如果想法相近的法官走了极端，那我们会遇到麻烦吗？如果司法表决会受到合议庭其他成员政治立场的很大影响，那这是好事还是坏事？推而广之：我们是否有理由去力争联邦法院中的多样性？是否因此要提高所有或大多数三人合议庭（Three - judges panel）中多样性的程度? 此处应注意的是,我们讨论的是观点的多样性,而不是基于性别、种族和宗教的多样性。由于观点的多样性看起来如此重要,那我们是否应该采取措施确保其存在?

很多人认为,在美国,不同政党的总统所任命的法官之间并不存在根本性差别。这些人强调认为,一旦坐上审判席的位置,法官们常常会令那些任命他们的人哗然。他们的这一认识具有误导性,而且在根本上是错误的。确实,有些被任命的法官的确会令任命他们的总统失望。德怀特·艾森豪威尔(Dwight Eisenhower)总统就对首席大法官厄尔·沃伦(Earl Warren)和大法官威廉·布伦南(William Brennan)做出的自由主义倾向的表决不满;而大法官哈里·布莱克门(Harry Blackmun)的自由主义倾向最终也比尼克松总统所预计及希望的要强得多。但是,我们不能受此蒙蔽而误以为这些例子具有代表性。由共和党总统任命的法官和由民主党总统任命的法官是大不相同的。

但是,若采取基于优缺点的立场,即在不知法官想做什么的情况下,很难测评我上文描述的表决模式。假定,三个共和党法官组成的合议庭极有可能撤销平权运动的方案,而三个民主党法官则倾向于维持该方案。乍一看,只要我们不知道是否应该赞同这个或那个结果,那么无论如何都会处于困境。在第 6 章讨论的惩罚性损害赔偿研究中,冲着提高奖金的运动或许是件值得庆祝的事,而非令人遗憾的事。如果我们认为协商前奖金的中值太低了,且由团体商议做出的提高能保证奖励更有激励性,那么我们应该为之欢呼。或许,一个关于法官应该做什么的观点,就是评估的唯一可能基础。若真如此,那么那些青睐特定政党法官的人就应该到那个政党去寻求法官,而群体影响则本质上无关紧要。

184

但是我认为这一结论太过了。在一些案件中，恰好适用的法律的确强烈地支持这个或那个观点。三人合议庭中的多样性很可能会揭示这个事实，且使合议庭作出合乎法律实际要求的决定。政治上多元法官的存在，以及潜在的异见—吹哨人的存在，增强了依法裁判的可能性。雪佛龙案的研究有力地证实了这一点。回顾一下，在雪佛龙案中，人们一般期待，法庭应当支持行政部门的解释，只要这一解释没有违反国会的指令而且是合理的。一个潜在异见者——表现为由来自于其他政党的总统任命的法官——的出现为吹哨人的出现提供了可能，这个吹哨人可以降低错误或无法律依据的裁决的可能性，正如雪佛龙案中的那样。[23]如果对群体影响的性质有很好的认识，我们可以看到旧观念中的智慧：如果一个决定被有着不同偏好的法官支持，那它很可能是正确的，而不太可能是政治性的——在这里政治性是贬义的。

另外还有一点。假如在很多情形中，无法事先明确是民主党总统任命的法官正确还是共和党总统任命的法官正确。假如我们实在是不确定。如果这样的话，那么我们应该希望两方法官皆存在于法律体系中，原因很简单，即通过这种途径，我们将更可能听到更多（合理的）的观点。并且，如果我们实在不知道法官应该做什么，那么我们有理由相信通过其中和作用而形成的混合观点。面对不确定性，明智的人在两极之间选择。

前文也曾简单提到，最终要解决的问题还是法律之下的公平正义问题。正如我们在很多领域看到的那样，纯粹由共和党法官构成的合议庭往往会做出与清一色民主党法官构成的合议庭不同的裁决。没有哪个法官打算无视法律。但在法律的模糊处，纯共和党法官合议庭会严重右倾，而纯民主党法官合议庭会严重左倾。麻烦就是，原告和被告哪个胜诉也将随之而变。情形相似的人们将会受到相当不同的区别对待,仅仅是因为特定合议庭里法官的政治从属关系。所以,法律很可能会适用得不一致,某种意义上这的确有悖于法治的理想。回忆一下,法官不仅仅是在投票,他们还要撰写意见。基于同样的案情事实,纯共和党法官合议庭中的法官所撰写的意见很可能与纯民主党法官合议庭中的法官所撰写的大不相同。不公正,在所难免。

一个类比

可以考虑一个类比。在美国,现代法律和政策通常是由独立的监管委员会制定的。这些监管委员会包括联邦贸易委员会、证券交易委员会、国家劳工关系委员会和联邦通信委员会。很多情况下,这些行政机关的运作与联邦法院相似。它们以裁定的方式解决纠纷。在联邦制定法之下,国会试图确保这些机构既不被共和党人所垄断,也不被民主党人所垄断。法律要求,一个行政机关中绝大多数的成员不能来自一个单一党派。

对群体影响的理解有助于解释这个要求。一个由清一色民主党或者清一色共和党构成的独立机构可能会走向一个极端的立场,一个实际上比中间派的民主党人或中间派的共和党人更加极端的立场,而且该立场的极端程度可能会超过这些机构的任何一位官员所单独采取的立场。激烈争论的劳动法领域即可说明这个问题。如果国家劳工关系委员会在里根总统或乔治·W. 布什总统的领导下大幅转向右派立场,或者在卡特总统或克林顿总统领导下大幅转向左派立场,

186

都会让我们感到困惑。确实，不同总统之下的一些转变是不可避免的，甚至是大家期待的。但对于两党成员关系的一个要求则是对此种最激进的转变的一个制衡。国会已经完全意识到了这一点。它密切协调相关机构的政策制定职能，从而小心翼翼地为抵制激进转变提供防护。这里，我们讨论的证据都可以支持这种防护。

但这就引出了一个困惑：为什么我们没办法为法庭成功创建类似的防护呢？为什么我们不能采取措施从而要求法庭包容来自不同党派的人呢？答案的一部分必然蕴于一个广泛流传的信念中，即与独立的监管委员会的部门首长不同，法官并不是政策制定者。他们的职责是遵循法律，而不是制定政策。一个确保两党构成的努力应与上述信念不符。但这个信念是一个迷思。法官是一种重要的政策制定者。他们的政治认同对他们的表决有着非常重要的影响。理论上，存在很充分的理由在上诉法庭中尝试去确保观点的混合，甚至在由三名法官组成的合议庭中也是如此。理论上讲，由五名法官组成的合议庭似乎优于三名法官组成的合议庭，即便仅仅是因这样的合议庭可以确保更多更加多元化的观点。但是，把合议庭人数调整成五人是不太可能的，部分原因是因为这种合议庭对纳税人来说实在太昂贵了。[24] 然而，可以在三名法官组成合议庭时做点什么吗？现在的情况是，对特定合议庭的委任是由不同的上诉法院随机做出的。在可行的范围内，我认为首席法官应当普遍地确保每个合议庭都有来自不同政党的法官，且确保极少有合议庭是由清一色共和党法官或清一色民主党法官构成的。

大多数法官，以及大多数人，毫无疑问会质疑这个建议，甚至对它抱有警惕。但是为什么？最明显的担忧是，自觉地保证思想多元的做法会使司法"政治化"。然而证据表明，司法已然政治化了。

也许批评者们会害怕确保平衡的努力会导致法官从政党角度定位自己——例如，法官们会去为他们在合议庭中代表着共和党或者民主党来裁决案件，而不是试图依据法律裁决案件。如若我的建议会导致这个结果，那确实会有理由反驳它。然而，问题在于：多一点政党上的自我意识所带来的风险，会大过比纯共和党合议庭或纯民主党合议庭走向不合理的极端的风险吗？

当然，多元的想法或者观点的混合都很难自我定义。若说联邦司法机构应包括那些拒绝服从宪法或者认为宪法允许镇压政治异见者和种族隔离的人，那么听起来就会很奇怪。与其他领域一样，这里所说的适当的多样性是有限制的。我们需要的是合理的多样性，或合理观点的多样性，而非上述那种多样性。人们当然可以不同意具体情况下合理的多样性指的是什么。我在此处想要表达的是：合理的多样性是存在的，并且使法官和其他人一样，无需通过辩护人 188 的辩论，就能直接面对这些合理的多样性，是非常重要的。

参议院的角色

这些提法为一个极具争议的问题提供了新的视角：在总统任命联邦法官的问题上，美国参议院所扮演的"建议和同意"的角色是否正当？首先，基于对社会影响的认识，参议院有责任行使其宪法权力来确保合理范围内的观念多元化。宪法史表明，制宪者们充分考虑了参议院在联邦法官遴选上的独立角色。[25]这一独立角色授权参议院来设计投票的一般方法和可能模式，以表决总结提名的联邦法官候选人。这是分权制衡制度的核心部分，事实上也是宪政框架中用以对抗群体极化的另一部分。毫无疑问，总统要考虑他提名的法官的思路和意识形态；近来的总统，包括理查德·尼克松、罗纳德·里根、比尔·克林顿和乔治·W. 布什，都以类似的方式来考虑可能被提名为法官的人。参议院也被授权关注这些问题。如果体制运转良好，那么这些分立的权力将会带来一个良性的竞争机制——允许各部分彼此抗衡。实际上，这一体制是社会协商不可或缺的一部分，由观点多元的人来实施，关乎联邦司法制度的未来。

为什么这种观点被拒绝？有些人认为，只存在一种合法的法律解释方法——比如，现在对宪法的理解必须要按照其被批准之时的含义来理解，这是唯一正当的解释方式，任何反对这一观点的人都是不合理的。对于真正相信这一点的人，谈观点多元化是无意义的。在其看来，如果我们已经知道了我们该做什么，如果相互竞争的观点会遮蔽问题本身，那么多样性将是不必要的，甚至可能是没什么价值的（在科学争论中，让那些信仰地球是平的人参与进来是没有什么帮助的）。或者可以认为，如果一个积极的参议院角色提出过多的尖刻要求，或者如果参议院允许总统依自己的偏好选择法官，那么自然的政治竞争和选举周期循环将会逐渐催生一种合理的观点混合的状态。

我并不否认存在这种可能。但是我坚信，存在多种合理的法律解释方式，而且无论是共和党法官还是民主党法官都无法垄断正确的解释方式。我的主张是：联邦司法体系中高程度的多元化是值得的，参议院有权促进合理范围内的多元化；没有这种多元化，合议庭将不可避免地走向不正义的方向。对群体效应的认识有助于解释为什么多元化和异见是如此重要。

宪法与民意

现在让我们把视野放宽。与民选官员不同，最高法院被认为不应当代表大多数选民。正由于这个原因，法院常常被描述为美国政府中"反多数的力量"。很多人担心，法院自身的观点会使其排斥民众和他们所选代表的深思熟虑的判断。许多宏大的宪法语汇都是模糊的——法律下的平等保护、言论自由、残忍与非人道的对待。或许，法官可以以符合自己信念的方式理解这些语汇。那些担心这一问题的人主张，宪法应该按制宪者和批准者的理解来解释，或者法院应当维持立法机关的任何合理的法案，或者法院应通过密切关注司法判例的"宪法性普通法"来约束自己。[26]

然而，在评估这一问题时，从世纪之交开始，我们或许就应该细细品味这一认识："不管宪法是否跟随着国旗，最高法院都会盯着选票回报。"[27]法院真的会盯着选举收益吗？如果我们以温和的方式去理解它，那么上述认识就极具意义，它意味着法院最不愿意背离整个国家的坚定共识。[28]事实上，法院许多值得赞赏的判决，甚至那些否决立法的判决，都反映出了当时占多数的主流政治观点。例如，现代隐私权就起源于格列斯伍德诉康涅狄格案（Griswold v. Connecticut）案极具争议的判决。这个案件中，法院撤销了一项禁止已婚者服用避孕药物的法律。[29]这是法院的一个具有挑战性的裁决。但是正如我们看到的，康涅狄格州是唯一一个禁止已婚者使用避孕药物的州；法院支持而非反对了在整个国家范围内广泛持有的信念。废除了学校的种族隔离且引发了关于法官角色大规模争议的布朗诉教育委员

190

会案（Brown v. Board of Education），实际上也反映了国家多数人主流的观点。[30]绝大多数美国人都反对校园种族隔离。1954 年作出裁决后，布朗案得到了广泛的支持，若在 1900、1910 或 1920 年做出这样的判决，就不会得到这样的支持。最令人震惊的真相是：法院本不愿禁止种族隔离，直到整个国家都赞同禁止。

当法院于 20 世纪 70 年代和 80 年代着手废除性别歧视时，它本身并不是在进行什么革命行动。相反，它不过是遵循高涨的社会共识而已，即性别歧视是不正当的。或许，保护堕胎权的罗伊诉韦德案（Roe v. Wade）很难适应这个框架。[31]许多美国人的确反对堕胎权。但是即便在这个问题上，法院的判决也完全符合国家大多数人的信念。在保护堕胎选择权的问题上，法院并未盯着选举收益。但是就堕胎问题，法院也没有强推明显违背国家大多数公民观念的道德裁判。需要注意的是，我并非试图为法院的决定做辩护，也并非认为在堕胎问题或其他问题上法院仅仅是追随时兴的观念。我仅仅注意到了一点事实：法院的很多极具争议的决定远远没有它们看起来那样反多数。

当然也有例外。在保护刑事被告人权利上、在取消学校祷告活动和认可焚烧美国国旗的问题上，法院拒绝了大多数美国人的政治判断。但这些都是非同寻常的案例，难以成为常规。法院偶然对宪法权利作出的扩张解释和认可的新权利，一般来说都是符合正在出现的社会共识的。同样，法院偶然对宪法权利作出的限缩性解释和对旧权利的否弃，也是这种情况，比如契约自由的权利——在 1905至 1930 年间，该项权利通常受到保护，而在 1936 年富兰克林·德拉诺·罗斯福（Franklin Delano Roosevelt）重新当选总统后便罕再如此。这里，法院对宪法的灵活理解反映出其在一定程度上对流行观念的趋从。

这很容易引导人们将法院在解释宪法上的变化理解为总统任命权的产物，但这种理解也是于事无益的。罗斯福总统任命了可能会支持其新政计划的大法官。总统尼克松、里根和布什任命了可能不愿继续沃伦法院自由主义裁决的大法官。当然，任命也是其中的重要原因。但是，法院也明显会受因时而变的民意的影响，个中原因我们至今也该很清楚了。如果大多数人认为性别歧视和种族歧视同样在道德上是难以接受的，那么有些大法官将会倾听。如果这种观点成了文化的主流，那么有些大法官很可能会同意，即使他们在之前的职业生涯中或刚被任命时也被这个问题困扰或感到不确定。如果一种观点在文化中成为主流，那么包括大法官在内的很多人都有理由认为它是正确的；当然，这理由并非排他性的。现在，我们需要谨慎注意这一点。这个影响过程是微妙的。法官的确不会为取悦大多数人而解释宪法。但宪法会有空隙和模糊的地方，而社会流行 192 看法会影响任何生活在社会中的人。大法官也生活在社会之中。

对于那些认为最高法院仅是就法律而解释法律的人来说，我这里的观点看起来会有些费解。如果这些观点让你感到困惑，就请考虑下这一点：整个 20 世纪 70 年代，就连最富自由主义倾向的法官也都对同性恋权利不感兴趣。直到 20 世纪 80 年代，作为自由主义者在宪法平等权上的巨大胜利，大法官威廉·布伦南和瑟古德·马歇尔（Thurgood Marshall）才表现出对这一问题的关注（interest）——这已经是同性恋权利运动在本国取得实际成果的很久之后了。到了 20 世纪 90 年代早期，这一运动已不再是美国社会中的边缘问题了；它已经开始渗入社会主流。并且就在 1996 年，联邦最高法院首次撤销了一项歧视同性恋者的法律，该意见由当时的安东尼·肯尼迪法官

（Anthony Kennedy）所撰写，他是一位由里根总统任命的保守派法官。[32]

在 2003 年非同寻常的劳伦斯诉德克萨斯（Lawrence v. Texas）一案[33]的判决中，法院走得更远。这一判决推翻了鲍尔斯诉哈德维克案（Bowers v. Hardwick）的先例，认为宪法正当程序条款禁止各州惩罚两厢情愿的同性性行为。尤其引人注目的是，法院的意见明显是依据公众观念的。通过强调欧美地区的新发展，法院强调社会中的"新兴意识"，即自由权保护那些成年人去自主决定包括性问题在内的私生活。法院在观念上的这一根本性变化，验证了它对公共观念的敏感性。

我或可由此抛出一个预测：如果联邦最高法院想在性别问题上采取宣布歧视为非法的更大胆步骤，那就只有等到大多数美国人逐渐认为这种歧视在道德上是无法接受的时候才会成为可能。法官确实不总是受选举利益的影响，但无论如何，公共舆论都为法院的自由裁量留下了空间。但当宪法性法律变化时，往往是由于新的社会
193 理解的影响。在这个意义上，法官也是会从众的人。

9

高等教育的扶持性平权行动

　　大学是否应该进行扶持性平权行动？它们是否应该给非裔美国权利申请人以"加分"？我曾经向一位保守派同事提出过这些问题。他的答案呢？则是："是的，一点。"当我问到他提到的"一点"是什么意思时，他回答："一点点。"

　　我认为我的那位同事是明智的。至少而言，一个清一色白人或几乎清一色白人的法学院，无论学生还是教职员工都是不乐意看到的。并且如果没有某种种族性的"加分"，那么大部分美国最精英的法学院将几乎都是白人。因此，我的同事说"是"。然而，一项激进的扶持性平权行动，是承认某些学生的学位证在很大程度上低于他们同学的学位证，这样会造成更多问题；尤其是对于那些被认为从中受益的人。因此，我同事说"一点"。"一点"究竟是什么意思呢？真是很难在事前做出具体规定。它的意思是比没有强一点；它也意味着比这样一种倾向强一点：承认有些人的确做不好。撇开以上这些，也非常难以说清它是什么意思。我们也许不应该去尝试将它说清楚。但是我在本章中，并不是要表明自己对扶持性平权行动政策所持有的具体观点。我的目标是更小的：只是将对从众与异见的理解，与当前关于这些政策的宪法有效性的讨论结合起来。

　　无数教育机构都在追求多样性的目标。大部分美国的大型私立 194

和公立机构都在寻求更广泛的观点、教职员工和学生。当然，明显的例外也是存在的，有些大学以他们高度的同质性为豪。[1]在此，与在别处一样，多样性的观点需要被澄清。高校并不追寻抽象层面的多样性。他们并没有做特殊的努力去包容那些收集埃尔维斯·普雷斯利（Elvis Presley，也即猫王——译者注）的纪念品、通常只吃薯条、鄙视美国、难闻、崇拜西方，或者学术能力评估考试（SATs）分数过低的学生。我们的各个机构都致力于多元化，但仅仅是在某种程度和某种类别上而言的。正如许多其他机构所做的那样，依然可以说，它们过度重视了某些类型的多样性，而对其他类型的多样性则关怀不足。这里我仅仅想指出的一点是，它们倾向致力于某种被认可的多样性。

每个人都应当赞同：对于学院和大学来说，寻求不同观点的差异性、保证不同的合理想法都能被倾听，这是正当的。当然，值得期待的观点的范围依然是有限的。大学不会采取特别的措施，去寻求那种包容诸如庆祝南非种族隔离制度的人、悲叹共产主义衰落的人、相信太阳绕着地球转的人，或者坚信外星人已经着陆并且经过伪装生活在我们之中的人；这不是大学所追求的多元化。大学所要寻求的是在背景和观点上合理性的多样性，也即一种将有利于提升我们教育的多样性。更进一步则应该说，不同机构应怎样定义合理的多样性？是否这些定义都被证明是合理的呢？带着这样一种视角，无疑我们将能够在有关从众、异见以及多样性之间关系的问题上有很多收获。

当然，各种不同类别的多样性与政治异见之间并不存在一个简单关系。比如俄克拉荷马大学的一群学生，也许都来自于俄克拉荷马州，但是他们也许会在种族、宗教、族群的维度上非常多样，并且基于以上这些事实，我们就无法确知在地方和国家问题上，他们当中是否没有人或者有一些人，或者有许多人，或者所有人，是学校大多数观点的异见者。尖锐的分歧和频繁的异见经常在看上去没有重大差异的人群中发现。而在人口统计意义上包含了男性和女性、穷人和富人、受过良好教育和缺乏教育的人、白人和非裔美国人等非常多元的群体中，却经常可以发现高度的一致甚至是从众。基于这些维度存在的多样性并不意味着存在异见，这是我下面将要阐述的观点。

　　我在本章中的目标是极其有限的。我不打算探究所有的多样性，也不打算探索是否以及何时某些特定种类的多样性会引起富有成效的互动和更好的理解。我意在集中于一个具体的问题，这个问题是当代宪法的一个核心问题：**对教育机构而言，通过基于种族意识的这种扶持性平权行动计划来追求其对多样性的认同，在宪法上是否正当**。我的结论是，如果和当种族多样性能够合理地提升教育这一使命时，它才是正当的。我给大学和法律教育的建议是：种族多样性对于维持观念和经历的广泛多样是非常重要的。在那些具体的设置中，经过限缩和被严谨设计的扶持性平权行动方案在宪法上是可以允许的。扶持性平权行动计划可以成为对讨论中的流瀑效应和群体极化风险的合理回应。但是为了减少这种风险，高校在扶持性平权行动之外也应当做得更好。

多样性和刘易斯·鲍威尔法官

　　高校致力于种族多样性是基于多方面的原因。市场压力是最简单的原因，一个拥有不同种类学生的学校也更能吸引教职员工和学生。当然，人们的喜好和价值观各有不同，而且的确有些人更想去那种多样性小、同质度高的地方。但这似乎是特例而不是常规。并且高校更接受另外一种对多样性的证成，这种证成已经得到了法庭的认真考虑且与本书所强调的问题密切相关。[2]这个理念就是，如果学校拥有更多不同种类的人，那么教育就可能变得更好。在扶持性平权行动的背景下，这类正当性被刘易斯·鲍威尔法官在处理巴克案（Bakke）中的决定性意见所赞成。很长一段时期内，他的这个意见成为规范高校扶持性平权行动的基本规则。[3]

鲍威尔法官尝试在完全支持和完全反对扶持性平权行动两者之间寻找一个中间地带。他在案件中投票支持撤销特定的扶持性平权行动方案——这个扶持性平权行动方案是加州大学戴维斯分校医学院为少数种族群体创设的一种配额制。但是鲍威尔法官也仍然总结道，多样性是扶持性平权行动方案的重要合法性基础。但多样性并不能支持一项配额制。然而就鲍威尔法官的观点来看，多样性能够证成医学院在挑选候选人过程中使用种族作为一个"因素"。现在，让我们来研究鲍威尔法官的推理。

鲍威尔法官坚持认为，一个差异化的学生群体对于高等教育而言是一个在宪法上可接受的目标。最主要的原因就是，应对允许高校确保"生机勃勃的观点交流"，以及与自由言论本身相关的利益。鲍威尔法官承认这一利益在大学本科教育中是最为重要的，而这些观点是在大量话题讨论的基础上形成的。但即使是在医学院，"多样性的贡献也是极其根本性的"。一个医学学生拥有某种特定的背景，包括族群背景在内，这"也许会给一个职业学校带来不同的医学经验、观点、想法，这些都将丰富其对学生群体的训练以及更好地培养其毕业生，让他们更好地理解其为人类所提供服务的重要程度"。[4]
鲍威尔法官也同样强调医生服务的是不同种类的人群，并且建议研
究生招生的决定应当谨慎地对待正常教育所带来的贡献。

197

　　鲍威尔法官总结道，关键的问题在于：一个能够使种族少数群
体成员受益的基于种族意识的招生计划，对于提升多元化这个正当
目标而言是否是必不可少的途径。在此，他得出了著名的结论：尽
管配额制不被允许，但种族或者民族背景可以在做出招生决定时作
为一个加分项。在鲍威尔法官看来，鉴于申请人的各种特殊条件，
一项正当的招生计划应"根据申请者的特定资格，足够灵活地考虑
所有与多样性相关的因素。并将它们放在同一基础上进行考量，尽
管不一定在重要性上将它们等量齐观"。[5]因此，学院和大学在考虑一
系列因素之后是能够提升"有益性的教育多元化"，这些因素包括
"显示出来的同情心、克服困难的历史、与穷人交流的能力，或者其
他被认为重要的条件"。[6]

当前的讨论：　一项规律

　　让我们聚焦到鲍威尔法官结论的主要基础上：确保在教室里
"观念的生机勃勃的交流"的价值，以及为了保证观点的交流而提升
种族多样性的正当性。[7]从上下文的意思来看鲍威尔法官的观点，有
必要勾勒出一些规制扶持性平权行动方案的宪法性原则。

　　目前法院赞同的观点是：与其他所有存在着种族歧视因素的扶
持性平权行动方案一样，这类方案都应当受到法院的"严格审查"。
用法律层面的行话来讲，除非它们是实现令人信服的国家利益时限

制性最小的方式，否则这类计划都应当被法院宣布无效。[8]法院不会考虑以往的"社会性歧视"，也即过去在整个国家所普遍存在的歧视，作为针对白人的歧视的合法性基础。[9]法院还表示，小范围的、弥补性的扶持性平权行动方案是可以接受的，如果它们是专门设计用以纠正被证明为平权机构以往所实行的歧视。[10]举例言之，假设不久之前，一所州立大学还在拒绝接受非裔美国人的申请。宪法允许那个大学至少在一个有限的时间内，通过采取扶持性平权行动方案来纠正它以往的录取行为，这项扶持性平权行动方案将会弥补其由于自身的歧视性行为所造成的不平衡。

仍然不太清楚的是：在什么时候，如果曾经有过的话，一个公共机构能被允许以前瞻性理由，而非以对过去歧视的纠正为理由，来实施扶持性平权行动？[11]例如，一个州也许主张说，如果警察力量当中包含了非裔美国人的话，那么这个警察部队将会更有力量——尤其是在一个包含了多种族的社区中，从而为扶持性平权行动辩护。也许，一个种族多样化的警察部队，比如在洛杉矶，将更可能被信任，也因此远远更加能够获得市民的合作。如果一个种族多样化的警察部队真能在打击犯罪中做得更好的话，那么扶持性平权行动就可以被证明是正当的。鲍威尔法官在有关高等教育的问题上也提出了相似的观点：无论一所高校本身过去是否曾有歧视非裔美国人或其他人的情况，它都应当被允许在有利于自身的情况下做出具有歧视性的行为，如果它这样做是一种确保"观念的生机勃勃的交流"的方式的话。一个对群体影响的理解是如何与那个议题相关的呢？

通过群体影响证明鲍威尔法官有理

　　每个人都认同高校可以允许通过寻求教职员工和学生的混合来提高多样性和促进异见产生。此类努力是普遍存在的，也是大多数招生机构一直试图去做的。如果密歇根大学法学院试图在其学生群体中确保各种不同的观点，那么这就不是违宪的。可以确定的是，如果一个招生机构歧视性地赞成或反对某类特殊观点的话，一些严重的自由言论问题就可能会被提出。[12]宪法很有可能禁止州立法学院或学院有偏向保守主义者或自由主义者的行为，也会禁止因为其观点令人反感而拒绝录取某些人的行为。但即便公共机构被禁止通过直接歧视某些其他观点的行为来追求其观念的多样性，这些机构也肯定会被允许寻求多种背景和经验的人，以期获得更好的讨论结果。

　　如果鲍威尔法官是正确的，扶持性平权行动方案也就相应是正当的。在此，观点很简单，即人口的多元化更可能会提升观点和角度的范围，也更可能会减少与社会影响联系在一起的从众、流瀑与极化等风险。[13]我们已经看到，在司法机构中，具有多种观点的法官能够扮演吹哨人的角色，能够纠正关于法律的不妥观点。在教育机构，一个包含种族多样性在内的高度多元化也会有同样的效果。白人几乎很少会彼此赞同，但一个种族一致的班级会有走向错误的极化立场的风险；原因仅仅是，同学们的起先观点没有被严格审视。

　　例如，我们很容易想象一个都是白人的教室，大家正在讨论种族形象定性（指警察等因肤色或种族而不是证据来怀疑人犯罪——译者注）问题，如果没有种族多样性，那就会遗漏大量有益的方面。

那些没有因为此类歧视性种族形象定性而带来不好经历的人将会缺乏关键的信息。奥康纳（O'Connor）法官对马歇尔法官的评论显示："马歇尔法官引入了一个特殊的视角……他的立场是做一个这样的人，他懂得那些被迫沉默者的痛苦，并为他们发声……马歇尔法官作为一个讲故事的高手，我个人深受他的触动……偶尔，在议会中，我仍专注于期待他上扬的眉毛和炯炯有神的眼睛，希望能听到，哪怕是又一次听到，另外一个也许会随即改变我看世界方式的故事。"[14] 对于奥康纳法官来说是正确的东西，对于整个国家乃至整个

200 世界各个教室中的白人学生来说也是一样。在种族形象定性的情境中，以及在许多其他可以想见的案例中，一定程度的种族多样性也许会带来不同的有价值的信息和视角。这些也许会改变一个群体如何看待一个世界。

就像我在写作本书时，就从涉及黑帮游荡法的事情上，很好地体会了以上所说的效应。在芝加哥市，如果一群人没有"一个明显的目的"而始终待在一个地方，且一个或多个人有理由认为他们是犯罪的街头黑帮成员，那么一个警官就可以认为他们是非法的。在法律层面的问题是：这一法律是否违宪仍是模糊的，以致不能给警察清晰的提示而赋予了他们太大的自由裁量权。[15] 最高法院以6：3的投票推翻了这项法律。许多非裔美国学生非常惧怕这项法律，他们认为，如果这项法律得到实施，那么实际上就是对警察拘捕错误肤色人的一种邀请。其中的一个学生用清晰而富于激情的语言，长篇大论，详尽地表达了这样的意思。正如在一个真正疑难案件的诉讼中，这个班级也在采用什么解决方案上分裂为两个群体；非裔美国学生自身也在这个问题上发生了分化。但有一点是确定无疑的，那就是通过检视一系列不同的反应与主张，讨论得到了更多的信息，

也提高了讨论的质量。事实上，种族多样的一大好处就是它会使所有种族的学生看到自身种族内部存在的不一致。

种族中立性？

扶持性平权行动的怀疑论者，也许会在此以乔治·W. 布什政府的司法部于最高法院提出的主张做出回应：在基于种族的歧视面前，高校应该尝试通过种族中立的方式来创造多样性。如果它们能够在不特别考虑种族问题的情况下保证种族多样，宪法就会要求他们那样做。例如，司法部门强调，种族中立政策大学的招生计划确保录取高中毕业班中前10%的学生。是不是高校应当采用这类政策，而不仅仅采用考虑肤色的政策呢？

这个观点有一定的吸引力。但它有三个核心的问题。第一，种族中立方法本身有着某种不公平性和武断性。事实上，他们是在以其自身的方式歧视。一名在一所要求极度严格的高中排前20%的学生也许会比在一所极差高中排前10%的学生要努力得多，也为考试准备充分得多。那为什么招生办公室自身对高中所存在的差异视而不见呢？为什么在要求严格的高中里学生就要被惩罚呢？为什么其他学生又可以从一个轻松的高中里受益呢？从学校自身的观点来看，问题甚至更严重。来自学术能力更强学校的学生经常会得到大量的录取意向，即使他们最后没有排在前10%的名次。高校应当被允许将这类情况考虑在内。录取前10%的政策对于申请人和高校来说都是极度不公平的。

第二，种族中立的方法常常使得提升种族多样的目标以失败告终。在尝试过这类方法的加利福尼亚州、佛罗里达州和德克萨斯州，最后的结果是含糊不清、复杂和困惑的。并且，在那些高中没有进行种族隔离的地区，前10%的政策基本上不能提升种族多样性。在废止种族隔离的地区，这样的政策很可能导致很多高校最后基本上都是白人。这是一个残忍的讽刺。种族中立前10%的方法只有在对以种族隔离为背景的情况下才会起作用。因此，种族中立方法通常情况下是无效的。在任何情形中，与整个国家的教育管理者所不同的是，最高法院不应当决定此类方式何时会真正地提升多样性。

202　　　第三，它具有某种程度上的技术性，但或许是最重要的。前10%的政策，或者其他任何专门被用来促进种族多样的政策，本身就应该是违宪的，至少，如果基于种族意识的政策也是违宪的话。因为任何按照假设系专门为了增加非裔美国人和西班牙裔美国人数量的政策，都是在尝试达到一个宪法上不能被接受的目标。为了领会这一点，想象一下，一个州禁止非裔美国人投票并且它就此所作出的努力在宪法层面上又是无效的。假设这个州通过设计一个极其困难的读写测试来回应，采用这一方法仅仅因为它明显可以排除很大数量的非裔投票者。最高法院一定会推翻这样的测试，这个政策的制定是出于种族歧视的目的。以种族中立来促进种族多样性的方法也是一样。如果基于种族意识的招生计划是违宪的，那么一种其真正目的是为了保证某些种族有更多人入学的种族中立政策，也是不能被宪法认可的。

　　我的结论是：布什政府的说法虽然表面上很吸引人，但本质上是不合逻辑的。它不合逻辑地认为：由于种族中立的方法可以促进种族多样性，因此基于种族意识的平权行动是不能被接受的。虽不合逻辑，但可以理解：显然有些人，包括总统布什的司法部，认为对种族因素的公开利用是冒犯性的和分裂性的；如果其他方法有很大的希望能解决问题，那就应该抛弃这样的政策。作为一个政策问题，我强烈赞同这个基本主张：如果可能的话，应尽量避免对种族因素的公开利用。但问题是，是否最高法院应该解释宪法——宪法在这一点上非常不清晰，以禁止不计其数的教育机构采取最直接的措施去保证多样性；而且他们非常合理地认为，这种多样性对于良好的学习是必不可少的。[16]如果我们理解了社会影响是如何运作的，我们就会倾向于得出这样的结论：基于种族意识的招生计划是完全合法的。

203

种族混合和种族成见

这样说并不意味着种族混合总是能够改进讨论的质量。它也许会导致更多的沉默。在教育系统中，一个非裔美国学生的激动人心和富有激情的评论也许会使其他同学保持沉默，因为他们不想被看起来麻木不仁，或者不想冒犯他人。如果一个非裔美国学生将一起意外事件描述为警察的种族主义行为，其他学生也许就会表现得像讨论已经结束一样；哪怕这个讨论是有关不合理的搜查和扣押的极为复杂的法律争论。简而言之，少数者的存在也许会使讨论更少活力和开放而不是更多。

我也不打算做出荒唐的和令人反感的断言，即声称在关于种族形象定性与群体游荡法上，白人之间都是相互赞同的；或者断言非裔美国人在那些麻烦的问题上都有相同的经验和观点。所有种族群体的成员在对曲折变化的种族问题上既有同意的观点也有不同意的观点，应该是没有必要的（最高法院唯一的非裔美国人法官，克拉伦斯·托马斯写了一篇就芝加哥群体游荡案件有说服力的反对意见书，主张群体游荡法应当被维持，是因为它对于广大的社区有益，可以使之免遭犯罪多发的困厄）。[17]我已经强调了，种族多样性的一个好处就是它在种族群体内部揭示出合理的不同意见的存在。鉴于这些方面，批评者也许会回应道，任何教育问题，如果它存在的话，那么它的产生不是由于群体成员都是白人，而是因为或许学生一开始就对这一问题持一致性观点。如果情况确实如此，也即不是通过观点而是通过种族背景来提升多样性的话，那么——如果有什么的话，究竟增加了什么呢？

这是一个好问题。答案是一个公道的高校应该相信，有时候非裔美国人能基于其经验为诸如此类的讨论补充些什么。如果学生需要知道一些关于政府所要处理的种族歧视的性质和严重性的话，那些曾遭受此类事件的人则能够提供重要的看法。并且，如果非裔美国人对种族形象定性和团体游荡立法确实高度愤慨，那么这本书就是值得去了解和努力理解的。如果他们没有表现出这种愤慨的话，情况也是一样。当然，补充阅读也可以用来让人们接触到不同的观点。但是，多样性的价值不仅仅在于对事实的了解。它的价值很大一部分是由于一系列的不同观点，包括与观点相关的表情，也在于拥有那种观点的人的亲临现场，这是不能被轻易忽略的。

这些观点可能会被一所明智的大学用来为旨在提升教室讨论观点多样性的扶持性平权行动政策做辩护。因为一系列不同的广泛观点对于教育事业来说是非常重要的，这个目标既合法又令人信服。但是当回到宪法中的核心问题上，扶持性平权行动方案是用来提升那个目标的"限制性最小的方式"吗？我已经主张，宪法不能被解释为需要用种族中立的努力来创造种族多样性。但是，基于种族意识的计划会以多种形式出现，而且有些已经超越必要的限度。很容易想象，像固定配额制那样激进的扶持性平权行动方案，不会为促进多样性提供限制性最小的方式。然而也同样容易想象，那种将种族作为考虑因素之一的谨慎的招生政策，使用"限制性最小的方式"的测试也确实是可以奏效的。这就是上诉法院根据密歇根大学法学院所实施的计划而得出的结论。[18]并且，那种可能性也足够表明鲍威尔法官的方法是正确的。这类严格限缩的项目应该是可以接受的。

我在此提出一个温和的且有限的主张。在某些情形中，对于相关学院来说，种族多样性对于改善其教学进程是非常重要的。但在另外一些情形中，这个诉求是相当无力的。一堂数学课或者物理课，会因为它包含了种族多样性而使质量得到提升吗？这是不太可能的。原则上，我不相信宪法让法院带着敌对的态度去对待扶持性平权行动方案，而这种敌对的态度在大部分种族歧视中是必然的。在我看来，宪法的历史和基本的原则表明，作为一项法律问题，扶持性平权行动方案应当是可接受的，尽管在作为一项政策问题时它们经常惹来麻烦。[19]但是最高法院强烈反对我的这一观点，而只要法院准备以极大细心去审查扶持性平权行动方案，他们就不应不加区分地作出裁决。在大学本科教育和法学院背景下，对于这些计划而言，他们应该接受多样性；但那些多样性对提升观念的生机勃勃的交流作用不大的计划，法院则不应接受。

事实上，最高法院在它 2003 年两份涉及密歇根大学的裁决中遵循了此种路线。[20]严重依赖于鲍威尔法官的理论，法院同意法学院可以决定对其教育使命来说最根本的多样性种类。裁决强调，法院应当"尊重一所大学的学术性决定"，因而支持了法学院保持"关键数量"（critical mass）非裔美国学生的努力；这一努力在法院看来能够提升种族间的理解、减少种族固化和改善教室内的讨论。在这点上，法院深为商业和军队的主张所触动，这两者都强调种族多样性的重要性。因此，法院认同，由于多样性提升了教育经历并且也帮助培养了在种族上多元"且在市民眼中具有正当性的一系列领袖"，因此它是一种令人信服的利益。

法院还总结道，法学院的计划是"经过限缩和严谨设计的"，某种程度上而言它是专门设计用以实现其目标的，因此并不能等同于配额制。在法院看来，这个项目是"高度个体化的"，要求关注"每个申请人的文件，并对申请人就建设一个多元化教育环境所做贡献的所有方式都给予特别的关注"。法学院避免了任何"基于种族和准确基础上的机制性的、预先决定的多样性'优待'"。因此，该项目保证"在招生决定中，能够促进学生群体多样性的所有因素都必须被认真地与族群一起考虑"。这些因素包括流利的多语言能力、个人对逆境的克服、社区服务以及国外旅行。法院驳回了布什政府的主张，这种主张认为应采取种族中立的方式——尽管它的确表明最终将会有一个"终点"，因此在 25 年内"对种族优先政策的采用将不再是必要的"。

与此相反，在推翻本科招生计划时，法院发现密歇根大学过于激进了，未能给"每位申请者以个体化的考虑"。本科招生计划的缺陷是，它自动地为那些来自代表性不足的少数群体中的每个学生加 20 分。在法院看来，这个优待很难被认为是经过了限缩的严谨设计。

正如我已经提出的，对宪法的最佳理解是给高校留有大量的余地——应远远超过法院裁决所允许的程度。但对于法院能够承认教育自主与多样性的正当利益，以及能够看到那种良好学习环境来自于各种各样的差异性而言，应报以热烈的掌声。

最好是超越种族

对从众、流瀑和极化现象的理解，对教育实践而言具有更普遍的启示。假如我们要减少与这些现象有关的风险，以及获得一系列不同的信息和想法。如果是这样的话，本地出生的美国人之间的种族差异与国际性的差异相比之下往往就显得小巫见大巫了。我在主张中包含的一个方面就是，教育机构应当努力尝试吸引来自不同国家的学生，特别是吸引那些来自代表性不足的国家的学生。如果多样性确实是一个问题，那么在寻求学生多元化方面，来自非洲的学 207 生与非裔美国人之间就应当是一视同仁的。对于教育的提升而言，本应当期望拥有来自中国、英国、法国、德国、印度、意大利、日本和西班牙的学生。对从众、流瀑以及极化的同样关注表明，不单单要确保种族多样性，还要确保在经济背景方面多样性的重要性。如果这个问题是有关住房政策和福利改革的，那么寻求拥有旨在帮助穷人的项目经历的学生就是有价值的，甚至是不可或缺的。

许多学校已经以他们拥有来自多个国家的学生而自豪。并且，许多大学尝试确保学生是来自多种经济背景的。当然，艰难的选择也是要做的。美国的机构，特别是公共机构对于美国公民是有特殊义务的。奖学金是有限的。不过，运作良好的教育机构受益于不同种类的多样性。对社会影响的认识有力地支持这样一种主张，即在大学招生中考虑种族因素是合法且正当的。并且，如果我们关注从众、流瀑和群体极化现象的话，我们将倾向于重新思考有关招生的一系列问题，以及一般意义上的、切实的教育实践。 208

结 论

为什么不同意？

约翰·斯图尔特·密尔在其19世纪的著作《论自由》中，认为"多数人的暴政"不仅可以在法律中发现，还能在社会压力中发现："与其他的暴政一样，人们最初对多数人的暴政感到恐惧——现在通常还是这样，主要由于它是通过公共权威机构的行为来实施的。但是，明辨慎思的人们会认识到，当社会本身就是暴君时——社会集体凌驾于组成它的个别的个体，就意味着暴政的施行并不限于通过官员之手而采取的措施。社会能够而且确实会执行它自己的命令……因此，仅仅防范执法官员的暴政是不够的；也要防范社会不通过官方惩罚，而是将其自身的观念与实践作为行为规则，强加到那些对其持异见者身上的倾向。"

在密尔看来，社会可以在丝毫没有公共权威机构的帮助下执行"它自己的命令"。密尔是对今天的我们说的吗？他的言论有时被认为是其特定时期和环境的产物，即在19世纪英国某种特定宗教正统观念施加令人窒息的压力的情况下，整个英格兰所弥漫的强烈的墨守成规的压力。然而，墨守成规的压力远不止这些。事实上，它根209 植于人类状况的经久不衰的特性之中。我在本书中的主要目标，一直是试图去理解那些特性，并观察对于它们我们可以做什么。为此目的，我已经大胆地针对从众、流瀑以及群体极化三种社会现象提出了统一的应对措施。所有这些现象首先都产生于其他人言行之中所包含的信息；其次是产生于那些言行所带来的社会力量之中。

当群体走向极端时，原因常常就在于人们之间互相施加的影响。对于家族世仇、宗教组织、体育粉丝和投资俱乐部而言是这样的；对于革命者和恐怖分子，也的确如此；对于讨论组、帮派和邪教，同样如此；对于政党、立法部门、法院、监管机构甚至国家，也都一样。当出现群体极化时，人们倾向于讨论每个人都已经拥有的信息，而不是分享某个人或少数几位群体成员所掌握的信息。这是一个严重的损失。如果群体走向极端化，他们就有很好的理由去这样做；原因不仅仅是由于内部讨论使得人们先前存在的倾向被强化或放大了。

当然，从众通常有很大的意义。如果我们自身没有掌握很多独立的信息，照着他人所做的去做，也许会做得最好。从众的问题是，它剥夺了社会获得自身所需信息的可能。我对流瀑也强调过同样的问题，即人们跟随其他人，并且这样一来就不能披露他们所真正知道的情况。流瀑的结果是，个人和群体都会严重犯错。当存在严重的不公平时，仅仅由于大多数人对其他人的想法发生了误解，这种不公常常就仍然能够持续下去。由于认为其他人也许是对的或者仅仅是想要避免社会非议，他们就使自己保持缄默。应对策略就是，只要人们大声讲出来，错误和不公正就是可以避免的。独裁者和暴君，无论大或小，往往都不过是那未着寸缕的皇帝而已。

总的教训是非常清楚的。组织和国家只要欢迎异见和提高开放度，就可能繁荣。运转良好的社会得益于一系列不同的想法；他们的公民也不会居住在封闭的社区或者回音室。美国无与伦比的经济成功都应归因于信息开放的文化。确实，市场经济本身就体现着开放的规则，保证那些有创新的人能够成功（并且创新本身就是一种异见）。言论的自由和开放的异见，都是自由市场的姊妹。从美国在某种程度上和平与战争都做得很好这个方面而言，就是极大地归功于表达自由。但是，民主和其他系统一样，经常产生密尔所谴责的多数人的暴政问题；原因很简单，就是由于社会压力为异见者施加了沉重的负担。

我们已经看到，对社会影响的认识为阐明法律的表达功能带来了曙光。仅仅通过其表达，法律就能经常性地影响人们的行为。公共场合禁烟和对性骚扰的禁止就是这样的例子。法律的效力依赖于它能给人们提供"做什么才正确的"信号的能力，以及提供其他人认为"那样做是正确的"信息的能力。由于人们在乎其他人的反应，如果违法很容易被发现的话，那么法律的表达作用就会得到增强。有了对社会影响的理解，仅凭法律条文的表达，我们也能够就法律什么时候会起作用做出预测；我们也能预见到，法律何时将会是无效的，除非伴随着大量的强制实施行为。我们也能看到，为什么独裁政府远远比民主政府更需要警察，以及为什么他们必须依赖对恐怖的灌输。

许多宪法权利和制度都在减少源于从众、流瀑和群体极化所带来的危害。言论自由是一个最简单的例子，它为糟糕的流瀑和错误的极端提供了某种审查和抑制作用。至少，一个表达自由的体制会禁止政府去限制任何观点。我们也已经注意到这些重要性，即确保人们可以接触到各种不同的立场，确保不选择进入自我设计的狭窄空间之中。通过创造对所有人开放的公共论坛，一个表达自由的体制就彰显出其积极的一面。在一个运转良好的民主社会，言论自由的权利毫无疑问能够保护异见者，但是它也不能为所欲为，除非听众愿意给异见者一个尊重的倾听。

先将权利和义务置于一边，大多数宪法机制提高了重要信息和可选择性观点公开展示的可能性。美国制宪者们最突出的贡献，就在于他们对政府异质性的坚持，（用亚历山大·汉密尔顿的话说）将"各方冲突"看作"促进协商"的一种方式。由于从众的有害影响，无论对于公共机构还是私人机构，这种碰撞都是明智可取的。两院制就是最明显的例子。在这样一个体制中，法律是由两个具有不同文化背景的机构所出台的，因此就为观点朝不当方向的转移提供了某种潜在的监督与抑制作用。

如果我们理解了社会影响所扮演的角色，我们也将明白为什么在联邦司法机构确保高度的多样性如此重要。当然，作为一个阶层而言，共和党的被任命者是不同于民主党的被任命者的。我们也应该欣赏在任何一个合议庭中，能够有一位潜在吹哨人的重要性；这位吹哨人的存在形式，就是来自与另外两位法官不同政党的一位法官。美国法官几乎从来都不会无法无天。但是，与其他任何一个由想法相近的人构成的群体一样，一群想法相近的法官也被证明易于走向不当的极端。如果一个法庭包含了潜在的异见者，它就会做得好很多。如果对于大部分机构来说是正确的，那么对于法庭而言也同样如此。

对于社会影响的理解也同样可以表明，为什么一所学院或大学应努力确保多维度的异质性。真正意义上的学习很难在所有人都同意彼此观点的教室中出现。就如同一个好的立法机构，优良的教育也有赖于某种程度上的"多方的碰撞"。在某些情况下，由于可以增加许多不同的经历与视角，种族多样性也很可能改善讨论的质量。对于从众和极化现象风险的认识，能够帮助解释为什么高等教育机 212

构应提升不同种类的多样性。

　　这些具体的主张中有一个更大的主题。人们通常都认为那些循规蹈矩的从众者是为整体利益服务的，而那些异见者则是反社会的甚至是自私的。某种意义上说，的确如此。有时候，从众者会增强社会的联系，而异见者则会危及那种联系，或者至少是产生了一定程度上的紧张关系。然而，从一个重要的方面来说，常规思路常常有其弊端。大部分情况下，人们随大流往往是为了自己的个人利益，只不过，他认为个人在说话与做事时将社会利益挂嘴边是最好的。运转良好的社会都采取措施遏制从众并促进异见。它们之所以如此，部分原因是为了保护异见者的权利，但更主要的是：保护社会自身213 的利益。

注 释

引言：从众与异见

1. Jeffrey A. Sonnenfeld, "What Makes Great Boards Great", 80 *Harvard Bus. Rev.* 106, 106, 111 (Sept. 2002).

2. Brooke Harrington, Cohesion, Conflict- and Group Demography (unpub. ms. , 2000).

3. 我在这里借鉴了欧文·詹尼斯，参见 Irving Janis, *Groupthink* 14 – 47 (Boston: Houghton Mifflin, 2ded. , 1982).

4. Id. at 16.

5. Ted Sorensen, *Kennedy* 343 (New York: Harper Collins, 1966).

6. Arthur Schlesinger, Jr. , *A Thousand Days* 258 – 59 (New York: Mari – ner Books, 1965).

7. Id. at 255.

8. 转引自 Hugh Sidey, "White House Staffvs. The Cabinet", *Washington Monthly*, Feb. 1969.

9. See David Schkade, Cass R. Sunstein, and Daniel Kahneman, "Deliberating about Dollars", 100 *Columbia Law Rev.* 1139 (2001).

10. 参见约瑟夫·亨利希等人将模范视为一种迅速和便利的启发方式的讨论。Joseph Henrich etal. , "What Is the Role of Culturein Bounded Rationality?" in *Bounded Rationality: The Adaptive Toolbox* 343, 344. (Gerd Gigerenzerand Richard Selten, eds.) (New York: Oxford University Press, 2002) ("文化传播能力可以帮助个人减少搜寻、学习以及数据处理方法的成本，从而可以从他人头脑中累积的经验 [可以通过对他人言行的观察而得知] 中受益。")

11. See Id. at 353 – 54, 一个与食物选择有关的有趣的大纲。

12. See Kanan Makiya, *Crueltyand Silence: War, Tyranny, Uprising, and the Modern World* 25 (New York: Norton, 1994).

13. Id. at 16.

14. See, e. g. , Palmateerv. International Harvester Co. , 421 N. E. 2d 876 (1981).

15. Glenn Loury, "Self – Censorshipin Public Discourse: A Theory of 'Po – litical Correctness' and Related Phenomena", 6 *Rationality and Society* 428 (1994).

16. See Luther Gulick, *Administrative Reflections from World War II* (New York: Greenwood Press, 1948). Janis, *Groupthink*, 可以被视为关于这个主题的一个归纳。

17. See John Rawls, *Political Liberalism* (New York: Columbia University Press, 1996).

18. 一个好的讨论参见，Robert Kagan, *Adversarial Legalism: The American Way of Law* (Cambridge: Harvard University Press, 2001).

19. See Harold H. Gardner, Nathan L. Kleinman, and Richard J. Butler, "Workers' Compensation and Family and Medical Leave Act Claim Contagion", 20 *J. Riskand Uncertainty* 89, 101–10 (2000).

20. See, e. g., George A. Akerlof, Janet L. Yellen, and Michael L. Katz, "An Analysis of Out–of–Wedlock Childbearing in the United States", 111 *Q. Econ.* 277 (1996).

21. See Robert Kennedy, "Strategy Fadsand Strategic Positioning: An Empirical Test for Herd Behavior in Prime–Time Television Programming", 50 *J. Industrial Econ.* 57 (2002).

22. See Edward Glaeser, Bruce Sacerdote, and Jose Scheinkman, "Crime and Social Interactions", 111 *Q. J. Econ.* 507 (1996).

23. 对于其概述，可参见 John L. Sullivan etal., "The Dimensions of Cue–Taking in the House of Representatives: Variation by Issue Area", 55 *J. Politics* 975 (1993).

24. See Esther Duflo and Emmanual Saez, The Role of Informational and Social Interactions in Retirement Plan Decisions: Evidence from a Randomized Experiment (Massachusetts Institute of Technology, unpub. ms., 2002), available at http://papers.ssrn.com/sol3/papers.cfm? abstract_id=315659.

25. Bruce Sacerdote, "Peer Effects with Random Assignment: Results for Dartmouth Roommates", 116 *Q. J. Econ.* 681 (2001).

26. See Christine Moser and Christopher Barrett, Labor, Liquidity, Learning, Conformity and Smallholder Technology Adoption: The Case of SRIinMadagascar (unpub. ms., 2002), available at http://papers.ssrn.com/sol3/papers.cfm? abstract_id=328662.

27. See Andrew F. Daugherty and Jennifer F. Reinganum, "Stampedeto Judgment", 1 *Am. Lawand Econ. Rev.* 158 (1999).

28. 因此，密尔主张："对一种意见表达的禁止，其特有的罪恶之处在于，它是在剥夺人类，剥夺当代人，也剥夺后人。那些持有异见的人，仍然多于那些持有主张它的人。……如果被噤声的意见是正确的，那么人们便被剥夺了以正确矫正错误的机会；如果它是错误的，他们也损失了几乎同样大的益处；人们对正确更清晰的认知与生动的印象，就是在正确与错误的碰撞中产生的。" John Stuart Mill, "On Liberty", in John Stuart Mill, *Utilitarianism, On Liberty, Considerationson Representative Government* 85 (H. B. Acton, ed.) (London: Everyman's Library, 1972).

29. See Alan B. Krueger and Jitka Maleckova, "Does Poverty Cause Terrorism? The Economics and the Education of Suicide Bombers", *New Republic* 27 (June24, 2002). See Also Timur Kuran, "Ethnic Norms and Their Transformation through Reputational Cascades", 27 *J. Legal Stud.* 623, 648 (1998).

30. See Russell Hardin, "The Crippled Epistemology of Extremism", in *Political Ration-*

ality and Extremism 3', 16（Albert Breton etal. , eds. ）（Cambridge：Cambridge University Press, 2002）.

1. 随波逐流

1. 请注意一个类似的发现：如果少数者系由不止一个人组成，并且如果其所有的成员基本上都彼此同意，那么它尤其可能会产生影响。See Robert Baron etal. , *Group Process*, *Group Decision*, *Group Action*（2ded. ）81 – 82（NewYork：Wadsworth, 1999）.

2. Dominic Abrams etal. , "Knowing What to Think by Knowing Who You Are：Self – Categorization and the Nature of Norm Formation, Conformity, and Group Polarization", 29*Brit. J. Soc. Psych.* 97（1990）. John Turner etal. , *Rediscovering the Social Group：A Self – Categorization Theory* 42 – 67（London：Blackwell, 1987）. 在本书中，群体资格与自我归类都得到了强调。

3. Muzafer Sherif, "An Experimental Approach to the Study of Attitudes", 1 *Sociometry* 90（1937）. Lee Ross and Richard Nisbet, *The Person and the Situation* 28 – 30（New York：Mc Graw Hill, 1991）. 可以从本书中发现一个非常的纲要。

4. Sherif, Supra Note 3, at 29.

5. Id. at 29 – 30.

6. 参见对权威的讨论，Robert Cialdini, *Influence：The Psychology of Persuasion* 208 – 36（New York：Quill, 1993）. 少数者如果系由相互一致且自信的人所构成，它将会有很有影响的证据，可参见 Robert Bray etal. , "So-cial Influence by Group Members with Minority Opinions", 43 *J. Personality and Soc. Psych.* 78（1982）.

7. Abrams etal. , Supra Note 2, at 99 – 104.

8. See David Krech etal. , *Individual in Society* 509（NewYork：Mc Graw Hill, 1962）.

9. 参见本书中的概述，Solomon Asch, *Opinions and Social Pressure, in Readings about the Social Animal* 13（Elliott Aronson, ed. ）（New York：W. H. Freeman, 1995）.

10. Solomon Asch, *Social Psychology* 453（Oxford：Oxford University Press, 1952）.

11. Asch, Supra Note 9, at 13.

12. Id. at 16.

13. Id.

14. See Rod Bond and Peter Smith, "Culture and Conformity：A Meta – Analysis of Studies Using Asch's Line Judgment Task", 119 *Psych. Bull.* 111, 116（1996）.

15. Id. at 118.

16. Id. at 128.

17. See Krech etal. , Supra Note 8.

18. Ronald Friend etal. , "A Puzzling Misinterpretation of the Asch 'Conformity' Study", 20*Eur. J. Of Soc. Psych.* 29, 37（1990）.

19. Asch, Supra Note10, at 457 – 58.

20. See Id. 然而，基于这些从众者中，有些人已经非常尴尬地承认，除了会认为他们的同侪可能是正确的之外，他们对于同侪的影响几乎无抵抗能力；因此这个解释是可以质疑的。

21. See Robert Shiller, *Irrational Exuberance* 149 – 50（Princeton：Princeton University

Press，2000）.

22. Bondand Smith，Supra Note 14，at 124.

23. See Asch，Supra Note 9，at 23 – 24.

24. See Baron etal.，Supra Note 1，at 66.

25. See Timur Kuran，*Private Truths*，*Public Lies*（Cambridge：Harvard University Press，1998）.

26. Asch，Supra Note 9，at 21.

27. See R. S. Crutchfield，"Conformity and Character"，10 *Am. Psych.* 191（1955）.

28. See Krech etal.，supra note 8，at 509.

29. See R. D. Tuddenham and P. D. Macbride，"The Yielding Experiment from the Subject's Point of View"，27*J. Pers.* 259（1959）.

30. John Stuart Mill，"On Liberty"，in John Stuart Mill，*Utilitarianism*，*On Liberty*，*Considerations on Representative Government* 73（H. B. Acton，ed.）（London：Everyman's Library，1972）.

31. See Baron etal.，Supra Note 1，at 66.

32. Id.

33. See Robert Baron etal.，"The Forgotten Variablein Conformity Research：Impact of Task Importance on Social Influence"，71 *J. Personality and Soc. Psych.* 915（1996）.

34. See Krech etal.，Supra Note 8，at 509 – 10："当一个人最初非常确定地认为自己不易受群体压力影响的情况下，在困难问题上的更大屈服，可能反映了个体在对自身判断的确定性上感受的不同。"

35. Id.

36. Id. at 925.

37. Id.

38. Asch，Supra Note 9.

39. Baron etal.，Supra Note 1，at 119 – 20.

40. Id. at 18.

41. Brooke Harrington，Cohesion，Conflict and Group Demography（unpub. ms.，2000）.

42. See Jeffrey A. Sonnenfeld，"What Makes Great Boards Great"，80 *Harvard Bus. Rev.* 106，106，111（Sept. 2002）.

43. Id.

44. Abrams etal.，Supra Note2，at 104 – 10.

45. Baron etal.，Supra Note1，at 66. The Point is Stressed at Various Places in Turner，Supra Note 2；See，e. g.，pp. 151 – 170.

46. Abrams etal.，Supra Note 2，at 106 – 08.

47. Id.

48. See Abrams etal.，Supra Note 2，at 108. 相反，那些自视为另一个不同群体成员的人，当公开发言的时候，的确会提供准确的、非从众的答案；这就导致一个困惑：为什么在公开发言比在私下发言有更大的准确性？当我们认识到这样一种可能性的时候，困惑就会迎刃而解。亦即，受试者可以将质疑另外一个群体的人（哪怕他们私下怀疑那些人可能是正确的）视为一种正面的善意。在真实的世界中，当人们被问及他们是否会同意反对者或对手时，这个效果还会得到加强；甚至在答案为"是"的时候，他们也可能回答"不"，仅仅是由于同意是有代价的，不管是声誉上的，还是自我感觉上的。

49. 在阿什试验中，还有一些其他值得重视的发现。比如，那些被传统上描述为集体主义的文化，比那些在传统上被认为是个人主义的文化，表现出了更大的从众效应。"根据我们的讨论，我们可以预见到，个人主义和集体主义文化之间，对于易受社会影响上的差异，在任务（比如说）是一个舆论性问题的时候，甚至会更大。"Bond and Smith, Supra Note 14, at 128. 20 世纪 50 年代以来，从众行为的线性递减，说明随着时间的过去，人们变得更加愿意去拒绝多数人的管电流。. Id. at 129. 女性显得比男性更易于从众。Id. At 130. 后一个发现值得强调；它与这样一个一般性的发现恰相吻合，亦即，群体中地位较低的成员，在一个一致性的组织中，更不愿意发言。See Caryn Christenson and Ann Abbott, "Team Medical Decision Making", in *Decision Making in Health Care* (Gretchen Chapman and Frank Sonnenberg, eds.) (Cambridge: Cambridge University Press, 2000), at 267, 273 – 76. 最后一点表明，创建一个机制，从而确保地位较低的人也能够发言和被倾听的重要性。下文我将还会提出这个建议。

50. See Baronetal., Supra Note 1, at 79 – 80.

51. Id. at 80.

52. Wendy Wood etal., "Minority Influence: A Meta – Analytic Review of Social Influence Processes", 115 *Psych. Bull.* 323 (1994).

53. See Baron etal., Supra Note1, at 82 – 86.

54. See Wood etal., Supra Note 52.

55. See Baron etal., Supra Note1, at 82.

56. See Krech etal., Supra Note 8, at 514.

57. See Crutchfield, Supra Note 27, at 198.

58. See Stanley Milgram, *Obedience to Authority* (Princeton: Princeton University Press, 1974); Stanley Milgram, "Behavioral Study of Obedience", in *Readings about the Social Animal* 23 (Elliott Aronson, ed.) (New York: W. H. Freeman, 1995).

59. Id. at 27.

60. Id. at 29.

61. Id. at 30.

62. See Stanley Milgram, *Obedience to Authority* 35 (Princeton: Princeton University Press, 1974).

63. Id. at 23.

64. Id.

65. Id. at 55 – 57.

66. Id. at 34.

67. 这个非常规的解释，请参见 Thomas Blass, "The Milgram Paradigm after 35 Years: Some Things We Now Know about Obedience to Authority", in *Obedience to Authority: Critical Perspectives on the Milgram Paradigm* 35, 38 – 44 (Thomas Blass, ed.) (New York: Lawrence Erlbaum Associates, 1999); Shiller, Supra Note 21, at 150 – 51.

68. Blass, Supra Note 67, at 42 – 44.

69. Milgram, *Obedience to Authority*, Supra Note58, at 113 – 22.

70. Id.

71. See Janice Nadler, "No Need To Shout: Bus Sweeps and the Psychology of Coercion",

2003 *Supreme Court Review* (Forthcoming).

72. See Saul M. Kassim and Katherine L. Kiechel, "The Social Psychology of False Confessions: Compliance, Internalization, and Confabulation", 7 *Psych. Sci.* 125 (1996).

2. 守法违法

1. 关于一个我从中受益良多的极有帮助的讨论，参见 Richard H. McAdams, "An Attitudinal Theory of Expressive Law", 79 *Oregon Law Rev.* 339 (2000).

2. See Tom Tyler, *Why People Obey the Law* (New Haven: Yale University Press, 1999).

3. See Robert Kagan and Jerome Skolnick, "Banning Smoking: Compliance without Enforcement", in *Smoking Policy: Law, Politics, and Culture* (Robert Radin, ed.) (Oxford: Oxford University Press, 1999).

4. Id.

5. Id. at 72.

6. Id. at 78.

7. Dan M. Kahan, "Gentle Nudgesv. Hard Shoves: Solving the Sticky Norms Problem", 67 *U. Chicago Law Rev.* 607 (2000).

8. 若要知道是否会存在服从，重要的就是去明确服从与不服从所发出的信号。仅仅是法律的通过就能够改变那种信号。举例言之，对于一部不经常实施的法律而言，如果它以前曾规定了关于社会危害的信号，那么它将会导致一个人的行为是否违法变得不确定。可以设想这样的一位少年，他想要系安全带，但由于不想传达出自己怯懦的信号而最终还是没有扣上安全带。一部要求人们系安全带的法律，应该这样来决定：将对服从的反思与法律联系起来，而不是将普遍化的恐惧与其联系起来。如此，法律的存在就可以改变服从的"含义"，从而表明，那些服从法律的人，很简单，就是守法者。相似的，在新的环境下，那些违反法律的人，就不仅仅是胆大了，还是（从技术上说）犯罪。我们可以设想一下，这些转向在其中提升了违法水平的那些情形。但是在绝大多数时间的绝大多数社会中，这个变化倾向于将行为变得一致起来。

9. Kagan and Skolnick, Supra Note 3, at 78. 若要发现进一步的支持，可以参见 Sheldon Ekland - Olson etal., "The Paradoxical Impact of Criminal Sanctions: Some Microstructural Findings", 18 *Law & Society* 159 (1984).

10. Id. at 160.

11. See Bruno Frey and Lars Feld, Deterrence and Moralein Taxation: An Empirical Analysis (2002), available at http: //papers. ssrn. com/sol3/pa - pers. cfm? abstract_ id = 341380.

12. Peter H. Reingen, "Testofa List Procedure for Inducing Compliance with a Request to Donate Money", 67 *J. Applied Psych.* 110 (1982).

13. Stephen Coleman, Minnesota Department of Revenue, The Minne - sota Income Tax Compliance Experiment State Tax Results1, 5 - 6, 18 - 19 (1996), available at http: //www. state. mn. us/ebranch/mdor/reports/compli - ance/pdf.

14. See H. Wesley Perkins, *The Social Norms Approach to Preventing Schooland College Age Substance Abuse: A Handbook for Educators,*

Counselors, *and Clinicians* （New York： Jossey –
Bass, 2003）.

15. See Archon Fungand Dara O' Rourke,
"Reinventing Environmental Regulation from the
Grassroots Up： Explaining and Expanding the
Success of the Toxics Release Inventory", 25
Env. Management 115 （2000）.

16. Id.

17. Id. at 121.

18. See Richard A. Posner, *Sex and Reason*
326 – 28 （Cambridge： Har – vard University
Press, 1992）（discussing the role of the Catholic
Churchin preventing statutory change）.

19. Alexander M. Bickel, *The Least Dan-
gerous Branch* 148 – 56 （New Haven： Yale Uni-
versity Press, 1962）（discussing desuetude）.

20. Griswold v. Connecticut, 381US 479
（1965）. 21. 478 US 186 （1986）.

3. 群来群往

1. 一个有益的概览，请参见 Sushil
Bikchandani etal. , "Learning from the Behavior
of Others： Conformity, Fads, and Informational
Cascades", 12 *J. Econ. Persp.* 151 （1998）.
在社会科学中，最早关于流瀑的文献请参见
Magoroh Maruyama, "The Second Cybernetics：
Deviation – Am – plifying Mutual Causal Proces-
ses", 51 *Am. Scientist* 164 （1963）; Thomas
C. Schelling, *Micromotives and Macro Behavior*
（New York： Norton, 1978）; and Mark Granovet-
ter, "Threshold Models of Collective Behavior",
83 *Am. J. Soc.* 1420 （1978）. 对纯粹信息流瀑
的最为有启发性的分析，参见 Sushil Bikchan-

dani, David Hirshleifer, and Ivo Welch, "A In-
formational Cascades", 100 *J. Pol. Econ.* 992
（1992）; Lisa Anderson and Charles Holt, "In-
formation Cascades in the Laboratory",
87*Am. Econ. Rev.* 847 （1997）; Abhiijit Banerjee,
"A Simple Model of Herd Behavior",
107*Q. J. Econ.* 797 （1992）. See Also B. Douglas
Bernheim, "A Theory of Conformity", 102*J.
Pol. Econ.* 841 （1994）（discussing similar mech-
anisms）.

2. See Andrew F. Daughety and Jennifer F.
Reinganum, "Stampede to Judgment", 1*Am.
Lawand Econ. Rev.* 158 （1999）.

3. 我在这里借鉴了大卫杰出而又清晰的
处理，参见 David Hirshleifer, "The Blind Lead-
ing the Blind", in *The New Economics of Human
Behavior* 188, 193 – 94 （Marianno Tommasi and
Kathryn Ierulli, eds. ）（Chicago： University of
Chicago Press, 1995）.

4. Id. at 195.

5. Id. at 204.

6. John F. Burnham, "Medical Practiceàla
Mode： How Medical Fashions Determine Medical
Care", 317 *New England Journal of Medicine*
1220, 1201 （1987）.

7. See Sushil Bikhchandani etal. , "Learn-
ing from the Behavior of Others： Conformity,
Fads, and Informational Cascades", 12*J. Econ.
Persp.* 151, 167 （1998）.

8. See Hirshleifer, Supra Note 3, at 205;
Robert Shiller, "Conversation, Information, and
Herd Behavior", 85*Am. Econ. Rev.* 185 （1995）.

9. See Eric Talley, "Precedential Cascades：

An Appraisal", 73 *So. California Law Rev.* 87
(1999).

10. See Hirshleifer, Supra Note 3, at 204 –
05（对来自医学与科学的证据的讨论）。这
个主张并不意味着当人们参与到流瀑之中时，
如果他们没有看到前辈的决定，就会做得更
糟。在有些情形下，他们会做得更好。设想
存在这样一种情况：如果先行者有相对更好
的信息，或者非常幸运，而后来的做决定者
信息匮乏，或者举止失措。在这些情形下，
如果先行者的决定未被观察到，情况也许会
更好点。参见 Anderson and Holt, Supra Note1,
at 847, 852, 其展示了四种情况，在其中，
由于人们并不依赖于私自掌握的信息，反而
做得更好。但是，我们也可以设想这样一些
情形：在其中，先行者并不拥有特别的好信
息，或者并不幸运，而后来的做决定的人则
有着相当好的信息。在那些情形中，独立判
断将会比流瀑行为导致更好的结果。参见，
同上，展示了一种情况：比起依赖于私人所
掌握的信息，流瀑导致了更多的错误。与违
反相比，流瀑导致了更严重的分歧，仅仅是
因为先行者有着太大的影响。

9. 参见 Edward Parson, Richard Zeckhaus-
er, and Cary Coglianese, "Collective Silence
and Individual Voice: The Logic of Information
Games", Forthcoming in *Collective Choice: Es-
saysin Honor of Mancur Olson* (J. Heckelman
and D. Coates, eds.) (Springer – Verlag 2003);
Eric Posner, "Four Economic Per – spectives on
American Labor Law and the Problem of Social
Conflict", 159 *J. Institutional and Theoretical
Econ.* 101 (2003). 但这并不能说，流瀑比违

反导致了更大程度上的错误。简言之，基本
的主张并非说，与无法观察其他人选择的人
相比，那些参与到流瀑之中的人一般会做得
更差。恰恰相反，那些参与到流瀑之中的人，
未能披露他们私下所掌握的信息；结果就是，
比起在人们披露自己所掌握信息的情况下，
做得更糟。

11. See Anderson and Holt, Supra Note 1,
at 847.

12. See Angela Hung and Charles Plott,
"Information Cascades: Replication and an Ex-
tension to Majority Ruleand Conformity – Reward-
ing Institutions", 91 *Am. Econ. Rev.* 1508, 1515
(2001).

13. 如此，在安德森/霍尔特实验中，
72%的受试者遵循了贝叶斯规则。在马克·
威灵格和安东尼·扎克默尔实验中是 64%。
Marc Willinger and Anthony Ziegelmeyer, "Are
More Informed Agents Able to Shatter Information
Cascades in the Lab", in *The Economics of Net-
works: Interaction and Behaviours* 291, 304
(Patrick Cohendet etal. , eds.) (New York:
Springer – Verlag, 1996).

14. See Willinger and Ziegelmeyer, Supra
Note 13, at 291.

15. Anderson and Holt, Supra Note1, at
859.

16. See Talley, Supra Note 9.

17. See Shiller, Supra Note 8.

18. H. Henry Cao and David Hirshleifer,
Conversation, Informational Learning, and Infor-
mational Cascades, available at http: //
papers. ssrn. com/sol3/papers. cfm? abstract_ id

= 267770.

19. 为了表明这一点，可以假设阿伦需要在 A 和 B 之间做个选择，而且他选了 B，并导致了比较好的结果；因为 A 选择已经被证明，在特定情况中，是一个更没有价值的选择，哪怕它曾经是一个可能更有价值的选择。详细的讨论同上文所引。

20. Willinger and Ziegelmeyer, Supra Note 13.

21. Hung and Plott, Supra Note 12, at 1511.

22. Id. at 1515.

23. See Andrew Caplin and John Leahy, "Miracle on Sixth Avenue: Informati on Externalities and Search", 108 *Econ. J.* 60, 61 (1998).

24. See Parson, Zeckhauser, and Coglianese, Supra Note 10.

4. 邻居们会怎么想?

1. See Timur Kuran, *Private Truths*, *Public Lies* (Cambridge: Harvard University Press, 1995).

2. Christina Bicchieri and Yoshitaka Fukui, "The Great Illusion: Ignorance, Informational Cascades, and the Persistence of Unpopular Norms", in *Experience*, *Reality*, *and Scientific Explanation* 89, 108 – 114 (M. C. Galavotti and A. Pagnini, eds.) (New York: Klewer, 1999), Also Appearing in 9 *Bus. Ethics Q.* 127 (1999).

3. See Angela Hung and Charles Plott, "Information Cascades: Replication and an Extension to Majority Rule and Conformity – Rewarding Institutions", 91 *Am. Econ. Rev.* 1508, 1515 –

17 (2001).

4. Id. at 1516.

5. See Edward Parson, "Richard Zeckhauser, and Cary Coglianese, Collective Silence and Individual Voice: The Logic of Information Games", Forthcoming in *Collective Choice: Essays in Honor of Mancur Olson* 31 (J. Heckelmanand D. Coates, eds.) (Springer – Verlag 2003).

6. See Kuran, Supra Note 1; Bicchieri and Fukui, Supra Note 2. Foranengaging Discussion, See Malcolm Gladwell, *The Tipping Point* (Boston: Little, Brown, 2000).

7. See H. Henry Cao and David Hirshleifer, Misfits and Social Progress (unpub. manuscript, 2002).

8. See John L. Sullivan etal., "The Dimensions of Cue – Taking in the House of Representatives: Variation by Issue Area", 55 *J. Politics* 975 (1993).

9. See Irving Janis, *Groupthink* 114 – 17 (Boston: Houghton Mifflin, 2ded., 1982).

10. Id. at 115.

11. Id.

12. See Kanan Makiya, *Cruelty and Silence: War*, *Tyranny*, *Uprising*, *and the Modern World* 325 (New York: Norton, 1994).

13. Id. (强调为原文所加)

14. 情况也可能是，异见者是错的，特别是（并不仅仅如此）在他们充当反对者时；而一旦他们是错误的，他们就可能通过与这里所讨论的同样的过程扩散错误。我已经表明，并非从众或流瀑如此不好，而是其背后潜在的机制不好。这种机制提高了人们不愿意去披露他们所知道的与所相信的可能性，并进而导致对社会的危害。

15. Id. at 648.

16. Kuran, Supra Note 1.

17. 当然，自我审查也并非总是不好。公众所认同的规范往往具有一种"合法化效果（laundering effect）"。See Robert E. Goodin, "Laundering Preferences", in *Foundations of Social Choice Theory* 75（Jon Elster and Aanund Hylland, eds.）（Cambridge：Cambridge University Press, 1986）. 这里的核心观点是，有些反对诸如纳粹言论之类的强社会规范，对于公共讨论具有好的效果。参见同上。

18. Joseph Raz, *Ethics in the Public Domain* 39（Oxford：Oxford University Press, 1994）.

19. See Edwin Cameron, "AIDS Denialin South Africa", 5 *The Green Bag*, 415, 416 – 19（2002）.

20. See F. A. Hayek, "The Use of Knowledge in Society", 35*Am. Econ. Rev.* 519（1945）.

21. David Grann, "Stalking Dr. Steere", *New York Times*, July 17, 2001（Magazine）, at 52.

22. Todd Werkhoven, "I'm A Conservative, But I'm Not a Hatemonger", *Newsweek*, Oct. 7, 2002, at 14.

23. Andrew Higgins, "It's a Mad, Mad, Mad – Cow World", *Wall St. J.*, Mar. 12, 2001, atA13（internal quotation mark somitted）.

24. Bicchieri and Fukui, Supra Note 2, at 93.

25. Alexisde Tocqueville, *The Old Regime*

and the French Revolution 155（A. P. Kerr, ed.）（New York：Doubleday, 1955）.

26. See Russell Hardin, "The Crippled Epistemology of Extremism", in *Political Rationality and Extremism* 3, 16（Albert Breton etal., eds.）（New York：Cambridge University Press, 2002）.

27. 概述可参见 *Heuristics and Biases：The Psychology of Intuitive Judgment*（Thomas Gilovich etal., eds.）（New York：Cambridge University Press, 2002）；For a Summary, See Cass R. Sunstein, "Hazardous Heuristics", 70 *U. Chicago Law Rev.* 751（2003）.

28. See Amos Tversky and Daniel Kahneman, "Judgmentunder Uncertainty：Heuristics and Biases", in *Judgmentunder Uncertainty：Heuristics and Biases* 3, 11 – 14（Daniel Kahneman, Paul Slovic, and Amos Tversky, eds.）（New York：Cambridge University Press, 1983）.

29. See Roger Nolland James Krier, "Some Implications of Cognitive Psychology for Risk Regulation", 19*J. Legal Stud.* 747（1991）；Timur Kuranand Cass R. Sunstein, "Availability Cascades and Risk Regulation", 51 *Stanford Law Rev.* 683, 703 – 05（1999）.

30. 对灾难的一个极为形象的说明，参见 Jacob Gersen, Strategy and Cognition：Regulatory Catastrophic Risk（unpub. ms., 2001）. See Also Paul Slovic, *The Perception of Risk* 40（London：Earthscan, 2000）.

31. See Kuranand Sunstein, Supra Note 31.

32. See Jacob Gersen, Strategy and Cognition：Regulating Catastrophic Risk（unpub. ms.，2001）.

33. See Donald Braman and Dan M. Kahan，"More Statistics，Less Persuasion：A Cultural Theory of Gun – Risk Perceptions"，*U. Penn. Law Rev.*（Forthcoming 2003）.

5. 言论自由

1. See Abrams v. United States，250US 616，630（1919）（Holmes，J.，dissenting）.

2. West Virginia State Bd. Of Educ. V. Barnette，319US 624（1943）.

3. James Madison，Report of 1800，January 7，1800，in 17 *Papers of James Madison* 346，344（David Mattern etal.，eds.）（Charlottesville：University Press of Virginia，1991）.

4. See Brandenburg v. Ohio，395 US 444（1969）.

5. New York Times Co. V. United States，403 US 713（1971）.

6. See Kovacs v. Cooper，336 US 77（1949）.

7. 最好的讨论依然是斯通所作出的。Geoffrey Stone，"Content Regulation and the First Amendment"，25*Wm. & Mary Law Rev.* 189（1983）.

8. See RAV v. City of St. Paul，505 US377（1992）.

9. Id.

10. Hague v CIO，307 US 496（1939）. 就当前讨论的目的而言，并不需要事无巨细地讨论公共论坛原则。有兴趣的读者可参考，Geoffrey Stone etal.，*The First Amendment* 286 – 330（New York：Aspen，1999）.

11. 一个精彩的讨论可参见 Noah D. Zatz，"Sidewalksin Cyberspace：Making Space for Public Forums in the Electronic Environment"，12 *Harvard J. Lawand Tech.* 149（1998）. I have borrowed here from Cass R. Sunstein，*Republic.com*（Princeton：Princeton University Press，2001）.

12. See Id.

13. 一个极有价值的讨论请参见 Christopher Avery，Paul Resnick，and Richard Zeckhauser，"The Market for Evaluations"，89*Am. Econ. Rev.* 564（1999）.

14. See Caryn Christenson and Ann Abbott，"Team Medical Decision Making"，in *Decision Making in Health Care*（Gretchen Chapman and Frank Sonnenberg，eds.）（New York：Cambridge University Press，2000），at 267，273 – 76.

6. 群体极化法则

1. See Roger Brown，*Social Psychology*（2d ed.）203 – 226（New York：The Free Press，1985）.

2. See Id. at 204.

3. Id. at 224.

4. See Albert Bretonand Silvana Dalmazzone，"Information Control，Loss of Autonomy，and the Emergence of Political Extremism"，in *Political Nationality and Extremism* 53 – 55（Albert Bretton etal.，eds.）（New York：Cambridge University Press，2002）.

5. 然而，如果仅仅接触其他人的观点，结果也会导致群体极化的发生。See Robert

Baron etal. , *Group Process*, *Group Decision*, *Group Action* 77 (New York: Wadsworth, 1999).

6. See David Schkade etal. , "Deliberating about Dollars: The Severity Shift", 100 *Columbia Law Rev.* 101 (2000).

7. See Cass R. Sunstein etal. , *Punitive Damages: How Juries Decide* 32 – 33 (Chicago: University of Chicago Press, 2002).

8. See Schkade etal. , Supra Note 6, at 1152, 其中展示了最为愤怒的五种情形, 均值偏移为11%, 高于任何其他情形种类。在美元奖励情形中, 效果最为明显 (参见, 同上引), 高额的美元奖励大幅上涨。这个发现与另一发现联系紧密: 作为彼此讨论的结果, 极端者最容易变化, 而且变得更极端。See John Turner etal. , *Rediscovering the Social Group* 154 – 59 (London: Blackwell, 1987).

9. See Sharon Groch, "Free Spaces: Creating Oppositional Spaces in the Disability Rights Movement, in *Oppositional Consciousness* 65, 67 – 72 (Jane Mansbridge and Aldon Morris, eds.) (Chicago: University of Chicago Press, 2001).

10. 我借鉴了桑斯坦书中论文的一个部分, 参见 Cass R. Sunstein, "Why They Hate Us: The Role of Social Dynamics", 25 *Harvard J. Lawand Public Policy* 429 (2002).

11. Terrorism Research Center, The Basics of Terrorism: Part 2: The Terrorists, available at http://www.geocities.com/CapitolHill/2468/bpart2 (Dec. 16, 2001).

12. Id.

13. Giles Foden, Secrets of a Terror Merchant, Melbourne Age, Sept. 14, 2001, available at http://www.theage.com.au/news/world/2001/09/14/FFX1ONZFJRC.html.

14. Jeffeey Bartholet, "Method to the Madness", *Newsweek*, Oct. 22, 2001, at 55.

15. Stephen Grey and Dipesh Gadher, "Inside Bin Laden's Academies of Terror", *Sunday Times* (London), Oct. 7, 2001, at 10.

16. Vithal C. Nadkarni, "How to Win Over Foesand Influence Their Minds", *Times of India*, Oct. 7, 2001, available at 2001 Westlaw 28702843.

17. See Timur Kuran, "Ethnic Norms and Their Transformation through Reputational Cascades", 27 *J. Legal Stud.* 623, 648 (1998).

18. See Glenn Loury, *Self – Censorship in Public Discourse: A Theory of "Political Correctness" and Related Phenomena*, *Rationality and Society* 428 (1994).

19. See Baron etal. , Supra Note 5, at 77.

20. See R. Hightower and L. Sayeed, "The Impact of Computer – Mediated Communication Systemson Biased Group Discussion", 11 *Computersin Human Behavior* 33 (1995).

21. Patricia Wallace, *The Psychology of the Internet* 82 (New York: Cambridge University Press, 2000).

22. 一个好的概述请参见 Paul H. Edelman, "On Legal Interpretations of the Condorcet Jury Theorem", 31 *J. Legal Stud.* 327, 329 – 334 (2002).

23. 关于经验证据, 请参见 Norbert Kerr etal. , "Biasin Judgment: Comparing Individuals and Groups", 103 *Psych. Rev.* 687 (1996).

关于一些理论讨论，请参见 David Austen - Smith and J. S. Banks，"Information Aggregation, Rationality, and the Condorcet Jury Theorem"，90 *Am. Pol. Sci. Rev.* 34 (1996).

24. 这并非认为好的领袖更温和。关于为何好的领袖也许是一个相对的极端者，有一个有趣的讨论，请参见 David C. King and Richard J. Zeckhauser，Extreme Leadersas Negotiators: Lessons from the US Congress (unpub. ms.，2002).

25. Jeffrey A. Sonnenfeld，"What Makes Great Boards Great"，80 *Harvard Bus. Rev.* 106 (Sept. 2002).

26. See Brown，Supra Note1，at 200 - 45.

27. See Robert Baron etal.，"Social Corroboration and Opinion Extremity"，32 *J. Experimental Soc. Psych.* 537 (1996).

28. See Mark Kelman etal.，"Context Dependencein Legal Decision Making"，25 *J. Legal Stud.* 287，287 - 88 (1996).

29. Baron etal.，Supra Note 27.

30. See Chip Heath and Richard Gonzales，"Interaction with Others Increases Decision Confidence but not Decision Quality: Evidence against In - formation Collection Views of Interactive Decision Making"，61 *J. Org. Behav. and Human Decision Processes* 305 - 326 (1997).

31. 同上引。同理，可以认为，大多数为何能够特别地强有力，是由于人们不想引发大多数人的愤怒，或者失去大多数人的好评；当少数者能够拥有重大影响的时候，是因为他们有了真正的态度转变。参见 Baron etal.，Supra Note 5，at 82. 一个得到了证明的实际情况是，少数者对人们私下所持的观点会产生影响，如同性恋与堕胎等极具争议的问题（参见上引第 80 页）。这说明了创建多元声音讨论空间的制度是多么重要。

32. See Schkade etal.，Supra Note 6，at 1152，1155 - 56.

33. Id. at 1161 - 62.

34. See Caryn Christenson and Ann Abbott，"Team Medical Decision Making"，in *Decision Makingin Health Care* 269 (Gretchen Chapman and Frank Sonnenberg，eds.) (Cambridge: Cambridge University Press，2000).

35. Timothy Cason and Vai - LamMui，"A Laboratory Study of Group Polarisation in the Team Dictator Game"，107 *Econ. J.* 1465 (1997).

36. See Id.

37. Id. at 1468 - 72.

38. 不同的观点参见 Jon Elster，*Alchemies of the Mind* (New York: Cambridge University Press，1999)；Martha Nussbaum，*Upheavals of Thought* (New York: Oxford University Press，2001).

39. 有些研究表明，大脑有些不同的特定情感单元。而且有些类型的单元，包括对恐惧的反应型单元，在认知单元接入很早之前可能就开始起作用了。See Joseph LeDoux，*The Emotional Brain* 157 - 69，172 - 73，283 - 96 (New York: Touchstone，1996). 杏仁核结构——前脑中一个非常小的、杏仁状结构，经达大脑皮层更加反思性的审查，在对恐惧的反应中扮演着重要角色。

参见上引第 172 - 73 页。这表明，对杏仁核的刺激，导致了"对危险的预感或者恐惧";"对人类杏仁核损害的研究也表明,它在恐惧中扮演极其重要的作用"。(同上引第161页)。大脑中那些"不能做出细微区别"单元,在速度上有着极强的优势。(同上引第163页)丘脑途径,包括杏仁核,"能够迅速提供信号,警告可能存在某种危险。这是一个非常迅速与敏感的处理系统"。(同上引第163页)一个有趣的发现是:一个杏仁核有损伤的患者,被要求去辨别不同人的脸部表情时,"除了恐惧,绝大部分类型的表情"她都可能识别别出来。(同上引第173页)

40. 这是在对惩罚性赔偿的研究中,所得到的一个启发:那些在极端表现上比较中等化的群体,表现出来的转变最大。参见 Schkade etal., Supra Note 6, at 1152. 其他证据请参见 Turner etal., Supra Note 8, at 158.

41. See Maryla Zaleska, "The Stability of Extreme and Moderate Responses in Different Situations", in *Group Decision Making* 163, 164 (H. Brandstetter, J. H. Davis, and G. Stocker – Kreichgauer, eds., 1982).

42. Dominic Abrams etal., "Knowing What to Think by Knowing Who You Are", 29 *Brit. J. Soc. Psych.* 97, 112 (1990).

43. See Turner etal., Supra Note 8, at 154, 这里, 他试图利用这个证据作为一个新理论的基础, 亦即"群体极化的自我归类理论"。

44. Russell Spears, Martin Lee, and Stephen Lee, "De – Individuation and Group Polarization in Computer – Mediated Communication", 29 *Brit. J. Soc. Psych.* 121 (1990).

45. Abrams etal., Supra Note 42.

46. Albert Hirschman, *Exit, Voice, and Loyalty: Responses to Declinein Firms, Organizations, and States* (Cambridge: Harvard University Press, 1972).

47. Id. at 46.

48. See James Fishkin and Robert Luskin, Bringing Deliberation to the Democratic Dialogue, in *The Pollwitha Human Face* 3, 29 – 31 (Maxwell Mc Combs and Amy Reynolds, eds. 1999).

49. R. L. Thorndike, "The Effect of Discussion upon the Correctness of Group Decisions, When the Factor of Majority Influence Is Allowed For", 9 *J. Soc. Psych.* 343 (1938).

50. Alan Blinder and John Morgan, Are Two Heads Better Than One? An Experimental Analysis of Group vs. Individual Decisionmaking, NBER Working Paper 7909 (2000).

51. 正如我已经指出的, 关于这个问题的总体性证据是混合性的。See Kerr etal., Supra Note 23.

52. See H. Burnstein, "Persuasionas Argument Processing", in *Group Decision Making*, Supra Note 41.

53. Brown, Supra Note1, at 225.

54. See Karen A. Jehn, "A Multimethod Examination of the Benefitsand Detriments of Intragroup Conflict", 40 *Admin. Sci. Q.* 256 (1995).

55. See Id. and Subsequent Notes.

56. Id. at 260.

57. See Karen A. Jehn, Gregory B. Northcraft, and Margaret A. Neale, "Why Differences Make A Difference: A Field Study of Diversity, Conflict, and Performancein Workgroups", 44

Admin. Sci. Q. 741 （1999）.

58. Id. at 758.

59. Jehn, Supra Note 54, at260.

60. See Karen A. Jehnand Elizabeth A. Mannix, "The Dynamic Nature of Conflict: A Longitudinal Study of Intragroup Conflict and Group Performance", 44 *Acad. Management J.* 238 （2001）.

61. Id.

62. See Id.

63. See John M. Levine and L. B. Resnick, "Social Foundations of Cognition", 41*Ann. Rev. Psych.* 585 （1993）.

64. See Dean Tjosvold, Valerie Dann, and Choy Wong, "Managing Conflict between Departments to Serve Customers", 45 *Human Relations* 1035 （1992）.

65. Jehnand Mannix, Supra Note 60, at 246.

66. See Jehn etal. , Supra Note 57, at 744.

67. Id. at 758.

68. Todd Werkhoven, "I'm A Conservative, But I'm Not a Hatemonger", *Newsweek*, Oct. 7, 2002, at 14.

69. See Irving Janis, *Groupthink* （2ded.） （Boston: Houghton Mifflin, 1982）.

70. Id. at 198 – 241, 187 – 91. See Also Marlene Turner and Anthony Pratkanis, "Twenty Years of Group think Theory and Research: Lessons from the Evaluation of a Theory", 73*Org. Behav. and Human Decision Processes* 105, 107 （1998）.

71. Janis, Supra Note 69, at 175.

72. Id. at 174 – 75.

73. Id. at 262 – 71.

74. James Esser, "Aliveand Well after Twenty – Five Years: A Review of Groupthink Research", 73*J. Org. Behav. and Human Decision Processes* 116 （1998）. See Also Sally Riggs Fuller and Ramon J. Aldag, 73 *J. Org. Behav. and Human Decision Process* 163 （1998）.

75. Id. at 167.

76. Randall Peterson etal. , "Group Dynamicsin Top Management Teams: Groupthink, Vigilance, and Alternative Models of Organizational Failure and Success", 73*J. Org. Behav. and Human Decision Processes* 272 （1998）.

77. Id. at 278.

78. See Esser etal. , Supra Note 74, at 118 – 22.

79. Philip Tetlock etal. , "Assessing Political Group Dynamics", 63*J. Personality and Soc. Psych.* 781 （1992）.

80. Esser, Supra Note 74, at 130 – 31.

81. Id. at 131.

82. Id. at 131 – 32.

83. Id. at 132.

7. 制宪者的最伟大贡献

1. *The Complete Antifederalist* 269 （H. Storing, ed.） （Chicago: University of Chicago Press, 1980）.

2. *The Federalist* No. 70, at 426 – 37 （Alexander Hamilton） （Clinton Rossiter, ed.） （New York: New American Library, 1961）. 比较阿什的主张："观点的碰撞会带来一些在

重要性上影响深远的事件。我被说服采取了一个特别的立场来观察自己的行为，以别人的观点来看待我自己的行为……那么我就有两个立场，我自己的以及别人的；现在两个部分都是我自己思考方式的一部分。如此一来，我自己的思维局限通过将他人的思想包容进来而得到超越。如今，比起仅仅依赖于自己的理解，我就有了更多的替代性选择，从而创造更多的可能。当引起不同意见的原因是可理解的，这些不同意见就能丰富、加强，而非损害我们对客观性的感知。"参见 Solomon Asch, *Social Psychology* 131 – 32 (Oxford: Oxford University Press, 1952). 从不同的学科，约翰·罗尔斯有着相似的观点："日常生活中与他人交换意见能平衡偏袒之心并拓宽视角；我们可以以他人的不同视角来看待问题，我们会深切感受到自己的视野缺陷……讨论的好处基于这样一个事实：议员立法者在知识以及推理能力上存有缺陷。他们没有人通晓一切，也不可能做出所有相同的推断——这一的推断往往需要他们一起做出。讨论是一种将信息整合在一起并且扩大观点范围的方式。"参见 John Rawls, *A Theory of Justice* 358 – 59 (Cambridge: Harvard University Press, 1971). 这一理念可追溯到亚里士多德，他认为……当更多的人致力于在商讨的过程中做出贡献，每个人都带来他所分享的善好及道德谨慎时，多样的群体"聚到一起……他们——作为一个整体的集体，而非个人——能够比少数最杰出的个人做出更好的决定；……一些人欣赏这一部分，另一些人欣赏其他，所有人一起就欣赏的是全部。"参见 Aristotle, *Politics* 123 (E. Barker, trans.

1972). 我这里的许多讨论，都致力于表明，为什么以及在何种情况下，这一观点是正确的，或者错误的。

3. Luther Gulick, *Administrative Reflections After World War II* 120 – 125 (New York: Greenwood Press, 1948).

4. Id. at 120.

5. Id. at 121.

6. Id. at 125.

7. Id.

8. Id. 参见 Irving Janis, *Groupthink* (Boston: Houghton Mifflin, 2ded., 1982),

当相关制度不鼓励异议的时候，民主政体错误多发，有许多这样的例子。

9. Id.

10. See Amartya Sen, *Poverty and Famines* (Oxford: Oxford University Press, 1983).

11. See Vai – Lam Mui, "Information, Civil Liberties, and the Political Economy of Witch – hunts", 15 *J. Law, Econ. and Org.* 503 (1999).

12. 最好的处理参见 William Bessette, *The Mild Voice of Reason* (Chicago: University of Chicago Press, 1998).

13. 1 *Annals of Cong.* 733 – 45 (Joseph Gale, ed., 1789).

14. James Wilson, "Lectures on Law", in 1 *The Works of James Wilson* 291 (Robert Green McCloskey, ed.) (Cambridge: Harvard University Press, 1967).

15. *The Records of the Federal Convention of 1787* at 359 (Max Farrand ed., rev. ed.) (New Haven: Yale University Press, 1966).

16. See The Pocket Veto Case, 279 US 655,

678（1929）（认为"这是宪法条例中……根本性的部分，防止欠考虑的以及不明智的立法，认为总统……应该有充足的时间来决定他是否应该赞成或反对一项法案。如果他不赞成，应该提出详细说明的反对意见，由国会慎重考虑"）；*The Works of James Wilson*，Supra Note 290，at 432（认为总统符合条件下的否决权，"在通过法律时将确保更大程度的准确性和谨慎"）。

17. *The Federalist* No. 78.

18. U. S. Const. , Art 1, Section 8, Clause 11.

19. *The Founders' Constitution* 94（Philip Kurland and Ralph Lerner, eds.）（Chicago：University of Chicago Press, 1992）.

20. Id.

21. Id.

22. Id.

23. See Miami Herald Publishing Co. v. Tornillo, 418 US 241（1974）（striking down a right – of – reply law）.

24. See Roger Brown, *Social Psychology*（2d ed.）203 – 226（New York：The Free Press, 1985）.

25. See Caryn Christenson and Ann Abbott, "Team Medical DecisionMaking", in *Decision Making in Health Care* 273（Gretchen Chapmanand Frank Sonnenberg, eds.）（Cambridge：Cambridge University Press, 2000）.

26. Id. at 274.

27. C. Kirchmeyer and A. Cohen, "Multicultural Groups：Their Performance and Reactions with Constructive Conflict", 17 *Group and Or-*

ganization Management 153（1992）.

28. See Letter to Madison（Jan. 30, 1798）, rpt. in *The Portable Thomas Jefferson* 882（M. Peterson, ed.）（New York：Viking, 1975）.

29. See Speech to the Electors（Nov. 3, 1774）, rpt. in *Burke's Politics* 116（R. Hoffman and P. Levack, eds. , 1949）.

30. See *The Federalist* No. 10. See Also Cass R. Sunstein, "Interest Groups in American Public Law", 38 *Stanford Law Rev.* 29, 42（1985）.

31. See Anne Phillips, *The Politics of Presence*（Oxford：Oxford University Press, 1995）; Iris Young, *Justice and the Politics of Difference* 183 –91（Princeton：Princeton University Press, 1994）.

32. See James S. Fiskin, *The Voice of the People*（New Haven：Yale University Press, 1995）.

33. Id. at 206 – 07.

34. Id.

35. See James Fishkin and Robert Luskin, "Bringing Deliberation to the Democratic Dialogue", in *The Poll with a Human Face* 23（Maxwell McCombs and Amy Reynolds, eds. 1999）.

36. See Id. at 22 – 23（这表明，在 1 – 4 的区间内，承诺降低赤字的强度从 3. 51 上升到 3. 58）；在 1 – 3 的等级区间，赞成投入更多经费在教育上的从 1. 95 上升到 2. 16；承诺帮助美国海外商业利益，在 1 – 3 的等级区间从 1. 95 上升到 2. 16。

37. Id. at 23. See Also Id. at 22（表明在

1 - 3 的区间内，认为更多钱应花费在对外援助的从1.40上升到1.59；在1 - 3 的区间内，认为更多的钱应花费在社会安全上的从2.38下降到2.27）。

38. See Fishkin, Supra Note 32, at 191.

8. 法官也是从众者吗？

1. 然而应注意，在一个重要的情形中，一个相似的发现请参见 Richard L. Revesz, "Environmental Regulation, Ideology, and the DC Circuit", 83 *Virginia Law Rev.* 1717 (1997).

2. See Id.；Frank Cross and Emerson Tiller, "Judicial Partisanship and Obedience to Legal Doctrine", 107 *Yale Law J.* 2155 (1998)

3. 一个更丰富更具技术性且附有更多潜在数据的展示，参见 Cass R. Sunstein, David Schkade, and Lisa M. Ellman, *Judicial Ideology and Judicial Polarization：A Preliminary Investigation* (Chicago：University of Chicago Law School, 2003). 这篇论文包含了对统计上的重要性和相关问题的详细论述。

4. 参见我在下文章中分析的数据，以及 Richard L. Revesz, "Ideology, Collegiality, and the DC Circuit", 85 *Virginia Law Rev.* 805, 808 (1999)

5. Revesz, Supra Note 4.

6. Revesz, Supra Note 1, at 1754.

7. 这一估计系基于我自己的数据，参见 Sunstein, Schkade, and Ellman, Supra Note 3；Revesz, Supra Note 1, at 1754.

8. 参见 Sunstein, Schkade, and Ellman, Supra Note 3.

9. Id.

10. Revesz, Supra Note 1, at 1754. 两个我曾强调过的发现，看起来相互之间有一种紧张关系。民主党法官，在没有与民主党同事一起的情况下，极可能会被两名共和党同事的意见影响；但是这些情形中，民主党法官对其同事同样也具备强大的制约作用。对此我们或可解释为：在这类情况下，两个共和党法官对单独的民主党法官的影响会催生大量的合议庭一致同意的支持废除的决定；然而同时，在相当多比例的案件中，一个民主党异见者的主张能极大地降低共和党投出保守倾向的票的比例。一个合理的推测是，如果单个民主党法官的自我感觉没有那么强大，那他会屈服于群体的压力，且合议庭很可能会决定撤销；但如果民主党法官自我感觉很强大，而共和党法官不是，那共和党法官将会调整观点。

11. Id. at 1754.

12. Id. at 1753.

13. Id.

14. See Sunstein, Schkade, and Ellman, Supra Note 3, For Discussion.

15. Cross and Tiller, Supra Note 2.

16. See 467 US 837 (1984).

17. Cross and Tiller, Supra Note 2, at 2169.

18. Constructed on the basis of data in Cross and Tiller, Supra Note 2, at 2172 - 73.

19. See Id. at 2174 - 76.

20. See Revesz, Supra Note 1, at 1755.

21. David Schkade, Cass R. Sunstein, and Daniel Kahneman, "Deliberating about Dollars",

100 *Columbia Law Rev.* 1139, 1150 and 1150 n. 44 (2001).

22. Robert Baron etal. , *Group Process*, *Group Decision*, *Group Action* (2d ed.) 74 (New York: Wadsworth, 1999).

23. 我在此处假设，在由纯共和党人合议庭审理的案件中，相关部门的行为也并非完全都被认为是不合理的。这一假设看起来是正确的，因为合议庭的成员是随机选出的，并且如果纯共和党人合议庭比其他合议庭采取更多不合理的做法，也将会令人极度惊讶。

24. 注意，有些国家会视案件的重要性和难度而增加合议庭中的法官数量；我此处的论述支持这一做法。

25. See David A. Strauss and Cass R. Sunstein, "The Senate, the Constitution, and the Confirmation Process", 101 *Yale Law J.* 1491 (1992).

26. James Thayer, "The Origin and Scope of the American Doctrine of Constitutional Law", 7 *Harvard Law Rev.* 129 (1893). David A. Strauss, "Common Law Constitutional Interpretation", 63 *U. Chicago Law Rev.* 997 (1996).

27. Peter Dunne, "The Supreme Court's Decisions", in *Mr. Dooley's Opinions* 26 (New York: R. H. Russell, 1901).

28. 在沃伦法院大部分的判决出台近半个世纪之前，罗伯特·达尔 (Robert Dahl) 已经作出了这一论述。尽管这一论述已过数十年，他的观点依然成立。See Robert Dahl, "Decision – Making in a Democracy: The Supreme Court as a National Policy – Maker", 6 *J. Public Law* 279 (1957).

29. 381 US 479 (1965).

30. 347 US 483 (1954).

31. 410 US 113 (1973).

32. Romer v. Evans, 517 US 620 (1996).

33. 539 US (2003).

9. 高等教育的扶持性平权行动

1. 参见对杨百翰大学的讨论，Martha Nussbaum, *Cultivating Humanity* (Cambridge: Harvard University Press, 1999).

2. See Hopwood v. Texas, 78 F. 3d 932, 944 (5th Cir. 1996); Grutter v. Bollinger, 288 F. 3d 732 (6th Cir. 2002).

3. See 438 US 265 (1978) (opinion of Powell, J.).

4. Id. at 314.

5. Id. at 317.

6. Id.

7. 这并非鲍威尔法官意见的唯一基础，他还关注毕业之后会怎么样。亦即，少数群体成员是否会以那种为所有人带来重大社会利益的方式，为他们所在的社会服务的可能性；否则，所有人将都会在这个意义上受到损失。(同上引)。至于这些方面会发生的证据，参见 William Bowen and Derek Bok, *The Shape of the River* (Princeton: Princeton University Press, 2000).

8. See, e. g. , City of Richmond v. Croson, 488 US 469 (1989); Adarand Constructors v. Pena, 515 US 200 (1995).

9. City of Richmond v. Croson, 488 US 469, 477 (1989).

10. United States v. Paradise, 480 US 149

(1987); Local No. 93, International Association of Firefighters v. Cleveland, 478 US 616 (1987).

11. 更一般的讨论，参见 Kathleen M. Sullivan, "Sins of Discrimination: Last Term's Affirmative Action Cases", 100 *Harvard Law Rev.* 78, 96 (1986): "公共与私营雇主可以有很多理由去实行扶持性平权行动，而不是为了洗清他们过去种族歧视的罪孽。举例言之，杰克逊校委会说，该校之所以这么做，部分目的就是为了提升杰克逊学校教育的质量——不管是通过提升黑人学生的表现，还是通过同时驱散黑人和白人学生所具有的白人至上主义控制我们社会机构的观念。"其他雇主也许会提出不同的前瞻性理由来推行扶持性平权行动，此处可仅举数例：为其黑人顾客提供更好的服务；避免社区中在就业机会分配中的种族关系紧张；或者提高劳动力的多样性。或者，他们采取扶持性平权计划，仅仅是为了消除在他们运行中所实际存在的一套种族等级体制。所有这些理由都有望在未来促进种族协调，但没有一个原因是为了"种族平衡本身"。

12. 我没有看到一个高校通过鼓励不同的观点来促进多样性的努力，哪怕这些努力会不可避免地涉及会歧视某些观点而赞同另一些观点，会受到第一修正案的挑战。

13. 关于支持性的证据，参见 Patricia Gurin, "Reports Submitted on Behalf of the University of Michigan: The Compelling Need for Diversity in Higher Education", 5 *Michigan J. Race & Law* 363 (1999).

14. See Sandra Day O'Connor, "Thurgood Marshall: The Influence of a Raconteur", 44 *Stanford Law Rev.* 1217, 1217, 1220 (1992).

15. See Chicago v. Morales, 527 US 41 (1996).

16. 这里不是适合为这个主张辩护的场合；然而值得注意的是，第十四修正案的历史强烈地支持扶持性平权计划的合宪性。参见 Eric Schnapper, "Affirmative Action and the Legislative History of the Fourteenth Amendment", 71 *Virginia Law Rev.* 753 (1985).

17. 527 US at 98 – 115 (Thomas, J., dissenting).

18. See Grutter v. Bollinger, 288 F. 3d 732 (6th Cir. 2002). 诚然，关于多样性观点重要性的同样的主张，也许可以非常宽泛；哪怕在那些并不引人关注的情境中也是一样。举例言之，可以设想这样一个情形：一个非裔美国人占绝大多数的高校，以对多样性的需求为理由采取努力去为对非裔美国人的歧视辩护，并且倾向于多招收白人。这样一所高校也许主张，它非常缺乏具有重要作用的白人的代表，从而减少群体影响，并提升讨论的质量。正如我所已经指出的，完全可以得出这样一个主张是合法正当的结论。一个全都是非裔美国人的教室，也可能饱受流瀑效应及极化之苦；而一个教育机构当然希望能够矫正这种状况。如果对于这种情况下的主张法院仍然存疑，那是因为他们不相信那些制定这些政策的人的真诚。法院可能会认为，对多样性的援引，实际上不过是掩盖非法歧视动机的借口而已。但是，也很容易想象那些多样性是真正的关注所在，并不存在借口的情形。

19. See Cass R. Sunstein, *Designing Democ-*

racy: *What Constitutions Do* 169 – 82 (New York: Oxford University Press, 2002).

20. Grutter v. Bollinger, 539 U. S. (2003); Gratz v. Bollinger, 539 U. S. (2003).

索引

A

Abortion, 堕胎, 138, 183 – 184, 191

Adversarial legalism, 对抗性法律主义, 9

Advertising, 广告, 11, 99, 100

Affirmative action, 扶持性平权行动, 1, 8, 121, 138; and federal judges, 以及联邦法官, 169 – 170, 173, 180, 181, 185, 196 – 199; relationship to dissent, 与异见的关系, 194, 196, 199 – 201, 204 – 205, 207 – 208; and diversity, 以及多样性, 194 – 208, 212 – 213; and *Bakke* case, 以及贝克案, 196 – 199; relationship to freedom of speech, 与言论自由的关系, 197; vs. quota systems, vs. 配额制, 197, 198, 205; and strict scrutiny 以及严格审查, 198 – 199, 205; vs. race – neutral methods, vs. 种族中立的方式, 201 – 203, 205

African Americans, 非裔美国人, 159; cigarette smoking among, 中的抽烟, 1; group identity among, 中的群体认同, 82; and racial profiling, 种族形象定性, 200 – 201, 204 – 205; and gang loitering legislation, 以及群体游荡立法, 201, 204 – 205. *See also* Affirmative action 亦可参见, 扶持性平权行动, 奴隶制

AIDS, 艾滋, 83, 108

Al – Qaeda, 基地组织, 7, 89, 93, 109, 117. *See also* Terrorism, 亦可参见恐怖主义

American Revolution, 美国革命, 55, 84

Americans with Disability Act, 美国残疾人法案, 173

Anderson, Lisa, 安德森, 丽莎, 62 – 64

Antifederalists, 反联邦主义者, 145 – 146, 150 – 151

Argument pools, 主张池, 104, 120 – 121, 134, 144, 157, 180, 183 – 184

Aristotle, 亚里士多德, 134

Asch, Solomon, 所罗门·阿什, 18 – 23, 25 – 29, 32, 35, 36 – 37, 43, 44, 46 – 47, 59, 70, 104, 133, 167, 182

Authority: relationship to information, 权威: 与信息的关系, 9, 17, 33 – 37; 从众, 9, 17, 33 – 38, 43 – 46, 66, 67, 68; of police, 警察的, 37 – 38; of laws, 法律的, 44 – 46; of fashion leaders, 潮流引领者, 66, 67; of coercive leaders, 强权领袖的, 68

234

Freedom of association，结社自由，8，156 –
157

Freedom of speech，言论自由，7，8，15，22，
67 – 68，83，96 – 110，156；during wartime，
战时，81；and Supreme Court，与最高法
院，96 – 97，101，102，104，190，197；and
illegal actions，与非法行为，98；content –
based vs. content – neutral restrictions on，基
于内容 vs. 内容中立的限制，99 – 101；as
prohibiting viewpoint discrimination，禁止观
点歧视，99 – 102；and public forums，与公
共论坛，102 – 106，211 – 212；relationship
to affirmative action，与扶持性平权行动的
关系，197

Fulbright，William，威廉·福尔布莱特，98

G

Galileo Galilei，伽利略，7，91

Gandhi，Mohandas K.，莫汉达斯·K·甘地，
7

Gangs，帮派，47，87，111，210；loitering leg-
islation regarding，关于游荡的立法，201，
204 – 205

Gay and lesbian rights，同性恋权利，30，31，
129，138，193

Genetic modification，转基因，1，61

Gerry，Elbridge，埃尔布里奇·格里，155 –
156

Global warming，全球变暖，7，59，60 – 61，
66，75，112

Griswold v. Connecticut，格里斯沃尔德诉康涅
狄格州案，52 – 53，191

Group polarization，群体极化，111 – 135，146，
149，196，200，207 – 208，210；in juries，
在陪审团中，5，11，111，113 – 114，125；
relationship to informational cascades，与信
息流瀑的关系，10，11，124，138 – 139；
relationship to reputational cascades，与声誉
性流瀑的关系，10，11，124，138 – 139；de-
fined，被确定的，11；among judges，在法
官中，11，111，114，122，166 – 167，169，
178，179 – 181，184 – 186，212；relation-
ship to extremism，与极端主义的关系，11，
112，120 – 124，128 – 135，145，157，161，
179 – 181，212；relationship to cascades，与
流瀑的关系，11，113，123 – 124，138 –
139；relationship to political correctness，与
政治正确的关系，11，140；relationship to
deliberation，与协商的关系，112，113 –
115，119，144；experimental evidence related
to，相关的实验性证据，112，121 – 122，
130 – 131，132 – 134，164；relationship to
terrorism，与恐怖主义的关系，115 – 118；
vs. Condorcet Jury Theorem，与孔多赛定理，
119 – 120；increase/decrease of，增加/降
低，128 – 135；and bonds of affection，与感
情纽带，129 – 130；relationship to group i-
dentification 与群体认同的关系，129 – 131；
relationship to exits from group，与推出群体
的关系 131 – 132；relationship to groupthi-
nk，与群体极化的关系，142，144；in ex-
ecutive branch，在行政分支中，144，153 –
154，156；Constitutional safeguards against，
针对……的宪法防护，151，152，153 –
154，156，211 – 212；during Clinton im-

T

Toxics Release Inventory (TRI)，有毒物质排放清单，50 –51

Truman, Harry S., and Marshall Plan，哈里·S. 杜鲁门，与马歇尔计划，142

Tutu, Bishop Desmond，图图主教，德斯蒙德主教，77

Tyrannies. See Dictatorships，暴政。参见独裁制

U

Unanimity，全体一致，116 – 117，134，141；relation – ship to conformity，与从众的关系，14，18 – 24，26，43，44，167

V

Values，价值。See Moral issues，参见道德问题

Vietnam War，越战，3 – 4，79 – 80，98 – 99，140 – 141，144

W

Wallace, Patricia，帕特里夏·华莱士，119

War: dissent during，战争：中的异见，3 – 4，29，79 – 80，81，98 – 99；incestuous amplification during，乱伦的放大，27；declara-

tions of，宣布，71 – 72，129，155 – 156；group polarization during，中的群体极化，112，115. See also Vietnam War; World War II，亦可参见越战，二战

Warren, Earl，厄尔·沃伦，184，192

Washington, D. C. sniper，哥伦比亚特区华盛顿枪击者，93

Washington, George，乔治·华盛顿，153

Watergate cover – up，掩盖水门事件，141，144

Welfare，福利，94

Whistleblowers，吹哨人，6，7，71，98 – 99；dissenting judges as，作为异见者的法官，176 – 178，180 – 181，185，200，212

Willinger, Marc，马克·韦林格，66 – 67

Wilson, James，詹姆斯·威尔逊，152 – 153

Witch – hunts，猎捕女巫，149 – 150

World War II，二战，8，146 – 149

Y

Yugoslavia, former，前南斯拉夫，82，88

Z

Ziegelmeyer, Anthony，安东尼·扎克默尔，66 – 67

译后记

重拾译事，再作冯妇，是为这本书所打动。从流金仲秋到草长莺飞，天行有常，道在其中。正如说话，正如表达，正如我们的社会生活本身。

畅快的表达，是一个社会运转正常的基本需求。然而在实践中，为了维护群体的团结，为了赢得他人的好评，为了不与他人发生冲突，抑或为了多一事不如少一事，人们往往会自我缄默；在某些情况下，为了一己私利而独断专行、党同伐异，害怕听到不同的声音，更是屡见不鲜；这使得群体在作决定时，无法拥有最为全面的信息。这导致一个群体、一个大脑、一个声音，万马齐喑，异见因此被扼杀，信息由此被隐匿，形成信息流瀑、声誉流瀑与社会流瀑，最终群体决策错误，付出惨重代价，甚至酿成大祸。从周厉王止谤，到麦卡锡主义，古今中外，恒河沙数，惨剧频仍，罄竹难书。

在《社会因何要异见》一书中，桑斯坦充分运用社会学、心理学等跨学科的实验与发现，以丰富的例证，论证了群体决策中信息、开放与异见的重要性。异见可能是错误的，异见可能是有害的，异见可能是需要法律规制的，但异见却是一个正常社会所须臾不可或缺的。群体中的成员越是想法相近，就越需要拾遗补缺的异议者，揭露黑幕的吹哨人。这应该是任何一个良好运行的社会所必须具有的共识。当然，本书也存在缺陷，即仅重视制度与机制的外在制约，而忽略了作为运思主体的人的自我反思。

本书是我个人独自翻译的第六本著作，但却并不轻松。翻译越多，胆子越小，越能体会"译事难为"的艰辛。愈加信心不足，头顶敬畏，字典不离手，冷汗不离身。感谢中国社会科学院国际法研究所李辉博士的详细校订；感谢中国社会科学院法学研究所邢浩浩、李家琛以及政治学研究所王栀韩、吴映雪等同学的宝贵帮助；在很多方面，也许我并不一定接受他们的意见，但作为本书翻译的学术助理，正是他们的"异见"，极大地促进了翻译的完善。尤其要感谢重庆大学高研院田雷教授的玉成，以及中国政法大学出版社刘海光兄的努力，没有他们的督促与帮助，译稿也许还在我的电脑中沉睡。另外，秉持直译原则，文中有些术语的翻译，未必合人心意，尚祈理解。当然，所有文责，均由译者承担。

支振锋　谨识
2016 年 3 月

《雅理译丛》编后记

面前的这套《雅理译丛》，最初名为"耶鲁译丛"。两年前，我们决定在《阿克曼文集》的基础上再前进一步，启动一套以耶鲁法学为题的新译丛，重点收入耶鲁法学院教授以"非法学"的理论进路和学科资源去讨论"法学"问题的论著。

耶鲁法学院的师生向来以 Yale ABL 来"戏称"他们的学术家园，ABL 是 anything but law 的缩写，说的就是，美国这家最好也最理论化的法学院——除了不教法律，别的什么都教。熟悉美国现代法律思想历程的读者都会知道，耶鲁法学虽然是"ABL"的先锋，但却不是独行。整个 20 世纪，从发端于耶鲁的法律现实主义，到大兴于哈佛的批判法学运动，再到以芝加哥大学为基地的法经济学帝国，法学著述的形态早已转变为我们常说的"law and"的结构。当然，也是在这种百花齐放的格局下，法学教育取得了它在现代研究型大学中的一席之地，因此，我们没有理由将书目限于耶鲁一家之言，《雅理译丛》由此应运而生。

雅理，一取"耶鲁"旧译"雅礼"之音，意在记录这套丛书的出版缘起；二取其理正，其言雅之意，意在表达以至雅之言呈现至正之理的学术以及出版理念。

作为编者，我们由法学出发，希望通过我们的工作进一步引入法学研究的新资源，打开法学研究的新视野，开拓法学研究的新前沿。与此同时，我们也深知，现有的学科划分格局并非从来如此，其本身就是一种具体的历史文化产物（不要忘记法律现实主义的教诲"to classify is to disturb"），因此，我们还将"超越法律"，收入更多的直面问题本身的跨学科作品，关注那些闪耀着智慧火花的交叉学科作品。在此标准之下，我们提倡友好的阅读界面，欢迎有着生动活泼形式的严肃认真作品，以弘扬学术，服务大众。《雅理译丛》旨在也志在做成有理有据、有益有趣的学术译丛。

第一批的书稿即将付梓，在此，我们要对受邀担任丛书编委的老师和朋友表示感谢，向担起翻译工作的学者表示感谢。正是他们仍"在路上"的辛勤工作，才成就了我们丛书的"未来"。而读者的回应则是检验我们工作的唯一标准，我们只有脚踏实地地积累经验——让下一本书变得更好，让学术翱翔在更广阔的天空，将闪亮的思想不断传播出去，这永远是我们最想做的事。

六部书坊
《雅理译丛》主编 田雷
2014 年 5 月

《雅理译丛》已出书目

为何输出自由市场民主，却收获种族仇恨与全球动荡？
耶鲁大学教授"虎妈"蔡美儿代表作全新推出，
梁实秋文学奖得主刘怀昭精彩呈译。

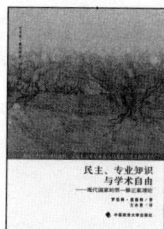

起火的世界

[美] 蔡美儿 著

刘怀昭 译

同为我们所珍视的权利，言论自由与学术自由间是否可能
存在冲突？在这本精炼透彻的书中，一位顶尖的美国法学
家对现有言论自由理论的不足提出了一种新颖的解读。

民主、专业知识与学术自由
——现代国家的第一修正案理论

[美] 罗伯特·C.波斯特 著

左亦鲁 译

人性能否经受住战争的残酷考验？
枪炮面前法律是否真的无声？
人道观念与正义观念是齐头并进还是水火不容？
战争越猛烈，对人类越仁慈。这是一个无情的报复性守则，
是使人类要么成为恶魔，要么成为绅士的许可证。

林肯守则：美国战争法史

[美] 约翰·法比安·维特 著

胡晓进 李 丹 译

关于"三角工厂大火"最权威、最具冲击力的历史
著作。这是"9·11"事件前纽约历史上最惨重的
职场灾难。一场惊心动魄的大火，唤醒了美国人的
良知。灾难成就了美国的兴邦之史，推动了一系列
社会变革，成为美国工人斗争血汗史上的转折点。

兴邦之难：改变美国的那场大火

[美] 大卫·冯·德莱尔 著

刘怀昭 译

在不同的现代法律制度中，法官所扮演的角色有何区别？在英美、西欧和社会主义国家中，民事诉讼当事人、刑事被告以及他们的律师各享有什么权利？在这部启人深思的著作中，一位卓越的法学家对世界各地的法律制度如何管理司法以及政治与司法的关系作了高度原创性的比较分析。

司法和国家权力的多种面孔
——比较视野中的法律程序

[美] 米尔伊安·R.达玛什卡 著

郑 戈 译

作者运用哲学、文化理论、宪法学、宗教与文学研究以及政治心理学的资源，推进了政治理论的研究。在这些领域中，本书都作出了原创性的贡献。自查尔斯·泰勒的《自我的根源》之后，对于现代性自我观念的深层结构，就未曾出现过如此富有雄心的全盘省察。

摆正自由主义的位置

[美] 保罗·卡恩 著

田 力 译 刘 晗 校

本书纵论古今沙场，剖辨战争方式、胜负及其后果的制度机理，从国家宪制结构的角度解释西方历史上的战争规则及其近代巨变。颠覆了传统的骑士文化解释，挑战了现代的道德正义式战争法说辞，并回应了当代国际争端中的诸多迷思困局。

战争之谕
胜利之法与现代战争形态的形成

[美] 詹姆斯·Q.惠特曼 著

赖骏楠 译

本书记述了1787年至1887年间的美国百年行政法史。讨论在1787年至1801年的联邦党时期如何架构财政和税收部门、设立总检察长、设立行政课责机制、在普通法背景下进行司法审查；在1801年至1829年的民主共和党时代，如何实施禁运行政和土地行政、建构相应的内部行政控制体系；以及在1829年至1861年的杰克逊时代，第二合众国银行的消解、公职轮替与行政组织的改革、蒸汽船规制的兴起；继而讨论了镀金时代的行政法、文官制度的兴起以及退役保障金裁决和禁邮令的实施。

创设行政宪制：
被遗忘的美国行政法百年史
（1787-1887）

[美] 杰里·L.马肖 著

宋华琳 张力 译

生动重现了19世纪晚期工业世界的社会图景：令人震惊的工人伤亡率、工人的互助保险协会、大规模的移民潮、泰勒主义管理的兴起、重塑自由劳动理念的斗争、欧洲的社会工程与美国的反国家主义和个人主义的遭遇、进步时代劳动关系的政治经济学。

事故共和国
——残疾的工人、贫穷的寡妇与
美国法的重构（修订版）

[美] 约翰·法比安·维特 著

田 雷 译

因特网正在使政治民主化吗？政治网站和博客让公共空间变得更加包容吗？本书是理论与经验工作的卓越结合，在因特网与民主的关系问题上，辛德曼写出了有史以来极少数的最佳著作之一。

数字民主的迷思

[美] 马修·辛德曼 著

唐 杰 译

在本书中，毕克尔试图重建的就是政法思想中的这种保守主义传统，并认为契约论传统正在威胁着美国社会的自由与安全。毕克尔通过重新审视美国宪法中的公民身份、言论自由与公民不服从等理论问题，提出"同意"作为美国政治的根基，将强调妥协与协商的保守主义传统贯彻到美国法治的实践中。

同意的道德性

［美］亚历山大·M. 毕克尔　著

徐　斌　译

读懂林肯，你才能理解过去的美国和今天的民主世界

中文世界第一本权威的林肯基础读本

附"林肯六篇"新译及译者导读

林肯传

［美］詹姆斯·麦克弗森　著

田　雷　译

让每一个穷人都过上体面的生活，免于匮乏、免于恐惧！

它是罗斯福在"大萧条"时代的"宪法性承诺"；它是《世界人权宣言》的重要组成部分，影响了世界上的数十部宪法；它并非宪法，却捍卫着宪法最原初的正义和人类真正的自由。

罗斯福宪法：

第二权利法案的历史与未来（即出）

［美］凯斯·R. 桑斯坦　著

毕竞悦　高瞰　译